Die Umwandlung von Arbeitnehmeransprüchen
zur Bildung von Wertguthaben

Europäische Hochschulschriften

Publications Universitaires Européennes
European University Studies

Reihe II
Rechtswissenschaft

Série II Series II
Droit
Law

Bd./Vol. 3894

PETER LANG
Frankfurt am Main · Berlin · Bern · Bruxelles · New York · Oxford · Wien

Jan Tobias Hartmann

Die Umwandlung von Arbeitnehmeransprüchen zur Bildung von Wertguthaben

PETER LANG
Europäischer Verlag der Wissenschaften

Bibliografische Information Der Deutschen Bibliothek
Die Deutsche Bibliothek verzeichnet diese Publikation in der Deutschen Nationalbibliografie; detaillierte bibliografische Daten sind im Internet über <http://dnb.ddb.de> abrufbar.

Zugl.: Göttingen, Univ., Diss., 2003

D 7
ISSN 0531-7312
ISBN 3-631-52343-2

www.peterlang.de

Meinen Eltern

Vorwort

Diese Arbeit wurde im Sommersemester 2003 von der Juristischen Fakultät der Georg-August-Universität Göttingen als Dissertation angenommen.

Besonderer Dank gilt Herrn Prof. Dr. Hansjörg Otto, der die Anregung zur Bearbeitung des Themas gegeben hat und während der Erstellung der Arbeit stets als Gesprächspartner zur Verfügung stand.

Weiter möchte ich mich bei Herrn Prof. Dr. Harald Bogs für die Erstellung des Zweitgutachtens bedanken.

Inhaltsverzeichnis

Abkürzungsverzeichnis

Soweit die verwendeten Abkürzungen nicht aus sich selbst heraus verständlich sind, wird verwiesen auf:

Kirchner, Hildebert	Abkürzungsverzeichnis der Rechtssprache 5. Auflage Berlin / New York 2003

„Seit der Erfindung des Geldes wissen die Menschen, wie sie für die Zukunft vorsorgen können: Sie sparen Geld, legen es verzinslich an und leben im Alter von ihren Ersparnissen. Mit seinem Modell „Zeit-Wertpapier" marschiert Volkswagen in die Archaik einer laboristischen Naturalwirtschaft zurück: Die Arbeiter verzichten auf die Auszahlung eines Teils ihrer Wertschöpfung und erhalten dafür die VW-Zeitscheine; nach Jahren oder Jahrzehnten wird ihnen das Geld ausgezahlt, um die Bezüge der Altersteilzeit aufzubessern. Es scheint, dieses Modell generiert mehr rechtliche Fragen als ökonomische Antworten. Wird die Zeitgutschrift verzinst; wenn ja, mit welchem Satz? Stellen die Zeitscheine für den Arbeiter beleihbare Vermögenstitel dar? Können die Scheine an Nicht-Werksangehörige verkauft werden? Gibt es eine Börse für die laufende Wertermittlung? Was wird aus dem Wert der Zeitgutschriften, wenn Volkswagen in Konkurs gerät? Nichts gegen die Flexibilität des Arbeitseinsatzes und ein wenig Hantieren mit kurzfristigen Zeitkonten. Aber das Volkswagen-Lebenszyklus-Modell ist eine sozialpolitische Zitrone. Volkswagen auf dem Weg zur Dreieinigkeit: Autohersteller - niedersächsische Beschäftigungsgesellschaft - Sparkasse Wolfsburg. Da fehlt nur noch die Gewährträgerhaftung. Zielt darauf das Modell?"

aus der Frankfurter Allgemeinen Zeitung
vom 19. September 1996[1]

„... war dies nur die Basis für Bauteile eines Beschäftigungsmodells, das sich flexibler und phantasievoller (Stichwort „Zeit-Wertpapier") entwickeln würde als alles Vergleichbare an Umständen und Größenordnungen in Deutschland."

Ferdinand Piëch, bis April 2002 Vorstandsvorsitzender der
Volkswagen AG[2]

1 FAZ Nr. 219 / 1996, S. 17.
2 In Auto.Biographie S. 189.

Einleitung

Im Bestreben, eine möglichst weitgehende Flexibilisierung der Arbeitszeit zu erreichen, haben sich in der deutschen Wirtschaft in jüngster Zeit sog. Umwandlungsmodelle immer weiter verbreitet. Diese Modelle erlauben es den Arbeitnehmern, durch die Umwandlung verschiedenster Entgelt- und Freistellungsansprüche[3] einen gänzlich eigenständigen Anspruch auf Freistellung von der Arbeitspflicht bei kontinuierlicher Entgeltzahlung zu erlangen. Auf diese Weise können die Arbeitnehmer besonders große Freizeitintervalle „ansparen", die entweder der individuellen Einteilung der Arbeitszeit oder einem früheren Übergang in den Ruhestand dienen können.

Bekanntestes Beispiel dieser Modelle ist das *„Zeit-Wertpapier"* der Volkswagen AG, das im Rahmen dieser Arbeit auch als Leitbild dient und zu Beginn vorgestellt wird. Daran schließt sich ein erster Teil an, in dem zunächst die sozialversicherungsrechtlichen und wirtschaftlichen Rahmenbedingungen für Umwandlungsmodelle analysiert werden. Im Anschluss daran werden in einem zweiten Teil zunächst die schuldrechtlichen Modalitäten der Anspruchsumwandlung untersucht. Des weiteren wird dargestellt, zwischen welchen Parteien ein Umwandlungsmodell vereinbart werden kann und in welchem Rahmen dabei höherrangiges Recht, insbesondere aufgrund der arbeitsrechtlichen Normenhierarchie, zu beachten ist. Zum Ende werden noch kündigungsrechtliche Aspekte sowie die Frage erörtert, inwieweit Umwandlungsmodelle auch unternehmensübergreifend realisiert werden können.

Entscheidender Anstoß für die Verbreitung von Umwandlungsmodellen waren verschiedene Änderungen des Gesetzgebers im Sozialversicherungsrecht.[4] Durch die Einführung der §§ 7 Ia, 23b SGB IV wurde der Rahmen geschaffen, um sog. Wertguthaben sozialversicherungsverträglich zu bilden. Wie unten erläutert wird, unterliegen auch die hier untersuchten Umwandlungsmodelle nach dem Vorbild des *„Zeit-Wertpapiers"* der Volkswagen AG diesen neuen Regelungen. Der Gesetzgeber hat den jeweiligen Parteien bei der Ausgestaltung von Wertguthaben i.S.d. § 7 Ia SGB IV jedoch bewusst einen weiten Spielraum gelassen, um

---

3 Soweit in dieser Untersuchung von Freistellungsansprüchen gesprochen wird, handelt es sich grundsätzlich um Ansprüche des Arbeitnehmers gegen den Arbeitgeber auf Freistellung von der Verpflichtung zur Arbeitsleistung.

4 Siehe dazu im einzelnen Kapitel II 2.

zukünftige Entwicklungen bei Modellen der flexiblen Arbeitszeit zu ermöglichen.[5] Gegenstand der vorliegenden Untersuchung sind jedoch ausdrücklich die Umwandlungsmodelle mit ihren Spezifika als spezieller Fall der Wertguthaben i.S.d. § 7 Ia SGB IV.

---

5 BT-Drucksache 13/9818 S. 9.

§ 1: Gesetzliche Rahmenbedingungen für Umwandlungsmodelle

I. Das *Zeit-Wertpapier* der Volkswagen AG

Hinter dem Begriff des *Zeit-Wertpapiers* verbirgt sich ein neuartiges Konten-Modell, das dem Arbeitnehmer das Ansparen von verschiedenen Arbeitgeberleistungen gestattet. Der Arbeitnehmer kann auf diese Weise auf einem individuellen Konto ein Guthaben ansammeln und dieses später für einen vorzeitigen Übergang vom Erwerbsleben in den Ruhestand einlösen.

Das Zeit-Wertpapier der Volkswagen AG findet seine rechtliche Grundlage in der Betriebsvereinbarung „Zeit-Werte", die in ihrer ersten Fassung am 1. Januar 1998 in Kraft getreten ist.[6] Teilnahmeberechtigt an diesem Programm sind alle Tarifbeschäftigten der Volkswagen AG, die in einem unbefristeten Beschäftigungsverhältnis stehen. Beschäftigte in befristeten Arbeitsverhältnissen sind dagegen von der Teilnahme ausgeschlossen.

1. Die Konten der Arbeitnehmer

Für jeden Arbeitnehmer, der am Zeit-Wertpapier-Programm teilnehmen will, wird ein individuelles *Zeit-Wertkonto* eröffnet und geführt. Guthaben auf diesem Konto werden in Geldeinheiten, also in Euro, erfasst.

Der Arbeitnehmer kann ein Guthaben auf seinem Konto ansparen, indem er sog. *Zeit-Werte* einbringt. Dies kann auf unterschiedliche Weise geschehen:

- Der Arbeitnehmer kann verlangen, dass ihm zustehende und fällige Entgeltansprüche vom Arbeitgeber nicht ausgezahlt, sondern als Guthaben auf dem Zeit-Wertkonto gutgeschrieben werden. Dabei kann er wählen, ob er einen Teil seines regelmäßigen Entgelts einmalig oder über einen längeren Zeitraum in Form eines Dauerauftrags ansparen will. Darüber hinaus besteht die Möglichkeit, auch Jahres- und Einmalzahlungen in das Zeit-Wertguthaben einzu-

---

6 Betriebsvereinbarung Nr. 3 / 98 vom 18. Dezember 1997, geschlossen in Wolfsburg zwischen dem Gesamtbetriebsrat und dem Vorstand der Volkswagen AG. Die letzte Fassung der Betriebsvereinbarung Nr. 1 / 01 wurde am 31. Mai 2001 beschlossen.

bringen.[7] Nicht angespart werden können dagegen steuerfreie Zuschläge, wie z.B. Sonn- und Feiertags- oder Nachtzuschläge.[8]
Entschließt sich der Arbeitnehmer, einen Teil seines Arbeitsentgelts anzusparen, so wird der entsprechende Bruttobetrag sowie die darauf anfallenden Sozialversicherungsbeiträge der Volkswagen AG als Arbeitgeber auf dem Zeit-Wert-Konto gutgeschrieben.

- Ebenso kann der Arbeitnehmer sein individuelles Zeit-Wertguthaben dadurch erhöhen, dass er auf die Geltendmachung bestimmter Ansprüche auf Befreiung von der Arbeitspflicht verzichtet. Solche Ansprüche können sich aus Mehrarbeit, Sonderschichten oder Sonderurlaubstagen aus Anlass von Betriebsjubiläen ergeben.[9]
  Da die Zeit-Wertkonten in Euro geführt werden, müssen diese Ansprüche auf Befreiung von der Arbeitspflicht in einen Geldwert umgerechnet werden, bevor sie dem Konto gutgeschrieben werden können. Zu diesem Zwecke wird für jede angesparte Stunde Freistellung der zum Zeitpunkt der Umwandlung maßgebliche (Brutto-) Stundensatz dem Konto gutgeschrieben.
- Drittmittel, die nicht aus Ansprüchen des Arbeitnehmers gegen den Arbeitgeber resultieren, können grundsätzlich nicht eingebracht werden.

Der Arbeitnehmer muss die Entscheidung, ob er einen Anspruch auf seinem Zeit-Wert-Konto ansparen will, grundsätzlich schriftlich auf einem von der Volkswagen AG zur Verfügung gestellten Vordruck erklären. Diese Erklärung muss vor dem Zeitpunkt, in dem der Anspruch des Arbeitnehmers entsteht, abgegeben werden. Die Gutschrift der angesparten Geld- und Zeitbestandteile auf dem Zeit-Wertkonto erfolgt dann immer in dem Zeitpunkt, in dem dieser Anspruch sonst Fälligkeit erlangt hätte.

Jeder am *Zeit-Wertpapier* teilnehmende Arbeitnehmer erhält im Rahmen der monatlichen Entgeltabrechnung einen Nachweis über die im vergangenen Monat angesparten Zeit-Werte. Innerhalb der ersten drei Monate jeden Kalenderjahres erhält jeder Arbeitnehmer zudem eine sog. Standmitteilung. Diese schriftliche

---

7 Im VW-Konzern ist hier insbesondere an folgende Zahlungen nach dem MTV (Manteltarifvertrag, geschlossen zwischen der Volkswagen AG und der IG Metall, aktuelle Fassung vom 4. Oktober 2000) zu denken: Mindestbonus nach § 10.1.2 MTV (= Urlaubs- und Weihnachtsgeld), Leistungsbonus nach § 10.1.3 iVm. § 4.2 MTV (Zuschlag für schichtplanmäßige Arbeit am Sonnabend), Erfolgsbonus nach § 10.1.4 MTV (je nach Geschäftsentwicklung im Vorjahr) sowie Prämien aus dem Ideenmanagement. Eine vollständige Aufzählung der umwandelbaren Ansprüche findet sich im Anhang zur Betriebsvereinbarung Zeit-Werte.

8 Dazu unten Kapitel VI 4.

9 Vgl. § 7.3.1.10 - 12 MTV. Danach erhalten die Beschäftigten bei 10- (25- / 35-)jähriger Werkszugehörigkeit 1 (2 / 3) Tag(e) Sonderurlaub.

Mitteilung gibt Auskunft über den Stand des Zeit-Wertkontos zum 31. Dezember des Vorjahres und weist alle bis dato gesammelten Guthaben auf. Dabei erfolgt ein getrennter Nachweis der eingebrachten Nominalwerte und des aktuellen Marktwerts[10] des Guthabens.

In Höhe dieses Nominalwerts, der sich aus der Standmitteilung ergibt, werden von der Volkswagen AG schließlich auch *Zeit-Wertpapiere* ausgestellt. Diese Dokumente werden dem Arbeitnehmer übergeben und spiegeln sein Guthaben auf dem Zeit-Wertkonto wider.

2. *Die Vermögensanlage*

Die Guthaben aller Zeit-Wertkonten stehen im Eigentum der Volkswagen AG. Diese legt die Guthaben in speziell gebildeten und von verschiedenen Banken gemanagten Fonds an. Hierbei handelt es sich um sog. Spezialfonds nach § 1 II 1 Gesetz über Kapitalanlagegesellschaften (KAGG)[11], deren Anteilsscheine – anders als bei Publikumsfonds – nicht von jedermann erworben werden können.[12] Diese Form der Kapitalanlage bietet sich immer dann an, wenn der Anleger die Grundsätze der Anlagepolitik entscheidend mitgestalten will.[13] Für die Volkswagen AG hat diese Anlageform den Vorteil, im Hinblick auf ihre Stellung als Schuldnerin aus dem Zeit-Wert-Modell die Ausgestaltung der Fonds mit renditesicheren Anlagen so zu bestimmen, dass ein Wertverlust nicht zu erwarten ist. Neben dem allgemeinen Interesse an einer konstanten Wertsteigerung der Guthaben ist eine solche Kontrolle über die Vermögensanlage für die Volkswagen AG besonders wichtig, da sie sich gegenüber den am Zeit-Wertpapier teilnehmenden Arbeitnehmern verpflichtet hat, eventuelle Verluste der Fonds durch eine sog. Geld-zurück-Garantie auszugleichen.[14] Die Anlage in mehreren unterschiedlichen Fonds verschiedener Banken wiederum hat den Vorteil, dass die fondsverwaltenden Banken in einem Wettbewerb stehen, den die Volkswagen AG durch einen gezielten Mittelzufluss steuern kann. Da sich die Provision der Banken an der Höhe der verwalteten Mittel orientiert, sind diese bemüht, bestmögliche Ren-

---

10 Zur möglichen Entwicklung siehe sogleich Kapitel I 2.

11 § 1 II 1 KAGG: *Spezialfonds im Sinne dieses Gesetzes sind Sondervermögen, deren Anteilsscheine aufgrund schriftlicher Vereinbarungen mit den Kapitalanlagegesellschaften jeweils von nicht mehr als zehn Anteilinhabern, die nicht natürliche Personen sind, gehalten werden.*

12 Kümpel Kap. 12.58.

13 Baur § 1 Rn. 31; Zu vielen weiteren Vorteilen hinsichtlich Administration, Kosten, Sicherheit und Strategie siehe Baur Anhang zu § 1 Rn. 5ff.

14 Vergleiche dazu sogleich Kapitel I 4.

diten zu erwirtschaften, um auf diese Weise ein größeres Anlagevolumen zugewiesen zu bekommen.

Die Spezialfonds unterliegen nach § 2 I KAGG i.V.m. den Vorschriften des Gesetzes über das Kreditwesen (KWG) der Bankenaufsicht durch die Bundesanstalt für Finanzdienstleistungsaufsicht mit Sitz in Berlin.

Eine neutrale Depotbank ist schließlich zuständig für die Abwicklung der Fondsgeschäfte.[15] Diese Depotbank ist zudem zuständig für die Überwachung der Anlagerichtlinien, die von Seiten der Volkswagen AG für die Spezialfonds aufgestellt werden. Diese Richtlinien werden von einem Anlageausschuss[16] festgelegt und enthalten genaue Vorgaben an die fondsführenden Banken, wie das Portfolio zu gestalten ist.[17]

3. *Die spätere Verwendung des angesparten Guthabens*

„Zeit-Werte sind ein Beitrag zur Beschäftigungssicherung, um die in der Altersteilzeit zu erbringende Arbeitsleistung zu verkürzen. Sie dienen der Gestaltung der Lebensarbeitzeit. Für die Beschäftigten sind die Zeit-Werte die Bemessungsgröße für die Berechnung des individuell einzubringenden Freistellungsumfanges u.a. während der vereinbarten Altersteilzeit."[18]

Aus diesen Grundsätzen, die am Anfang der Betriebsvereinbarung *Zeit-Werte* festgeschrieben sind, geht der primäre Verwendungszweck des individuell angesparten Zeit-Wert-Guthabens hervor: Die während der Altersteilzeit (nach den Regelungen des Altersteilzeitgesetzes) noch zu erbringende Arbeitsleistung soll weiter reduziert werden.[19] [20] Konkretisiert wird dies durch Nr. 9.1 der Betriebs-

---

15 Eine solche Dreier-Vereinbarung unter Einbeziehung einer Depotbank wird in der Regel bei Spezialfonds getroffen, vgl. Baur Anhang zu § 1 Rn. 36.

16 Der Anlageausschuss ist das jeweils höchste Kontrollorgan für jeden einzelnen Zeit-Wertfonds. Er setzt sich nach Nr. 8 der Betriebsvereinbarung *Zeit-Werte* aus Vertretern des Gesamtbetriebsrates, des Personalwesens und von Konzern-Treasury sowie der jeweiligen Kapitalanlagegesellschaften zusammen und tagt für jeden Fond mindestens zweimal pro Jahr.

17 Diese Richtlinien setzen zum einen fest, in welche Anlageformen überhaupt investiert werden darf, z.B. festverzinsliche Wertpapiere, bestimmte Aktien, Genussscheine etc. Des weiteren ist genau festgelegt, wie hoch der Anteil der Anlagenarten am Gesamtfondsvolumen sein darf (z.B. maximal 30% Aktien) und in welchem Verhältnis die verschiedenen Kapitalräume berücksichtigt werden müssen (z.B. mindestens 50% der festverzinslichen Wertpapiere in EURO-Ländern; dagegen werden andere Länder wie Brasilien, Südafrika usw. ganz ausgeschlossen).

18 Nr. 2 der Betriebsvereinbarung Zeit-Werte.

19 Aus diesem Grunde sind Arbeitnehmer mit befristeten Arbeitsverträgen von der Teilnahme am Zeit-Wertpapier ausgeschlossen. Im Rahmen dieser Arbeitsverhält-

vereinbarung *Zeit-Werte*. Das bei Auflösung des Zeit-Wert-Kontos aktuelle Guthaben (eingezahlter Nominalbetrag zzgl. Zinsergebnis durch die Fondsverwaltung) soll – bei Fortzahlung des Arbeitsentgelts – der Freistellung des Arbeitnehmers von der Arbeitspflicht dienen. Die Anzahl der Stunden, die der Arbeitnehmer freigestellt wird, wird nach folgender Formel berechnet:

$$\text{Freistellung in h} = \frac{\text{Kontostand in € (Zeit-Wert Beschäftigter + Zeit-Wertanteil Unternehmen) + Wertentwicklung}}{\text{Personalaufwand pro Stunde (ohne Aufstockungsleistungen bei Altersteilzeit)}}$$

Als kleinste Freistellungseinheit ist ein ganzer Arbeitstag vorgesehen. Ist das Wertguthaben / Restguthaben kleiner als ein voller Arbeitstag, so erfolgt eine Überführung des Guthabens in die Beteiligungsrente.

Kommt es dagegen nicht zum Abschluss eines Altersteilzeitvertrages zwischen der Volkswagen AG und dem Arbeitnehmer, so stehen diesem verschiedene andere Möglichkeiten zur Verwendung seines Zeit-Wert-Guthabens offen.

Scheidet der Arbeitnehmer aus Altersgründen aus dem Konzern aus, ohne dass ein Altersteilzeitvertrag abgeschlossen wird, so soll das Zeit-Wert-Guthaben einer Verkürzung der Lebensarbeitszeit dienen. Nach der oben genannten Formel wird wiederum der Umfang der Freistellung berechnet, um den die verbleibende (tarif-)vertraglich festgelegte Arbeitszeit reduziert wird.

Scheiden jedoch sowohl eine Gestaltung der Altersteilzeit als auch eine Verkürzung der Lebensarbeitszeit aus, so fließt das Guthaben als Beteiligungsrente in die betriebliche Altersversorgung ein.[21]

Bei einem vorzeitigen Ausscheiden des Arbeitnehmers aus dem Arbeitsverhältnis (z.B. durch Kündigung) kann sich der Arbeitnehmer sein individuelles Guthaben auszahlen lassen oder sich von der verbleibenden Arbeitsverpflichtung freistellen lassen.

Im Falle des Todes eines Guthabeninhabers wird das Wertguthaben an die Erben ausbezahlt.

---

nisse kommt es nicht zum Abschluss von Altersteilzeitverträgen, so dass der primäre Verwendungszweck des Wertguthabens nicht erreicht werden kann.

20 Vergleiche auch Tarifvertrag über Altersteilzeit, geschlossen zwischen der Volkswagen AG und der IG Metall, aktuelle Fassung vom 4. Oktober 2000.

21 Bei der sog. Beteiligungsrente handelt es sich um einen Bestandteil der betrieblichen Zusatzversorgung der Volkswagen AG, vgl. die Tarifvereinbarung zur Beteiligungsrente, geschlossen zwischen der Volkswagen AG und der IG Metall, aktuelle Fassung vom 4. Oktober 2000.

4. Die Sicherung des Guthabens

Die Volkswagen AG versucht mit Hilfe verschiedener Mechanismen, die angesparten Guthaben der Arbeitnehmer gegen einen Wertverlust zu sichern.

Zum einen werden den fondsführenden Banken – wie beschrieben – genaue Vorgaben hinsichtlich der zu verfolgenden Anlagestrategie gemacht, um zu riskante Anlagen, die das Risiko eines Wertverlustes in sich tragen, zu vermeiden. Darüber hinaus gewährt die Volkswagen AG den am Zeit-Wertpapier teilnehmenden Arbeitnehmern eine sog. „Geld-Zurück-Garantie". Im Zeitpunkt der Auflösung des Zeit-Wertguthabens wird der vom Arbeitnehmer angesparte Nominalwert mit dem aktuellen Wert des Zeit-Wertguthabens verglichen. Übersteigt der Nominalwert den aktuellen Wert, so garantiert die Volkswagen AG dem Arbeitnehmer eine bezahlte Freistellung in Höhe der angesparten Zeit-Werte.

Schließlich beinhaltet das Zeit-Wert-Modell auch eine Insolvenzsicherung für den Fall, dass die Volkswagen AG als Schuldnerin zahlungsunfähig wird und die angesparten Zeit-Werte nicht mehr an die Arbeitnehmer auszahlen kann. Zu diesem Zweck wurde über die angesparten Guthaben der Arbeitnehmer ein Treuhandvertrag mit dem Volkswagen Pensions Trust e.V. geschlossen. Der Vereinszweck besteht in der treuhänderischen Verwaltung des übertragenen Vermögens. Im Falle der Insolvenz der Volkswagen AG haben die Arbeitnehmer einen eigenständigen Anspruch gegen den Verein. Drittgläubiger können ihre Ansprüche dagegen nicht gegenüber dem Verein geltend machen. Ein Restrisiko besteht für die Arbeitnehmer daher nur insoweit, als eine mögliche Insolvenz des Volkswagen Pensions Trust e.V. zu Verlusten führen kann.

5. Zusammenfassung

Das Zeit-Wertpapiermodell der Volkswagen AG gibt den Arbeitnehmern die Möglichkeit, durch „Umwandlung" verschiedener Ansprüche aus dem Arbeitsverhältnis ein Wertguthaben zu bilden. Dieses Guthaben dient im Regelfall der Reduzierung der Arbeitszeit im Alter. Der Arbeitnehmer wird also – bei fortbestehendem Arbeitsverhältnis – von der Arbeitspflicht freigestellt. In der Freistellungsphase erhält er weiterhin regelmäßige Entgeltzahlungen vom Arbeitgeber.

6. Ähnliche Modelle anderer Unternehmen

Wie in der Einleitung vorangestellt sollen Gegenstand der vorliegenden Untersuchung solche Umwandlungsmodelle sein, die dem *Zeit-Wertpapier* in ihrer Konzeption und Ausgestaltung ähnlich sind. Aufgrund der Ausrichtung dieser Modelle, den Übergang des Arbeitnehmers vom Erwerbsleben in den Ruhestand flexibel zu gestalten und damit Einfluss auf die Lebensarbeitszeit des Arbeitnehmers zu nehmen, werden diese Umwandlungsmodelle auch Lebensarbeitszeitkonten genannt.[22]

Davon zu unterscheiden sind sog. Langzeitkonten. Ein Beispiel hierfür ist das Modell *„db-zeitinvest"* der Deutsche Bank AG. Diese Konten entsprechen den Lebensarbeitszeitkonten insoweit, als der Arbeitnehmer ebenfalls durch Umwandlung von Ansprüchen ein Guthaben ansparen kann. Entscheidender Unterschied ist jedoch die andersartige Zweckbindung des Wertguthabens. Bei Langzeitkonten ist der Arbeitnehmer nicht auf eine Verwendung des Guthabens zur Gestaltung der Lebensarbeitszeit angewiesen, sondern kann sein Guthaben in jeder Phase seines Erwerbslebens zur Freistellung bei kontinuierlicher Entgeltzahlung verwenden.[23]

Diese Unterscheidung zwischen Lebensarbeitszeitkonten und Langzeitarbeitskonten ist unter anderem im Hinblick auf die Regelung des § 170 IV 3 Nr. 1 SGB III von Bedeutung. Nach dieser Vorschrift kann im Falle von Kurzarbeit nicht verlangt werden, dass solche Arbeitszeitguthaben aufgelöst werden, die ausschließlich für eine vorzeitige Freistellung des Arbeitnehmers vor einer altersbedingten Beendigung des Arbeitsverhältnisses bestimmt sind. Der Arbeitnehmer, der an einem Lebensarbeitszeitkonto teilnimmt, ist insoweit besser gestellt. Aufgrund der weitgehend ähnlichen Konzeption befasst sich die vorliegende Untersuchung jedoch sowohl mit Lebensarbeitszeitkonten wie auch mit Langzeitarbeitskonten, die auf der Umwandlung von Arbeitnehmeransprüchen basieren.

II. Reformen des Gesetzgebers zur Förderung von Umwandlungsmodellen

Umwandlungsmodelle wie das Zeit-Wertpapier der Volkswagen AG werden in den letzten Jahren in immer mehr Betrieben eingeführt. Die Grundlagen hierzu werden zum Teil durch kollektivrechtliche Vereinbarungen, insb. durch Tarifverträge geschaffen. Beispielhaft genannt seien hier nur das Modell „db-zeitinvest" der Deutsche Bank AG, basierend auf der Rahmenregelung *Langzeitkonto* im Tarifvertrag für das Private Bankgewerbe[24], der *Rahmentarifvertrag über Lang-*

22 Hoff Personal 2001, 550, 551; Schaub § 160 Rn. 43.
23 Hoff Personal 2001, 550, 551.
24 Im Jahr 2001 abgeschlossen mit der Gewerkschaft ver.di als Anhang zu § 19 Manteltarifvertrag in der ab 1. September 2001 gültigen Fassung.

fristkonten zwischen der IG Metall und der Stahlindustrie[25] sowie die tarifvertragsähnlichen Arbeitsvertragsrichtlinien des Deutschen Caritasverbands.[26]

1. Interessen an Umwandlungsmodellen

Ursache für diese Ausbreitung der Umwandlungsmodelle, die aus betriebswirtschaftlicher Sicht einen nicht unerheblichen Aufwand der zuständigen Personalabteilungen mit sich bringen, ist die Tatsache, dass diese Modelle eine Flexibilisierung der Arbeitszeit ermöglichen, die sowohl im Interesse der Arbeitnehmer wie auch der Arbeitgeber liegt.

Aus diesem Grunde hat sich auch der Gesetzgeber im Bündnis für Arbeit und zur Standortsicherung bereit erklärt, die im folgenden Kapitel (§ 2 II 2) erläuterten Änderungen des Sozialgesetzbuches IV vorzunehmen.[27] Durch die Verbesserung der sozialversicherungsrechtlichen Rahmenbedingungen sollte dem Drängen von Arbeitgebern und Arbeitnehmern nach flexibleren Arbeitszeiten nachgekommen werden, wobei sich die neue Rechtslage nicht auf bestimmte Modelle beschränken, sondern auch für zukünftige Entwicklungen in diesem Bereich offen bleiben sollte.[28] Dabei erhoffte sich der Gesetzgeber von den Reformen insoweit zu profitieren, als der Standort Deutschland aufgrund der neuen Rahmenbedingungen attraktiver für Wirtschaftsunternehmen würde. Hiermit war die Hoffnung auf Schaffung weiterer Arbeitsplätze und damit auf die Entlastung der sozialen Sicherungssysteme verbunden. Die Änderungen des Sozialgesetzbuches IV sollten darüber hinaus – abgesehen von nicht bezifferbaren Aufwendungen für das Meldeverfahren zwischen Arbeitgebern und Sozialversicherungsträgern – keine nennenswerten Mehrbelastungen zur Folge haben.[29] Damit war auch dem Gesichtspunkt Rechung getragen, keine wesentlichen Belastungen der Sozialversicherungssysteme herbeizuführen und somit deren Stabilität zu sichern.

Hinsichtlich der Interessen von Arbeitnehmern und Arbeitgebern an Umwandlungsmodellen nach dem Vorbild des Zeit-Wertpapiers ist zu unterscheiden, an welche Voraussetzungen der Freistellungsanspruch des Arbeitnehmers gebunden ist.

---

25 Abgeschlossen am 13. Dezember 2000 zwischen dem Arbeitgeberverband Stahl e.V. und der IG Metall, Bezirksleitung Nordrhein-Westfalen.

26 Siehe Anlage 5c AVR vom 15. März 2001 (148. Tagung der Arbeitsrechtlichen Kommission in Magdeburg), geändert am 6. Dezember 2001 (151. Tagung der Arbeitsrechtlichen Kommission in Mainz).

27 BT-Drucksache 13/9818 S. 9.

28 BT-Drucksache 13/9818 S. 9.

29 BT-Drucksache 13/9818 S. 15, 16.

Kann der Arbeitnehmer sein angespartes Wertguthaben (unter anderem) dazu verwenden, jederzeit eine Freistellung in Form eines Sabbatjahres o.ä. zu verlangen (sog. Langzeitkonto), so liegen die Vorteile für den Arbeitnehmer insbesondere in dem erhöhten Maß an Zeitsouveränität. Gegenüber dem (Standard-) Urlaubsanspruch bietet das Wertguthaben die Möglichkeit, einen deutlich längeren Freistellungsanspruch anzusparen. Der Arbeitnehmer ist dabei frei in seiner Entscheidung, zu welchem Zweck er diesen Freistellungsanspruch geltend macht (Familienangelegenheiten, lange Urlaubsphasen, private Fortbildungsmaßnahmen, zeitweiser Übergang zur Teilzeitarbeit bei unverändertem Entgelt etc.). Der Arbeitnehmer erlangt so mehr Souveränität über seine Arbeitszeit, wobei er über das Ausmaß des Ansparens individuell und eigenständig entscheiden kann. Darüber hinaus kann die Teilnahme an einem Umwandlungsmodell aufgrund der veränderten sozialversicherungsrechtlichen Lage mit finanziellen Vorteilen verbunden sein.[30]

Von der Attraktivität der Umwandlungsmodelle für Arbeitnehmer profitiert der Arbeitgeber ebenfalls. Eine flexible Arbeitszeit stellt grundsätzlich einen Beitrag zu humaner und wirtschaftlicher Gestaltung der Arbeit dar.[31] Es ist davon auszugehen, dass die Motivation der Arbeitnehmer durch die Einführung eines solchen Modells im Regelfall steigt. Die Arbeitnehmer sind aus ihrer Sicht in einem attraktiveren Arbeitsumfeld tätig. Dadurch steigt auch die Effektivität ihrer Arbeit. Darüber hinaus kann ein Unternehmen mit Hilfe eines Umwandlungsmodells die Attraktivität der angebotenen Arbeitsplätze steigern und auf diese Weise in Branchen, die unter einem Fachkräftemangel leiden, Wettbewerbsvorteile erlangen.

Andere Aspekte sind dagegen auf Seiten der Arbeitsvertragsparteien zu berücksichtigen, wenn das Umwandlungsmodell dem Zweck dient, die Arbeitszeit des Arbeitnehmers im Alter zu reduzieren (sog. Lebensarbeitszeitkonto).[32] Bei

30 Wie beim *Zeit-Wertpapier* beschrieben erfolgt bei Umwandlungsmodellen ein Ansparen des Bruttoentgelts. Der Arbeitnehmer kann daher bei einer erfolgreichen Anlage des Guthabens am Kapitalmarkt eine Rendite auf das gesamte Bruttoentgelt erzielen. Einbußen können sich insoweit nur ergeben, wenn am Kapitalmarkt geringe Renditen (unterhalb der Inflation) oder sogar ein Verlust erwirtschaftet werden. Zu beachten ist zudem, dass regelmäßig die Arbeitnehmer die Kosten für die Anlageverwaltung tragen müssen, was bereits das Ergebnis der Kapitalanlage beeinträchtigt. Insoweit ist es Aufgabe der Parteien, eine ausreichend sichere Vermögensanlage zu bestimmen, die das Risiko eines Wertverlustes ausschließt oder zumindest minimiert.

31 Linnenkohl / Rauschenberg / Gressierer / Schütz S.15.

32 Soweit das Umwandlungsmodell Elemente von Lebensarbeitszeit- und Langzeitkonten in sich vereint und dem Arbeitnehmer somit die Wahl lässt, das individuelle Wertguthaben entweder zur Reduzierung der Arbeitszeit im Alter oder auch zur In-

diesen Modellen – ähnlich dem Zeit-Wertpapier der Volkswagen AG – ist die Freistellung des Arbeitnehmers zumeist an das Erreichen bestimmter Altersgrenzen gebunden. Diese Umwandlungsmodelle bieten die Möglichkeit, auf betrieblicher Ebene und unabhängig von gesetzlichen Frühverrentungsmodellen ein eigenes, auf die Bedürfnisse der Arbeitnehmer und des Arbeitgebers zugeschnittenes Konzept für den Übergang der Arbeitnehmer in den Ruhestand zu finden.

Auf Seiten der Arbeitgeber besteht ein erhebliches Interesse an solchen Frühverrentungsmodellen. Sie bieten die Möglichkeit, das Durchschnittsalter der Beschäftigten zu senken und damit die Risiken zu minimieren, die sich typischerweise durch die Beschäftigung älterer Arbeitnehmer ergeben. Diese Risiken liegen vor allem darin, dass ein höheres Alter der Beschäftigten häufig zu einer Verringerung der Leistungsfähigkeit wie auch der Leistungsbereitschaft führt.[33] Als Ursachen hierfür gelten das mit zunehmendem Alter steigende Gesundheitsrisiko, eine im Alter sinkende Leistungsmotivation sowie die Tatsache, dass die Qualifikation älterer Arbeitnehmer modernen Anforderungen nicht mehr genügt.[34]

Auf Seiten der Arbeitnehmer besteht ebenfalls ein erhebliches Interesse an Lebensarbeitszeitkonten.[35] Die Beweggründe hierfür liegen darin, dass eine große Zahl der Arbeitnehmer den Wunsch hat, den Übergang vom Erwerbsleben in den Ruhestand möglichst frühzeitig zu vollziehen. Die Arbeitnehmer wünschen sich mehr Zeit für private Angelegenheiten wie Familie, Hobbies etc. Zudem kann durch einen psychologisch „weichen" Übergang in den Ruhestand der „Verrentungsschock" gemindert werden.[36] Darüber hinaus führen Lebensarbeitszeitkonten zu einer Verringerung der Lebensarbeitszeit. Auf diese Weise kann ein Überhang an Arbeitskräften verringert werden, ohne dass betriebsbedingte Kündigungen ausgesprochen werden müssen.

Der Wunsch nach betrieblich ausgestalteten Frühverrentungsmodellen basiert vor allem auf der Tatsache, dass der Gesetzgeber für die Gestaltung eines früheren oder gleitenden Übergangs vom Erwerbsleben in den Ruhestand nur wenige Instrumentarien zur Verfügung stellt. Zwar hat der Gesetzgeber genau dieses Ziel

---

anspruchnahme eines Sabbatjahres o.ä. zu nutzen, ist sogar von einer Kumulierung dieser Vorteile auszugehen.

33 So auch Waltermann NJW 98, 2488, 2493, der aus diesem Grunde eine Gestaltung der Arbeitsbedingungen fordert, die einer Verringerung von Leistungsfähigkeit und Motivation entgegenwirkt.

34 Vergleiche hierzu Barkholdt, S. 16ff.

35 Damit ergibt sich eine „win-win"-Situation, von der beide Seiten profitieren.

36 Siehe Bericht des Ausschusses für Arbeit und Sozialordnung, BT-Drucksache 11 / 5530 unter A VI 2 e).

bei der Schaffung der Altersteilzeit verfolgt.[37] Darüber hinaus bietet die gesetzliche Rentenversicherung verschiedene Möglichkeiten, das Erwerbsleben bereits frühzeitig zu beenden. Diese Alternativen sind aber im Vergleich zu Umwandlungsmodellen allesamt mit vielfältigen Nachteilen entweder für den Arbeitnehmer oder den Arbeitgeber verbunden, die im folgenden erläutert werden.

a) Die gesetzlichen Altersrenten

Im System der gesetzlichen Altersrenten ist zunächst die sog. Regelaltersrente anzuführen. Die Voraussetzungen für einen Anspruch des Versicherten auf diese Rente bestimmen sich nach den §§ 34, 35 SGB VI.[38] Voraussetzung für einen Rentenbezug ist nach § 35 Nr. 1 SGB VI unter anderem, dass der Versicherte das 65. Lebensjahr vollendet hat.[39] Die Inanspruchnahme einer ungeminderten Regelaltersrente ist vor Vollendung dieser Altersgrenze demnach im Regelfall nicht möglich.

Ausnahmen ergeben sich insoweit nur aus den §§ 37 S.1, 40 SGB VI. Nach § 37 S. 1 SGB VI können Schwerbehinderte, die eine Wartezeit von 35 Jahren erfüllt haben, bereits mit Vollendung des 63. Lebensjahres eine vorgezogene Rente in Anspruch nehmen.[40] [41] Bereits nach Vollendung des 60. Lebensjahres

---

37 Siehe dazu Kapitel II 1 c.

38 Die Leistung der gesetzlichen Rentenversicherung nach den §§ 34, 35 SGB VI stellt die Grundform der Altersrente dar, was sich terminologisch in der Bezeichnung „Regelaltersrente" widerspiegelt und materiell-rechtlich durch Zu- und Abschläge bei unüblichem Anspruchsverhalten verdeutlicht, vgl. Hauck / Noftz – Klattenhoff § 35 SGB VI Rn.1.

39 Weitere Voraussetzungen für einen Anspruch auf Altersrente sind: Der Anspruchsteller muss Versicherter sein, also Beiträge in die Rentenversicherung eingezahlt haben, vgl. §§ 1ff. SGB VI. Der Versicherte muss nach § 35 Nr. 2 SGB VI die sog. Wartezeit erfüllt haben. Hierbei handelt es sich um eine Mindestversicherungszeit, die nach § 50 I Nr. 1 SGB VI im Regelfall fünf Jahre umfasst.

40 Der Anspruchsteller muss bei Beginn der Altersrente als Schwerbehinderter im Sinne von § 2 II SGB IX anerkannt sein, d. h. einen Grad der Behinderung von mindestens 50% aufweisen. Die Vorschrift will es Schwerbehinderten ermöglichen, frühzeitig aus dem Arbeitsleben auszuscheiden, da aufgrund der gesundheitlichen Beeinträchtigung die Vermutung nur noch eingeschränkten Leistungsvermögens auf dem Arbeitsmarkt objektiv bestätigt wird, vgl. Hauck / Noftz – Klattenhoff § 37 SGB VI Rn. 2.

41 Vergleiche jedoch die Sonderregelung des § 236a SGB VI für Versicherte, die vor dem 1. Januar 1946 geboren sind.

haben zudem langjährig unter Tage beschäftigte Bergleute, die eine Wartezeit von 25 Jahren erfüllt haben, einen Anspruch auf ungeminderte Altersrente.[42] [43]

Ansonsten besteht für den Versicherten lediglich die Möglichkeit, eine vorzeitige und damit **verminderte Altersrente** in Anspruch zu nehmen. So haben nach § 36 SGB VI sog. langjährig Versicherte, also Versicherte mit einer erfüllten Wartezeit von 35 Jahren, bereits nach Vollendung des 62. Lebensjahres einen Anspruch auf eine Altersrente.[44] [45] Gemäß § 37 S.2 SGB VI können Schwerbehinderte nach Erfüllung einer Wartezeit von 35 Jahren bereits nach Vollendung des 60. Lebensjahres eine vorzeitige Rente beanspruchen. Weitere, in ihrer Anwendung jedoch zeitlich begrenzte Regelungen zur Inanspruchnahme vorzeitiger Altersrenten enthalten die §§ 237, 237a SGB VI.[46] Nach § 237 I Nr. 3 a), III 2 SGB VI haben Versicherte, die arbeitslos sind und das 60. Lebensjahr vollendet haben, einen Anspruch auf vorgezogene Altersrente.[47] Einen ebensolchen Anspruch haben nach § 237 I Nr. 3b), III 2 SGB VI die Versicherten, die ihre Arbeitszeit aufgrund von Altersteilzeit nach §§ 2, 3 I Nr.1 ATZG für mindestens 24 Kalendermonate reduziert haben.[48] § 237a II 2 SGB VI enthält schließlich einen Anspruch auf eine vorgezogene Altersrente für versicherte Frauen, die nach Vollendung des 40. Lebensjahres mehr als zehn Jahre Pflichtbeiträge gezahlt und eine Wartezeit von 15 Jahren erfüllt haben.[49]

---

42 Diese Regelung berücksichtigt die besonderen Belastungen der Untertagetätigkeit, vgl. Hauck / Noftz – Klattenhoff § 40 SGB VI Rn. 2.

43 Siehe auch § 238 SGB VI, der die Grundsatzvorschrift des § 40 i.V.m. §§ 50 IV, 51 II, IV SGB VI hinsichtlich der Erfüllung der Wartezeit ergänzt.

44 Diese vorgezogene Altersgrenze soll es Arbeitnehmern ermöglichen, auch ohne Nachweis einer konkreten gesundheitlichen Beeinträchtigung vorzeitig aus dem Arbeitsleben auszuscheiden, vgl. Hauck / Noftz – Klattenhoff § 36 SGB VI Rn. 2.

45 Vgl. aber § 236 SGB VI für Versicherte, die vor dem 1. Januar 1948 geboren sind. Diese Vorschrift verdrängt § 36 SGB VI in ihrem Anwendungsbereich.

46 Diese Sonderregeln laufen aber zum Jahre 2012 aus. Die Möglichkeit der vorzeitigen Inanspruchnahme einer Altersrente soll danach – ausgenommen die Altersrenten für Schwerbehinderte und Bergleute unter Tage - nur noch nach Maßgabe des heutigen § 36 SGB VI bestehen, vgl. Gesetzesbegründung zum Rentenreformgesetz 1999, BT-Drucksache 13 / 8011 unter A III 3 und B zu Art. 1 Nr. 13.

47 Diese Möglichkeit wurde geschaffen, da diese Versicherten wegen der Wettbewerbsbedingungen des Arbeitsmarktes aufgrund ihres fortgeschrittenen Alters in der Regel keine Beschäftigung mehr finden, vgl. Hauck / Noftz – Klattenhoff § 237 SGB VI Rn. 1.

48 Damit soll den Arbeitnehmern ein gleitender Übergang von der Altersteilzeit in den Ruhestand ermöglicht werden. Die Arbeitsmarkteffekte des Altersteilzeitgesetzes sollen so unterstützt werden, vgl. Hauck / Noftz – Klattenhoff § 237 SGB VI Rn. 1.

49 Diese Begünstigung wurde mit der vielfachen Doppelbelastung von Frauen als Arbeitnehmerin und als Hausfrau gerechtfertigt, vgl. Hauck / Noftz – Klattenhoff § 237a SGB VI Rn. 2.

Die Inanspruchnahme dieser vorzeitigen Altersrenten führt jedoch zu einem Abschlag in der Rentenhöhe. Nach § 77 II 1 Nr. 2 a) SGB VI mindert sich der individuelle Zugangsfaktor des Versicherten um 0,3% pro Monat.[50] So führt eine z. B. um fünf Jahre vorzeitige Inanspruchnahme der Rente zu einem Rentenabschlag von 18% für die gesamte Bezugsdauer der Altersrente. Für die meisten Arbeitnehmer ist ein derartig hoher Abschlag in finanzieller Hinsicht nicht akzeptabel, so dass diese Möglichkeit des früheren Übergangs in den Ruhestand zumeist ausscheidet.

Zudem schränken die zusätzlichen Anspruchsvoraussetzungen der §§ 36, 37 S.2, 237, 237a SGB IV den Kreis der Anspruchsberechtigten auf vorgezogene Altersrenten erheblich ein. Für das Gros der Arbeitnehmer, die ihre Arbeitszeit im Alter reduzieren wollen, stellen sie somit keine Alternative zur Regelaltersrente dar. Das gleiche gilt für die Teilrente nach § 42 SGB VI.[51] Die Teilrente stellt keine eigene Rentenart im Sinne des § 33 SGB VI dar. Es handelt sich vielmehr um eine anteilige Altersrente, die nur von Versicherten in Anspruch genommen werden kann, die nach den Vorschriften der §§ 35ff. SGB VI einen Anspruch auf eine Altersrente haben.[52] Diese Anspruchsberechtigten haben die Wahl, die ihnen zustehende Altersrente voll oder nur teilweise in Anspruch zu nehmen.

Das System der gesetzlichen Rentenversicherung bietet für die meisten Versicherten somit keine Möglichkeit, in finanziell attraktiver Form bereits frühzeitig, also vor der Vollendung des 65. Lebensjahres, in den Ruhestand zu wechseln.

---

50 Der Zugangsfaktor beträgt bei der Inanspruchnahme einer Altersrente nach § 77 II 1 Nr. 1 SGB VI im Regelfall 1,0. Die Höhe der individuellen Rente bemisst sich gemäß §§ 63 VI, 64 SGB VI nach der Formel: Monatsrente = PEP (persönliche Entgeltpunkte, §§ 63 II, III, 66, 70ff. SGB VI) x RAF (Rentenartfaktor, §§ 63 IV, 67 SGB VI) x AR (aktueller Rentenwert, §§ 63 VII, 65, 68 SGB VI). Leistet der Arbeitnehmer weniger Beiträge, so reduzieren sich seine persönlichen Entgeltpunkte und damit auch die Monatsrente. Mit Hilfe dieses Abschlags wird der Vorteil des Versicherten ausgeglichen, dass er im Vergleich zu anderen Versicherten eine längere Rentenbezugsdauer erlangt.

51 Die Rentenart „Teilrente" wurde im Rahmen des Gesetzes zur Reform der gesetzlichen Rentenversicherung 1992 vom 18. 12. 1989 geschaffen, BGBl. I, S. 2261ff. Die Teilrente soll dem Versicherten ein „Hineingleiten" in den Ruhestand ermöglichen, vgl. die (gleichlautenden) Gesetzesbegründungen der Fraktionen der CDU/CSU, SPD und FDP sowie der Bundesregierung, BT-Drucks. 11 / 4124 sowie BT-Drucks. 11 / 4452 unter B I zu Art. 1, zu § 42.

52 Hauck / Noftz – Klattenhoff § 42 SGB VI Rn. 8.

b) Frühere Alternativen zur Regelaltersrente

In dem Bestreben, flexiblere (und vor allem zeitlich frühere) Möglichkeiten des Übergangs vom Erwerbsleben in den Ruhestand zu schaffen, haben Arbeitgeber und Arbeitnehmer in der Vergangenheit häufig sog. 59er-Vereinbarungen getroffen.[53]

Bei diesem Vorgehen schied ein älterer Arbeitnehmer spätestens mit Vollendung des 58. Lebensjahres und damit vor Erreichen der Altersgrenze für die Regelaltersrente aus dem Erwerbsleben aus. Dies geschah entweder aufgrund eines einvernehmlichen Auflösungsvertrags oder aufgrund einer betriebsbedingten Kündigung durch den Arbeitgeber.[54] In der Übergangsphase bis zum Erreichen der maßgeblichen Altersgrenze für die vorgezogene Altersrente wegen Arbeitslosigkeit bezog der Arbeitnehmer Arbeitslosengeld. Aufgrund des fortgeschrittenen Alters des Arbeitnehmers war eine (vom Arbeitnehmer auch unerwünschte) Vermittlung auf dem Arbeitsmarkt praktisch ausgeschlossen. Mit Vollendung des 60. Lebensjahres konnte der Arbeitnehmer dann eine vorgezogene Altersrente wegen Arbeitslosigkeit beziehen.

Problematisch an diesen Vorruhestandsregelungen war insbesondere, dass sie primär zu Lasten der Sozialversicherungsträger gingen und enorme Kosten verursachten.[55] Um dieser Praxis entgegen zu wirken und damit die Sozialversicherungsträger zu entlasten, führte der Gesetzgeber im Jahre 1981 in § 128 AFG eine Erstattungspflicht des Arbeitgebers ein, wonach dieser der Bundesanstalt für Arbeit das Arbeitslosengeld zu erstatten hatte, das auf Zeiten nach Vollendung des 59. Lebensjahres entfiel. Das Bundesverfassungsgericht erklärte auf Vorlagebeschluss des Bundessozialgerichts[56] die ersten Fassungen des § 128 AFG zwar für verfassungskonform, machte im Detail aber angesichts der Grundfreiheiten nach Art. 12 GG Vorgaben für den Gesetzgeber zur näheren Ausgestaltung

53 Schaub § 23 Rn. 57 m. w. N.; Hauck / Noftz – Klattenhoff § 237 SGB VI Rn. 2ff.; ErfK – Rolfs § 1 ATZG Rn. 1.

54 Eine solche Kündigung wurde häufig nur deshalb ausgesprochen, um den Arbeitnehmer vor einer Sperrzeit zu bewahren, in der kein Anspruch auf Arbeitslosengeld besteht, vgl. die heutige Regelung des § 144 I Nr.1 SGB III. Danach führt ein „Lösen des Beschäftigungsverhältnisses“ durch den Arbeitnehmer ohne wichtigen Grund zu einer Sperrzeit wegen Arbeitsaufgabe von zwölf Wochen. Nach § 144 II 2 SGB III ruht der Anspruch auf Arbeitslosengeld während der Sperrzeit. Ein „Lösen“ im Sinne des § 144 I Nr.1 SGB III kann – neben der Kündigung durch den Arbeitnehmer – auch der einvernehmliche Abschluss eines Aufhebungsvertrages mit dem Arbeitgeber sein, vgl. Hauck / Noftz – Valgolio § 144 SGB III Rn. 29.

55 von Einem BB 96, 1883, 1883.

56 BSG vom 21. 5. 1986 in BB 86, 1510, 1511.

dieser Erstattungsregelung.[57] Daher wurde diese Norm mit Wirkung vom 1. Juli 1991 zunächst aufgehoben[58] und in neuer Form mit Wirkung vom 1. Januar 1993 wieder eingefügt.[59] Das neu eingeführte Sozialgesetzbuch III enthielt dann zunächst zwar keine Erstattungspflicht des Arbeitgebers. Diese wurde jedoch als § 147a SGB III mit Wirkung vom 1. April 1999 wiederum eingeführt.[60]

Die Einführung dieser Erstattungspflicht führt aus Sicht der Arbeitgeber dazu, dass eine klassische 59er-Vereinbarung mit dem Arbeitnehmer mit erheblichen Kosten verbunden ist. Aus diesem Grund stellen diese Vereinbarungen heute keine attraktive Möglichkeit mehr dar, um den Übergang des Arbeitnehmers vom Erwerbsleben in den Ruhestand zeitlich vorzuziehen.

c) Heutige Alternativen zur vorzeitigen Inanspruchnahme der Altersrente

Um einen gleitenden Übergang des Arbeitnehmers in den Ruhestand zu ermöglichen, hat der Gesetzgeber die Altersteilzeit nach dem gleichnamigen Gesetz geschaffen.[61] Durch die Bereitstellung von Förderungsleistungen durch die Bundesanstalt für Arbeit will der Gesetzgeber nach § 1 II ATZG vor allem die Einstellung arbeitsloser Arbeitnehmer ermöglichen, zugleich aber auch einen Anreiz schaffen, die bisherige Frühverrentungspraxis auf Kosten der Sozialversicherungsträger aufzugeben.[62]

Soweit alle Voraussetzungen der §§ 2, 3 ATZG erfüllt sind, und Arbeitnehmer und Arbeitgeber eine entsprechende Vereinbarung nach § 2 I Nr. 2 ATZG abschließen, ermöglicht die Altersteilzeit dem Arbeitnehmer, die individuelle wöchentliche Arbeitszeit um die Hälfte zu reduzieren. Die Vergütung des Arbeitnehmers soll jedoch im Gegenzug nicht ebenfalls halbiert werden. Aus diesem Grunde erstattet die Bundesanstalt für Arbeit dem Arbeitgeber nach §§ 4 I Nr. 1, 3 I Nr. 1 a) ATZG einen Aufstockungsbetrag, soweit dieser die Vergütung für die Altersteilzeitarbeit um mindestens 20% auf mindestens 70% des letzten Netto-Vollzeitentgelts aufgestockt hat. Darüber hinaus erstattet die Bundesanstalt dem

---

57 BVerfG vom 23. Januar 1990 BVerfGE 81, 156ff. = ZIP 90, 250ff. = BB 90, 286, 286 und Beilage 5 = DB 90, 325ff.

58 Durch Art.1 des Gesetzes zur Änderung arbeitsförderungsrechtlicher und anderer sozialrechtlicher Vorschriften vom 21. Juni 1991 BGBl. I S. 1306ff.

59 Durch Art. 1 des Gesetzes zur Änderung von Förderungsvoraussetzungen im Arbeitsförderungsgesetz und in anderen Gesetzen vom 18. Dezember 1992, BGBl. I S. 2044ff.

60 Durch Art. 1 des Gesetzes zur Änderung der Berücksichtigung von Entlassungsentschädigungen im Arbeitsförderungsrecht vom 24. März 1999, BGBl. I S. 396ff.

61 Altersteilzeitgesetz vom 23. Juli 1996, BGBl. I S. 1078, zuletzt geändert durch Gesetz vom 19. Juni 2001, BGBl. I S. 1046.

62 ErfK – Rolfs § 1 ATZG Rn. 1.

Arbeitgeber nach §§ 4 I Nr. 2, 3 I Nr. 1 b) ATZG den Betrag, den dieser aufwendet, um für den Arbeitnehmer auch während der Altersteilzeit Beiträge zur Rentenversicherung in der Höhe zu zahlen, die er bei einem Arbeitsentgelt in Höhe von 90% der bisherigen Vergütung tragen müsste.

Durch diese Vorgehensweise erhält der Arbeitnehmer ein im Vergleich zur erbrachten Arbeitsleistung höheres Entgelt und muss zudem nur geringe Einbußen bei der Höhe seiner späteren Altersrente hinnehmen.

Verschiedene Aspekte des Altersteilzeitgesetzes führen jedoch dazu, dass dieses Instrumentarium nicht immer im Interesse von Arbeitgebern und Arbeitnehmern liegt.

Nach § 3 I Nr. 2 ATZG ist Voraussetzung für eine Förderung durch die Bundesanstalt für Arbeit, dass der Arbeitgeber die freigewordene Stelle durch einen bislang arbeitslos gemeldeten Arbeitnehmer besetzt oder einen Arbeitnehmer nach Abschluss seiner Ausbildung beschäftigt. Die Vereinbarung eines Altersteilzeitvertrages scheidet damit bereits dann aus, wenn der Arbeitgeber den früheren Übergang eines Arbeitnehmers in den Ruhestand zugleich nutzen will, um die Belegschaft zu verkleinern.

Darüber hinaus wird die Aufstockung des Arbeitsentgelts um mindestens 20% auf mindestens 70% des letzten Nettoentgelts von Arbeitnehmerseite häufig als zu niedrig angesehen. Da höhere Aufstockungen jedoch nicht von der Bundesanstalt für Arbeit erstattet werden, können sie in aller Regel nur mit Hilfe von Tarifverträgen durchgesetzt werden, da entsprechende Betriebsvereinbarungen oder Individualabreden nicht erzwingbar sind.[63]

Schließlich wird die Vereinbarung von Altersteilzeitverträgen dadurch erschwert, dass die Vereinbarung eines sog. großen Blockmodells, das sich über sechs Jahre erstreckt, nach § 2 II Nr. 1, 2. Alt. ATZG grundsätzlich nur durch Tarifvertrag, auf Grund eines Tarifvertrags in einer Betriebsvereinbarung oder in einer Regelung der Kirchen und der öffentlich-rechtlichen Religionsgemeinschaften zulässig ist.[64] Dieses von 90% aller Altersteilzeitbeschäftigten[65] bevorzugte Blockmodell kann dagegen auf Grundlage einer Betriebs- oder Individualvereinbarung nach § 2 II 5 ATZG nur in Bereichen praktiziert werden, in denen tarifvertragliche Regelungen zur Verteilung der Arbeitszeit nicht getroffen oder übli-

63 ErfK – Rolfs § 1 ATZG Rn. 4.

64 Bei einem Blockmodell wird die Arbeitszeit während der Altersteilzeit nicht gemäß § 2 I Nr. 2 ATZG kontinuierlich auf die Hälfte der bisherigen Wochenarbeitszeit reduziert, sondern auf einen Arbeitsblock, in dem der Arbeitnehmer uneingeschränkt weiter arbeitet, und einen Freizeitblock, in dem der Arbeitnehmer gar nicht arbeitet, verteilt.

65 ErfK – Rolfs § 1 ATZG Rn. 4.

cherweise nicht getroffen werden. Von Arbeitgeberseite wird dieser Tarifvorbehalt als hinderlich für die Verbreitung der Altersteilzeit angesehen.[66]

Zuletzt ist noch zu beachten, dass die Förderung der Altersteilzeit durch die Bundesanstalt für Arbeit nach § 16 ATZG auch nur noch befristet möglich ist. Demnach sind Leistungen nach § 4 ATZG nach dem 1. Januar 2010 nur noch zu erbringen, wenn zu diesem Zeitpunkt die Voraussetzungen der §§ 2, 3 I Nr.2 ATZG bereits vorgelegen haben. Damit können Altersteilzeitverträge nur noch für die Arbeitnehmer abgeschlossen werden, die bereits vor diesem Stichtag entsprechend § 2 I Nr. 1 ATZG das 55. Lebensjahr vollendet haben.

d) Ergebnis

Die vom Gesetzgeber vorgesehenen Instrumentarien, um dem Arbeitnehmer einen früheren bzw. gleitenden Übergang vom Erwerbsleben in den Ruhestand zu ermöglichen, weisen somit im Vergleich zu Umwandlungsmodellen entscheidende Nachteile auf. Sowohl auf Seiten der Arbeitnehmer wie auch auf Seiten der Arbeitgeber besteht ein erhebliches Interesse, auf betrieblicher Ebene individuelle Lösungen zu schaffen.

Neben diesem Problem des Übergangs in den Ruhestand (Lebensarbeitszeitkonten) können Umwandlungsmodelle auch in anderen Konstellationen attraktive Instrumentarien darstellen. Neben den bereits erwähnten Langzeitarbeitskonten, die jederzeit eine Freistellung des Arbeitnehmers ermöglichen, können Umwandlungsmodelle in Ausnahmefällen auch zur Abwendung von existenzbedrohenden Krisen dienen. Im Falle einer akuten Insolvenzgefahr für das Unternehmen können die Arbeitnehmer ihren Arbeitgeber kurzfristig dadurch entlasten, dass sie ihr Arbeitsentgelt zunächst weitgehend im Rahmen des Umwandlungsmodells ansparen. Das Unternehmen profitiert in diesem Fall davon, dass die Arbeitnehmer ihre Arbeitsleistung erbringen, ohne dass eine entsprechende Entgeltzahlung unmittelbar geleistet werden muss.[67]

2. Neuregelungen im Bereich des Sozialversicherungsrechts

Auf der Grundlage des Sozialgesetzbuchs Teil IV in der bis zum April 1998 gültigen Fassung ergaben sich verschiedene Probleme bei der sozialversicherungsrechtlichen Behandlung von Umwandlungsmodellen. Diese Probleme beruhen auf der Besonderheit von Umwandlungsmodellen, dass die daran teilnehmenden

---

66 Wonneberger DB 98, 982, 982.
67 Vergleiche hierzu Gagel BB 00, 718, 718, 720.

Arbeitnehmer trotz der Freistellung in den Freizeitintervallen kontinuierliche Entgeltzahlungen vom Arbeitgeber erhalten.[68]

Ungeachtet dieser Zahlungen handelt es sich hierbei jedoch nicht um bezahlte Freistellungen von der Arbeitspflicht. Insoweit besteht ein grundlegender Unterschied z. B. zum Erholungsurlaub. Ein solcher Urlaub stellt eine bezahlte Freistellung dar, da der Arbeitnehmer für das Urlaubsentgelt keine Gegenleistung in Form einer Vor- oder Nacharbeit erbringen muss. Spart der Arbeitnehmer daher übergesetzlichen Urlaub an, so entstehen größere bezahlte Freizeitintervalle, die wie ein bezahlter Urlaub behandelt werden können und daher aus sozialversicherungsrechtlicher Sicht keine Probleme bereiten.

Anders ist dagegen die Freistellung aufgrund eines Umwandlungsmodells zu beurteilen. Hierbei handelt es sich – trotz der kontinuierlichen Entgeltzahlungen – um eine unbezahlte Freistellung. Die Entgeltzahlungen, die der Arbeitnehmer während dieser Phase vom Arbeitgeber erhält, hat er durch seine Arbeitsleistung in den Arbeitsphasen verdient. Die Vergütung wird aus dem bereits angesparten oder noch anzusparenden Wertguthaben gezahlt. Der Arbeitnehmer muss somit eine Gegenleistung für die Entgeltzahlungen während der Freizeitphase erbringen, so dass es sich beim Umwandlungsmodell um unbezahlte Freistellungen handelt.

Diese Besonderheit der kontinuierlichen Entgeltzahlung trotz Freistellung von der Arbeitsverpflichtung stand im Widerspruch zu dem zentralen Begriff der Beschäftigung i.S.d. § 7 SGB IV a. F., der vor der Reform durch das Gesetz zur sozialrechtlichen Absicherung flexibler Arbeitszeitregelungen (sog. Flexi-Gesetz)[69] zwingend eine tatsächliche Arbeitsleistung gegen Entgelt voraussetzte, um eine solche Beschäftigung im sozialversicherungsrechtlichen Sinne annehmen zu können.

Ziel des Gesetzgebers war es, diesen Widerspruch durch eine Lockerung des bis dato starren Sozialversicherungsrechts aufzulösen und auf diese Weise die Rahmenbedingungen für flexible Arbeitszeitmodelle mit unbezahlten Freizeitintervallen zu verbessern. Die Einführung von flexiblen Arbeitszeitmodellen, von denen sich der Gesetzgeber positive Effekte zur Verringerung der strukturellen Arbeitslosigkeit in der Bundesrepublik Deutschland erhoffte, sollte so ermöglicht werden.

Verwirklicht wurde dieses Ziel zunächst durch die Verabschiedung des Flexi-Gesetzes. Nachbesserungen wurden später vorgenommen durch das Gesetz zur

---

68 Vergleiche Norpoth S. 24, 25.

69 Gesetz zur sozialrechtlichen Absicherung flexibler Arbeitszeitregelungen vom 6. April 1998, BGBl. I S. 688ff.

Einführung des Euro im Sozial- und Arbeitsrecht sowie zur Änderung anderer Vorschriften vom 21. Dezember 2000.[70]

Diese Änderungen des Sozialversicherungsrechts stellten – vorbehaltlich einiger Detailänderungen – eine Initialzündung für die Einführung von Wertguthabenmodellen in der Wirtschaft dar. Zwar wurden die Änderungen zunächst als „Lex VW" bezeichnet, da sie den Anstößen des Zeit-Wertpapiers der Volkswagen AG offensichtlich folgten, so dass dieses Modell einen nicht unbedeutenden Einfluss auf die Gesetzgebung hatte.[71] Diese Tatsache ändert aber nichts daran, dass die Verbesserungen mittlerweile allgemein Anklang finden.

a) Die Rechtslage vor Verabschiedung des Flexi-Gesetzes

Wie bereits angedeutet, erwies sich vor Verabschiedung des Flexi-Gesetzes die Tatsache, dass das Sozialversicherungsrecht einen kontinuierlichen Austausch von Beschäftigung gegen Entgelt als Leitbild hatte, als hinderlich für die Einführung von solchen Arbeitszeitmodellen, die längere Freistellungsphasen des Arbeitnehmers zum Ziel haben.[72]

Ursächlich für diese Verknüpfung war der grundlegende Begriff der Beschäftigung i.S.d. § 7 SGB IV a. F.. Eine Beschäftigung lag nach § 7 I SGB IV a. F. grundsätzlich nur dann vor, wenn eine nichtselbständige Arbeit, insbesondere in einem Arbeitsverhältnis, geleistet wurde. Gemäß § 7 I 2 SGB IV a. F. war dies der Fall, wenn der Arbeitende weisungsgebunden arbeitete und in die Arbeitsorganisation des Weisungsgebers eingebunden war.[73] Eine Beschäftigung im sozialversicherungsrechtlichen Sinn setzte demnach eine tatsächliche Arbeitsleistung gegen Entgelt voraus.[74] Der bloße Fortbestand des Arbeitsverhältnisses war dagegen nicht ausreichend, selbst wenn fortlaufend Arbeitsentgelt gezahlt wurde.[75]

Nach der alten Rechtslage war es somit fraglich, ob während der Freistellungsphasen, die sich als Folge von Umwandlungsmodellen ergaben, überhaupt eine Beschäftigung i.S.d. § 7 SGB IV a. F. vorlag. Typischerweise fehlte es während einer Freistellungsphase gerade an einer tatsächlichen Arbeitsleistung gegen Entgelt und somit auch an einer Beschäftigung i.S. des Sozialversicherungsrechts.

---

70 Sog. 4. Euro-Einführungsgesetz, BGBl. I S. 1983ff.

71 Hanau / Arteaga BB 98, 2054, 2054.

72 Knospe / Ewert / Marx NZS 01, 459, 460.

73 Hauck / Noftz – Sehnert § 7 SGB IV Rn. 2 mit umfangreichen Rechtsprechungsnachweisen.

74 Knospe / Ewert / Marx NZS 01, 459, 461; Diller NZA 98, 792, 792; Mahnel arbeit und beruf 98, 133, 133.

75 Gaul BB 98, 1634, 1634.

Zu unterscheiden sind dabei grundsätzlich die Freistellung in sozialversicherungsrechtlicher und in arbeitsrechtlicher Sicht. Während aus arbeitsrechtlicher Sicht jede Befreiung des Arbeitnehmers von der Arbeitsverpflichtung als Freistellung anzusehen ist, ist dieser Begriff im Sozialversicherungsrecht wesentlich enger gefasst. Solche Freistellungsphasen, für die weder eine Vor- noch eine Nacharbeit erbracht werden, stellen keine Freistellungen im Sozialversicherungsrecht dar. Diese Konstellationen treten z. B. beim Erholungsurlaub, bei Krankheit oder der Freistellung für Bildungsmaßnahmen bei unveränderter Entgeltfortzahlung ein. In diesen Freistellungsphasen war eine Beschäftigung i.S.d. § 7 I SGB IV bereits nach bisheriger Rechtslage und gefestigter Rechtsprechung gegeben.[76] Die Rechtsprechung verlangt bezogen auf das Beschäftigungsverhältnis lediglich einen Fortsetzungswillen beider Parteien.

Die Freistellung des Arbeitnehmers aufgrund eines Umwandlungsmodells, das eine Vor- oder Nacharbeit des Arbeitnehmers voraussetzte, stellte jedoch nach § 7 SGB IV a. F. eine Unterbrechung der Beschäftigung dar.

Aus dieser grundlegenden Frage, ob in der Freistellungsphase des Arbeitnehmers eine Beschäftigung im sozialversicherungsrechtlichen Sinn vorliegt, ergaben sich die im folgenden beschriebenen Probleme.

aa) Problem der Beitragsfälligkeit

Gegenstand der Diskussion war zum einen die Frage, zu welchem Zeitpunkt die Sozialversicherungsbeiträge fällig sind, die auf das Entgelt geleistet werden müssen, das vom Arbeitnehmer angespart und erst zu einem späteren Zeitpunkt in der Freistellungsphase vom Arbeitgeber ausgezahlt wird.

Grundsätzlich bestimmte sich die Fälligkeit der Sozialversicherungsbeiträge ausschließlich nach §§ 22 I, 23 I 2 SGB IV a. F.. Nach diesen Vorschriften war für die Fälligkeit der Beitragszahlungen der Zeitpunkt maßgeblich, an dem die Beschäftigung, mit der das Entgelt erzielt wurde, ausgeübt wurde oder als ausgeübt galt. Bei konsequenter Beachtung dieser Norm mussten die Beiträge demnach nicht (erst) in der Freistellungsphase geleistet werden, sondern bereits in dem Zeitpunkt, in dem die Beschäftigung ausgeübt wurde.

Die Sozialversicherungsträger haben aber – in Übereinstimmung mit der herrschenden Literatur[77] – lange Zeit eine kontinuierliche Beitragszahlung trotz dis-

---

76 BSG vom 21. 6. 1960 BSGE 12, 190, 195; vom 13. 2. 1964 BSGE 20, 154, 156; vom 15. 12. 1971 BSGE 33, 254, 258; vom 18. 9. 1973 BSGE 36, 161, 163f.; vom 12. 11. 1975 BSGE 41, 24, 25f.; vom 18. 4. 1991 BSGE 68, 236, 240; vom 28. 9. 1993 SozR 3-4100 § 101 AFG Nr. 5 S. 11, 13f; Wonneberger DB 98, 982, 983; Knospe / Ewert / Marx NZS 01, 459, 461; BT-Drucksache 13/9818 S. 10.

77 Löwisch RdA 84, 197, 211; Schüren BB 84, 1235, 1236.

kontinuierlicher Arbeitsleistung akzeptiert.[78] Diese Auffassung wurde vor dem Hintergrund vertreten, den Arbeitnehmern durch die kontinuierliche Beitragsentrichtung auch einen kontinuierlichen Versicherungsschutz zu ermöglichen. Die Fälligkeit der Sozialversicherungsbeiträge sollte sich demnach nach der Fälligkeit des Arbeitsentgelts richten.

Das Bundessozialgericht stellte jedoch – im Anschluss an die eigene Rechtsprechung[79] – am 30. August 1994 ausdrücklich fest, dass sich die Fälligkeit der Sozialversicherungsbeiträge vor der Reform durch das Flexi-Gesetz ausschließlich nach § 23 I 2 SGB IV und nicht nach der privatrechtlichen Fälligkeitsvereinbarung hinsichtlich des Arbeitsentgelts richtete.[80] Die Sozialversicherungsträger nahmen daraufhin Abstand von ihrer bisherigen Auffassung und hielten die kontinuierliche Beitragszahlung in den Freistellungsphasen für unzulässig.[81]

Vor Inkrafttreten des Flexi-Gesetzes waren die Sozialversicherungsbeiträge nach §§ 22, 23 SGB IV a.F. somit bereits in dem Zeitpunkt fällig, in dem der Arbeitnehmer das Entgelt in der Arbeitsphase verdiente. Aus Sicht der Arbeitnehmer verlor das Ansparen im Rahmen eines Wertguthabenmodells damit erheblich an Attraktivität. Mit der finanziellen Lebensplanung der meisten Arbeitnehmer ist eine Entgeltzahlung nicht vereinbar, die sich ausschließlich an der gleichzeitigen Arbeitsleistung orientiert und dementsprechend in der Freistellungsphase zu keinerlei Leistungen des Arbeitgebers führen würde. Sie sind vielmehr auf eine kontinuierliche Zahlung angewiesen.[82] Doch auch für die Arbeitnehmer, die nicht zwingend auf eine kontinuierliche Entgeltzahlung angewiesen sind, entfiel damit die Möglichkeit, neben dem Nettolohn und den darauf entfallenden Steuern auch die Sozialversicherungsbeiträge zunächst anzusparen und somit das gesamte Bruttogehalt bis zur Inanspruchnahme der Freistellung am Kapitalmarkt anzulegen.

bb) Problem des kontinuierlichen Versicherungsschutzes

Ein wesentlich größeres Problem als die Fälligkeit der Beiträge stellte jedoch die Frage dar, welchen sozialversicherungsrechtlichen Schutz die Arbeitnehmer in der Freistellungsphase aufgrund des Umwandlungsmodells erlangten.

Wie bereits oben erwähnt, wurde die kontinuierliche Beitragszahlung zunächst unter dem Aspekt für zulässig gehalten, den Arbeitnehmern auch in der

78 Die Beiträge zur Sozial- und Arbeitslosenversicherung 85, 166, 172.
79 BSG vom 26. 11. 1985 BSGE 59, 183, 189.
80 BSG vom 30. 8. 1994 BSGE 75, 6, 65 = NZA 95, 701, 703.
81 Die Beiträge zur Sozial- und Arbeitslosenversicherung 96, 755, 757.
82 Diller NZA 98, 792, 792; Wonneberger DB 98, 982, 982: Märkle / Petri AuR 00, 443, 448; Gaul BB 98, 1634, 1634.

Freistellungsphase einen umfassenden Schutz in allen Zweigen der Sozialversicherung zu gewähren. Dieser Versicherungsschutz und damit einhergehend die Versicherungs- und Beitragspflicht sind unmittelbar an das Vorliegen einer Beschäftigung i.S.d. § 7 SGB IV gebunden, vgl. für die Krankenversicherung § 5 I Nr. 1 SGB V, für die Rentenversicherung § 1 S. 1 Nr. 1 SGB VI, für die Pflegeversicherung § 20 I Nr. 1 SGB XI sowie für die Arbeitsförderung § 24 I SGB III.[83]

Aus dieser Verknüpfung ergibt sich für den Arbeitnehmer das zwingende Erfordernis, auch während der Freistellungsphase als Beschäftigter i.S.d. Sozialversicherungsrechts zu gelten. So ist der Schutz der Krankenversicherung, also der Anspruch auf Leistungen nach § 11 I SGB V, eng an den Bestand des Beschäftigungsverhältnisses gebunden. Nach den §§ 19 I, 190 II SGB V endet dieser Anspruch grundsätzlich mit dem Ende des Beschäftigungsverhältnisses gegen Entgelt.[84] Damit ergab sich nach der alten Fassung des § 7 SGB IV das Problem eines fehlenden Krankenversicherungsschutzes für die Arbeitnehmer, die sich in einer Freistellungsphase befanden.[85]

Die Einstufung als Beschäftigter ist ebenso wichtig, um einen umfassenden Schutz durch die Arbeitslosenversicherung zu behalten. Ansprüche auf Arbeitslosengeld, §§ 117 I Nr. 3, 123 SGB III, können nur erworben werden, wenn bestimmte Anwartschaftszeiten erfüllt wurden. Diese Anwartschaftszeit wird nach §§ 123, 24 SGB III grundsätzlich dadurch erfüllt, dass eine Beschäftigung ausgeübt wird und damit ein Versicherungspflichtverhältnis besteht.

Ähnliches gilt für die Bereiche der Pflege- und Rentenversicherung, in denen sog. Vorversicherungszeiten erfüllt werden müssen. Dies bestimmt sich nach § 33 II SGB XI für die Leistungen der Pflegeversicherung und § 34 I SGB VI für den Bereich der Rentenversicherung.[86]

---

83 Gleiches gilt nach § 2 I Nr. 1 SGB VII auch für die Unfallversicherung. Diese Versicherung kann bei dieser Betrachtung jedoch unberücksichtigt bleiben, da der Arbeitnehmer in der Freistellungsphase gerade keine Arbeitsleistung erbringt und damit keinen Schutz i.S.d. § 1 SGB VII benötigt.

84 Über das Ende des Beschäftigungsverhältnisses gegen Entgelt hinaus konnte sich ein Anspruch auf Leistungen der Krankenversicherung nur nach den Vorschriften der §§ 192 bzw. 19 II SGB V ergeben.

85 Dies galt zumindest für den Zeitraum, in dem die Ausnahmevorschriften der §§ 192 bzw. 19 II SGB IV nicht (mehr) anwendbar waren.

86 In Bezug auf Rehabilitationsleistungen aus der Rentenversicherung gilt insoweit § 11 I Nr. 1 SGB VI.

cc) Zwischenergebnis

Die Besonderheit der Umwandlungsmodelle, dem Arbeitnehmer Freistellungsphasen mit kontinuierlicher Entgeltzahlung zu ermöglichen, führte zu erheblichen Problemen bei der sozialversicherungsrechtlichen Abwicklung. Bei strenger Anwendung des § 7 SGB IV a. F. lag während der Freistellungsphase keine Beschäftigung im sozialversicherungsrechtlichen Sinn vor. Darüber hinaus mussten die Sozialversicherungsbeiträge nach §§ 22, 23 SGB IV a. F. bereits während der Arbeitsphase gezahlt werden. Unter diesen Aspekten war die Teilnahme an einem Wertguthabenmodell für die Arbeitnehmer wirtschaftlich uninteressant und mit erheblichen Risiken verbunden.

b) Die neue Rechtslage nach dem Flexi-Gesetz

Mit der Reform des Sozialversicherungsrechts durch das FlexiG hat der Gesetzgeber diese Probleme beseitigt und dabei den Parteien einen weiten Gestaltungsraum für die Einführung und Ausgestaltung von Wertguthabenmodellen gelassen.

aa) Fiktion des § 7 Ia SGB IV

Zum einen hat der Gesetzgeber in § 7 I a SGB IV n. F. eine Regelung getroffen, nach der – soweit die unter Nr. 1 und 2 genannten Voraussetzungen eingehalten werden – eine Beschäftigung im Sinne des Sozialversicherungsrechts auch in der Freistellungsphase fingiert wird. Demnach besteht eine Beschäftigung gegen Entgelt i.S.d. § 7 I SGB IV auch dann, wenn der Arbeitnehmer von der Arbeit freigestellt wird und während dieser Freistellung ein Entgelt erhält, das er vor oder nach dieser Freistellung durch seine Arbeitsleistung verdient hat oder verdienen wird. Mit Hilfe dieser Fiktion ist nun eindeutig geklärt, dass auch in der Freistellungsphase aufgrund eines Umwandlungsmodells eine Beschäftigung gegen Entgelt vorliegt. Darüber hinaus kommt es nicht auf den von der Rechtsprechung geforderten Fortsetzungswillen der Parteien hinsichtlich des Beschäftigungsverhältnisses an.[87]

Den Arbeitnehmer trifft somit auch während der Freistellungsphase eine Versicherungs- und Beitragspflicht in den einzelnen Zweigen der Sozialversicherung nach den Vorschriften der Besonderen Teile des Sozialgesetzbuches. Im Gegenzug dazu genießt er einen ununterbrochenen Versicherungsschutz. Da das Beschäftigungsverhältnis während der Freistellungsphase nicht beendet wird, endet auch die Mitgliedschaft in der gesetzlichen Krankenversicherung nicht nach

87 BT-Drucksache 13/9818 S. 10; Knospe / Ewert / Marx NZS 01, 459, 462.

§ 190 II SGB V. Der Arbeitnehmer kann somit nach § 11 SGB V Leistungen der Krankenversicherung beanspruchen. Im Bereich der Pflegeversicherung ist ein Ende der Mitgliedschaft nach §§ 49 I, 20 SGB XI ausgeschlossen. Der Arbeitnehmer kann somit Wartezeiten nach § 33 II SGB XI zurücklegen. Gleiches gilt für die Arbeitslosenversicherung. Auch in dieser Versicherung bleibt der Arbeitnehmer während der Freistellungsphase Mitglied nach §§ 24, 25 SGB III und kann somit Anwartschaftszeiten nach §§ 123, 24 SGB III erwerben.

Im Bereich der Rentenversicherung ist die Besonderheit zu beachten, dass eine Mitgliedschaft in dieser Versicherung - und damit das Zurücklegen von Wartezeiten nach § 34 I SGB VI - nicht nur eine Beschäftigung im sozialversicherungsrechtlichen Sinn erfordert, sondern zugleich auch Beiträge aufgrund dieser Beschäftigung gezahlt werden müssen, §§ 43 I Nr. 2, 55 SGB VI. Die Fiktion einer Beschäftigung nach § 7 Ia SGB IV ist damit nicht allein ausreichend, um eine Mitgliedschaft des freigestellten Arbeitnehmers zu begründen. Darüber hinaus musste der Gesetzgeber eine Neuregelung hinsichtlich der Beitragsfälligkeit schaffen.[88]

bb) Fälligkeit der Beiträge, § 23b SGB IV

Diesem Erfordernis ist der Gesetzgeber durch die Einfügung des § 23b SGB IV nachgekommen. Während sich die Fälligkeit der Sozialversicherungsbeiträge vor der Änderung durch das Flexi-Gesetz ausschließlich nach dem Zeitpunkt der Ausübung der Beschäftigung richtete, vgl. § 23 I 2 SGB IV, beinhaltet diese Norm eine Sonderregelung für Wertguthabenmodelle i.S.d. § 7 Ia SGB IV. Abzustellen ist nach § 23b SGB IV damit nicht auf den Zeitpunkt der Ausübung der Beschäftigung, sondern auf die Fälligkeit des damit erzielten Entgelts. Die Beiträge werden bis zu diesem Zeitpunkt gestundet oder kreditiert.[89]

Voraussetzung für die Anwendung des § 23b SGB IV (im Gegensatz zu § 23 SGB IV) ist jedoch, dass die Parteien tatsächlich Einfluss auf die Fälligkeit des umzuwandelnden Vergütungsanspruchs nehmen. Der Anspruch darf in der Höhe, die dem Wertguthaben gutgeschrieben werden soll, keine Fälligkeit erlangen. Andernfalls bestimmt sich die Beitragspflicht nach § 23 I 2 SGB IV der Fälligkeit des Anspruchs folgend. Die Entscheidung über die Umwandlung eines Anspruchs in ein Wertguthaben muss somit getroffen werden, bevor dieser Anspruch zur Fälligkeit reift.[90]

---

88 Zu weiteren Besonderheiten in den Bereichen Kranken-, Arbeitslosen- und Rentenversicherung vgl. Wonneberger DB 98, 982, 983; Rombach RdA 99, 194, 198f.; Gaul BB 98, 1634, 1636f.; Schulz ZfS 2000, 307 – 310.

89 Knospe / Ewert / Marx NZS 01, 459, 463.

90 Hauck / Noftz – Sehnert § 23b SGB IV Rn. 2.

Der Gesetzgeber gestattet den Parteien damit, durch die privatrechtliche Fälligkeitsvereinbarung hinsichtlich des Arbeitsentgelts auch Einfluss auf die Fälligkeit der Sozialversicherungsbeiträge zu nehmen.[91] Vereinbaren die Parteien ein solches Wertguthabenmodell, so sind sie an die Regelung des § 23b SGB IV aber auch gebunden. Ein Wahlrecht zwischen den Fälligkeitszeitpunkten aus § 23 SGB IV und § 23b SGB IV, das es ermöglichen würde, besonders günstige Sozialversicherungsbeiträge auszunutzen, besteht nicht.[92]

Während der Arbeitsphase müssen demnach Sozialversicherungsbeiträge nur auf das um die Ansparsumme geminderte Entgelt gezahlt werden. In der Freistellungsphase sind sodann Beiträge auf das in diesem Zeitraum geleistete Entgelt zu zahlen. Für den Arbeitnehmer ergibt sich somit – im Zusammenspiel mit der Fiktion nach § 7 Ia SGB IV – die Möglichkeit, auch in der Freistellungsphase die rentenrechtlichen Wartezeiten zurückzulegen.

Darüber hinaus kann sich für den Arbeitnehmer durch das Hinausschieben der Fälligkeit der Beiträge auch ein unmittelbarer finanzieller Vorteil ergeben. Soweit das Umwandlungsmodell eine Vermögensanlage der angesparten Entgelte vorsieht, kann der Arbeitnehmer eine Rendite auf sein gesamtes Brutto-Entgelt erzielen.[93] Im Vergleich zu einer Anlage des Nettoentgelts ohne Wertguthabenmodell ist somit die zur Kapitalanlage zur Verfügung stehende Summe wesentlich größer und kann daher auch einen größeren Ertrag erbringen.[94]

Zuletzt wurde durch das Flexi-Gesetz auch eine Regelung getroffen, wann Beiträge zur Sozialversicherung für Arbeitsentgelt in sog. Störfällen fällig werden. Ein Störfall liegt immer dann vor, wenn die Vereinbarung über die flexible Arbeitszeit vorzeitig beendet wird und das Wertguthaben daher entgegen der gesetzlichen Vorgabe in § 7 Ia SGB IV nicht für eine Freistellung des Arbeitnehmers von der Arbeitsleistung verwendet wird, § 23b II SGB IV.[95]

---

91 Ein solches Vorgehen hatte das Bundessozialgericht in der bereits angesprochenen Entscheidung vom 30. 8. 1994 BSGE 75, 61. 65 = NZA 95, 701, 703 nach der alten Gesetzeslage vor Verabschiedung des Flexi-Gesetzes noch ausdrücklich für unzulässig erklärt.

92 Knospe / Ewert / Marx NZS 01, 459, 463.

93 Zur steuerrechtlichen Problematik siehe sogleich Kapitel II 3.

94 Zu berücksichtigen ist allerdings, dass Sozialversicherungsbeiträge und Steuern auf das gesamte Wertguthaben gezahlt werden müssen. Demzufolge unterliegen auch alle Gewinne, die mit der Kapitalanlage erzielt werden, diesen Abgaben.

95 Zur Entwicklung der im Störfall vorzunehmenden Berechnung der Beiträge vgl. Knospe / Ewert / Marx NZS 01, 459, 464; insb. zum „Krebsgang" Rombach RdA 99, 194, 198; Humik Bundesarbeitsblatt 2/01, 15, 16.

cc) *Zwischenergebnis*

Der Gesetzgeber hat durch die Regelungen des Flexi-Gesetzes die Rahmenbedingungen dafür geschaffen, dass die Arbeitnehmer, die an Umwandlungsmodellen mit längeren Freizeitintervallen teilnehmen, keine sozialversicherungsrechtlichen Nachteile erleiden.[96] Nach § 7 Ia SGB IV n. F. gilt der Arbeitnehmer auch während der Freistellungsphase als beschäftigt und erfährt damit einen umfassenden Versicherungsschutz. Die Fälligkeit der Beiträge auf das angesparte Entgelt ist in § 23b SGB IV zu Gunsten der Arbeitnehmer auf den Moment der Fälligkeit des Wertguthabens verschoben.

Durch diese Korrekturen im Bereich des Sozialversicherungsrechts besteht die Möglichkeit, Umwandlungsmodelle entsprechend den betrieblichen Besonderheiten auszugestalten und auf diese Weise einen Übergang vom Erwerbsleben in den Ruhestand sehr viel flexibler als bislang zu ermöglichen.[97]

c) *Die Einhaltung der sozialversicherungsrechtlichen Vorgaben*

Die beschriebenen Sonderregelungen der §§ 7 Ia, 23b SGB IV sind allerdings nur bei solchen Wertguthabenmodellen anzuwenden, die die Vorgaben des § 7 Ia 1 SGB IV einhalten. Die Fiktion der fortbestehenden Beschäftigung besteht ausdrücklich nur, wenn

1. die Freistellung aufgrund einer schriftlichen Vereinbarung erfolgt und
2. die Höhe des für die Zeit der Freistellung und des für die vorangegangenen zwölf Kalendermonate monatlich fälligen Arbeitsentgelts nicht unangemessen voneinander abweichen und diese Arbeitsentgelte 325 Euro (ab 1. April 2003 400 Euro) übersteigen.[98]

---

96 Zu den nochmaligen Veränderungen durch das 4. Euro-Einführungsgesetz, die sich hauptsächlich auf das Abrechungsverfahren der Sozialversicherungsbeiträge beziehen, wird hier aus Gründen der Übersichtlichkeit keine Stellung genommen.

97 Heinze ZRP 98, 307, 309.

98 Die Höhe der kontinuierlichen Entgeltzahlung während der Freistellungsphase kann von den Parteien somit im Rahmen dieser Voraussetzungen individuell festgelegt werden, vgl. Marburger PersV 99, 249, 251; Gemeinsame Verlautbarung der Spitzenorganisationen der Sozialversicherung vom 7. Februar 2001, S. 20 (abzurufen unter www.vdak.de/arbeitgeber/flexi_rs_070201.pdf); Kasseler Kommentar – Seewald § 7 Ia SGB IV Rn. 145g.
Gegenstand der vorliegenden Untersuchung sollen jedoch nur solche Umwandlungsmodelle sein, die – wie das *Zeit-Wertpapier* der Volkswagen AG – auch in der Freistellungsphase Entgeltzahlungen in der Höhe vorsehen, die bei entsprechender Arbeitsleistung gezahlt würden. Beim *Zeit-Wertpapier* ergibt sich dies aus der in Kapi-

Eine weitere Vorgabe für Umwandlungsmodelle ergibt sich zudem aus § 7 Ia 1, 1. HS SGB IV. Demnach soll das Wertguthaben *für Zeiten einer* Freistellung gebildet werden. Der primäre Zweck des Guthabens muss also darin liegen, dem Arbeitnehmer eine Freistellung von der Arbeitspflicht bei kontinuierlicher Entgeltzahlung zu ermöglichen.[99] Die Vorschrift des § 23b SGB IV nimmt auf diese Vorgaben ausdrücklich Bezug, indem sie nur bei *Vereinbarungen nach § 7 Abs. 1a* Anwendung findet.

Die Einhaltung dieser gesetzlichen Vorgaben muss somit bei der Ausgestaltung des Umwandlungsmodells oberste Priorität für die Parteien haben. Die Regelung des § 7 Ia SGB IV stellt zwar keine Verbotsnorm gemäß § 134 BGB dar.[100] Den Parteien bleibt es im Rahmen höherrangigen Rechts daher unbenommen, Guthabenmodelle zu vereinbaren, die von den Vorgaben des § 7 Ia SGB IV abweichen. Die zivilrechtliche Zulässigkeit dieser Modelle wird damit nicht in Frage gestellt. In diesem Fall kommen aber die sozialversicherungsrechtlichen Sonderregelungen der §§ 7 Ia, 23b SGB IV nicht zur Anwendung, da das Umwandlungsmodell dann keine Vereinbarung i.S.d. § 7 Ia SGB IV darstellt.[101] Wie bereits oben angeführt wird die Teilnahme an einem Umwandlungsmodell in wirtschaftlicher Hinsicht dann für die Arbeitnehmer aber regelmäßig unattraktiv. Der Vorschrift des § 7 Ia SGB IV kann damit zumindest eine mittelbar zwingende Wirkung zugesprochen werden.

Darüber hinaus müssen die Parteien im Rahmen des Umwandlungsmodells nach § 7 d SGB IV[102] eine Vereinbarung treffen, wie die angesparten Guthaben der Arbeitnehmer einschließlich des auf sie entfallenden Arbeitgeberanteils am Gesamtsozialversicherungsbeitrag gegen eine Insolvenz des Arbeitgebers gesi-

---

tel I 3 erläuterten Formel, wonach der Freistellungszeitraum mit Hilfe des tariflich vereinbarten Personalaufwands pro Stunde berechnet wird.

99 Zu der Frage, inwieweit die Parteien von diesem primären Zweck abweichen und weitere Verwendungen vorsehen dürfen, siehe Kapitel IV 2 c.

100 Verbotsgesetze i.S.d. § 134 BGB sind solche Vorschriften, die eine grundsätzlich mögliche rechtsgeschäftliche Vereinbarung wegen ihres Inhalts oder wegen der Umstände des Zustandekommens untersagen, vgl. Palandt – Heinrichs § 134 Rn. 1, 6ff.. Die sozialversicherungsrechtlichen Vorschriften untersagen jedoch weder den Inhalt noch das Zustandekommen von Guthabenmodellen, die den Voraussetzungen des § 7 Ia SGB IV nicht entsprechen.

101 Weicht das Wertguthabenmodell von den Vorschriften des § 7 Ia SGB IV ab, so bestimmt sich die Beitragspflicht gemäß § 23 I SGB IV nach dem Zeitpunkt der Erbringung der Arbeitsleistung. Wendet der Arbeitgeber dennoch vorsätzlich § 23b SGB IV an, kann der Straftatbestand des § 266a StGB (Vorenthalten und Veruntreuen von Arbeitsentgelt) erfüllt sein.

102 Zunächst durch Art. 1 Nr. 2 FlexiG als § 7a SGB IV eingefügt, durch Art. 1 Nr. 3 des Gesetzes zur Förderung der Selbständigkeit (vom 20. Dezember 1999, BGBl. I S. 2ff.) wortgleich zu § 7 d SGB IV verändert.

chert werden. Dabei bleibt es den Parteien überlassen, sachgerechte Modelle zum Insolvenzschutz zu entwickeln.[103] Die Vorschrift des § 7d SGB IV soll sicherstellen, dass im Falle der Zahlungsunfähigkeit des Arbeitgebers, § 17 I, II InsO[104], einerseits die Guthaben der Arbeitnehmer gesichert sind und andererseits die auf die Guthaben zu leistenden Sozialversicherungsbeiträge des Arbeitgebers erhalten bleiben und damit den Sozialversicherungsträgern zugeführt werden können.[105]

Diese Vereinbarung muss den Fall erfassen, dass

1. ein Anspruch auf Insolvenzgeld nach §§ 183ff. SGB III nicht besteht und
2. das Wertguthaben des Beschäftigten einschließlich des darauf entfallenden Arbeitgeberanteils am Gesamtsozialversicherungsbeitrag einen Betrag in Höhe des Dreifachen der monatlichen Bezugsgröße und der vereinbarte Zeitraum, in dem das Wertguthaben auszugleichen ist, 27 Kalendermonate nach der ersten Gutschrift übersteigt.[106]

Diese Vorschrift hat ebenfalls zwingenden Charakter und erschöpft sich nicht in einer bloßen Appellfunktion.[107] Die Parteien des Umwandlungsmodells müssen somit einen ausreichenden Insolvenzschutz vereinbaren. Verstoßen die Parteien allerdings gegen diese Auflage, so hat dies keine Konsequenzen hinsichtlich der Anerkennung des Guthabenmodells durch die Sozialversicherungsträger. Der Gesetzgeber hat keine Sanktionsmöglichkeit festgeschrieben.[108] Insbesondere ist

---

103 Zu den verschiedenen Gestaltungsmöglichkeiten eines effektiven Insolvenzschutzes siehe *Bericht des Bundesministeriums für Arbeit und Sozialordnung nach § 7 d Viertes Buch Sozialgesetzbuch (SGB IV) über die Vereinbarungen zur Absicherung von Wertguthaben und zu Vorschlägen zur Weiterentwicklung des Insolvenzschutzes*, Berlin Dezember 2001, S. 34ff.; Hanau / Arteaga BB 98, 2054.

104 Insolvenzordnung vom 5. Oktober 1994, BGBl. I S. 2866ff.

105 Es ist allerdings mit Seewald (in Kasseler Kommentar § 7d SGB IV Rn. 5) davon auszugehen, dass die Vorkehrungen nicht nur für den Fall der Zahlungsunfähigkeit nach § 17 II InsO Wirkung entfalten sollen. Wie aus der amtlichen Überschrift des 7 d SGB IV „Insolvenzschutz" und der Gesetzesbegründung (BT-Drucksache 13/9818 S. 11) hervorgeht, sollen wohl auch die Fälle der drohenden Zahlungsunfähigkeit, § 18 InsO, und der Überschuldung, § 19 InsO, erfasst sein.

106 Durch Tarifvertrag kann ein abweichender Zeitraum vereinbart werden. Diese Tarifdispositivität wurde durch das 4. Euro-Einführungsgesetz eingeführt, um den Tarifparteien die Möglichkeit zu geben, die gesetzliche Grenze von 27 Kalendermonaten flexibel an besondere Verhältnisse anpassen zu können, vgl. Gesetzesbegründung BR-Drucksache 531/00 S. 115.

107 Hauck / Noftz – Sehnert § 7 Ia SGB IV Rn. 6; Rombach RdA 99, 194, 197; Kasseler Kommentar – Seewald § 7d SGB IV Rn. 3.

108 Wonneberger DB 98, 982, 984; Rombach RdA 99, 194, 197.

bei einem Verstoß gegen die Vorschrift des § 7 d SGB IV die Fiktion der Beschäftigung nach § 7 Ia SGB IV nicht ausgeschlossen. In § 7 Ia SGB IV heißt es nämlich ausdrücklich, dass diese Fiktion anzunehmen ist, wenn (nur) die Voraussetzungen nach Satz 1 Nr. 1, 2 vorliegen. Die Insolvenzschutzregelung des § 7d SGB IV wird in diesem Zusammenhang nicht genannt. Ebenso findet auch die Vorschrift des § 23b SGB IV Anwendung, wenn die Parteien keinen ausreichenden Insolvenzschutz vereinbaren.

§ 23b I SGB IV setzt für seine Anwendung lediglich voraus, dass eine Vereinbarung i.S.d. § 7 Ia SGB IV vorliegt. Die Voraussetzungen des § 7d SGB IV müssen dagegen nicht eingehalten werden, um Einfluss auf die Fälligkeit der Sozialversicherungsbeiträge nehmen zu können.

3. *Die steuerrechtliche Behandlung des Wertguthabens*

In steuerrechtlicher Hinsicht ergeben sich dagegen im Zusammenhang mit den hier untersuchten Umwandlungsmodellen keine Besonderheiten, die einer Regelung des Gesetzgebers bedurft hätten. Die Frage, wann der Arbeitnehmer Lohnsteuer auf das bereits verdiente, zunächst aber angesparte Arbeitsentgelt zahlen muss, beurteilt sich nach den Normen des Einkommensteuergesetzes (EStG). Einschlägige Vorschrift für die Veranlagung des Arbeitnehmers ist hier § 11 EStG, wonach sich die Steuerpflicht des Arbeitnehmers nach dem sog. Zuflussprinzip richtet. Zwar stellt § 38a I 2, 3 EStG eine lex specialis dar, die aufgrund der Verweisung in § 11 I 3 EStG auch für die Veranlagung anzuwenden ist.[109] Nach dieser Regelung gilt ein Arbeitslohn – abweichend vom Zuflussprinzip gemäß § 11 EStG – grundsätzlich als in dem Jahr bezogen, in dem der Lohnzahlungszeitraum endet. Diese Norm betrifft aber lediglich den Arbeitslohn für einen Lohnzahlungs- / abrechnungszeitraum um den Jahreswechsel und soll Schwierigkeiten bei der zeitgerechten Lohnermittlung verhindern.[110] Entgegen dem Wortlaut sind daher Lohnzahlungen nach dieser Norm nur dann dem Altjahr zuzurechnen, wenn sie in einem engen zeitlichen Zusammenhang (ca. drei Wochen) zum Lohnzahlungszeitraum stehen.[111] Ein solcher enger zeitlicher Zusammenhang zwischen der Arbeitsleistung und der Auszahlung des Arbeitsentgelts ist bei einem Umwandlungsmodell, das ein Ansparen des Arbeitsentgelts über das gesamte Arbeitsleben ermöglichen soll, jedoch auszuschließen.

---

109 Kirchhof – Eisgruber § 38a Rn. 2.

110 Kirchhof / Söhn / Mellinghoff – Trzaskalik § 38a Rn. B 5; Kirchhof – Seiler § 11 Rn. 60.

111 Kirchhof / Söhn / Mellinghoff – Trzaskalik § 38a Rn. B 5.

Daher bestimmt sich der Zeitpunkt der Steuerpflicht des Arbeitnehmers nach dem in § 11 EStG verankerten Zuflussprinzip. Einnahmen sind demnach innerhalb des Jahres bezogen und damit zu versteuern, in dem sie dem Steuerpflichtigen zufließen. § 11 EStG kommt somit die Funktion zu, Vermögensänderungen des Steuerpflichtigen zeitlich zuzuordnen.[112] Ein Zufluss im Sinne dieser Norm ist dann anzunehmen, wenn der Steuerpflichtige nach dem Gesamtbild der Verhältnisse die wirtschaftliche Verfügungsmacht erlangt.[113]

Soweit der Arbeitnehmer Teile seines Arbeitsentgelts im Rahmen eines Umwandlungsmodells anspart, gilt somit als lohnsteuerpflichtiges Arbeitseinkommen stets nur der effektiv ausgezahlte (= zugeflossene) Betrag.[114] Für die Arbeitnehmer bedeutet dies, dass sie – wie bereits oben hinsichtlich der Sozialversicherungsbeiträge festgestellt – in erheblichem Maße auch finanziell von der Teilnahme an einem Umwandlungsmodell profitieren können. Während der Arbeitsphase muss der Arbeitnehmer den Teil des Arbeitsentgelts, den er im Rahmen des Wertguthabenmodells anspart, noch nicht versteuern. Er erlangt noch keine Verfügungsmacht über diese Beträge, so dass ein Zufluss i.S.d. § 11 EStG nicht gegeben ist.[115] [116] Der Arbeitnehmer kann somit das gesamte Bruttoentgelt ansparen und – soweit das Guthaben am Kapitalmarkt angelegt wird – auch eine Rendite auf das gesamte Bruttoentgelt erzielen. Zudem verringert sich seine Steuerlast in der Ansparphase, da sich das zu versteuernde Arbeitsentgelt um den gesparten Betrag reduziert.

Durch die Entgeltzahlung in der Freistellungsphase erlangt der Arbeitnehmer dann die Verfügungsmacht über das aus dem Wertguthaben gezahlte Arbeitsentgelt, so dass in steuerrechtlicher Hinsicht ein Zufluss und damit eine Steuerpflicht vorliegen.[117] Zu berücksichtigen ist dabei, dass das gesamte Wertguthaben, das dem Arbeitnehmer nach Abzug des Arbeitgeberanteils an der Sozialversicherung

---

112 Kirchhof – Seiler § 11 Rn. 1.

113 Kirchhof – Seiler § 11 Rn. 11.

114 Hanau / Arteaga BB 98, 2054, 2055.

115 Voraussetzung hierfür ist jedoch – wie bereits in Kap. II 2 b bb) hinsichtlich der Beitragspflicht festgestellt – dass die Vereinbarung über die Umwandlung des Entgeltanspruchs vor der Fälligkeit dieses Anspruchs getroffen wird. Andernfalls stellt bereits die Entscheidung des Arbeitnehmers, das verdiente Entgelt anzusparen, eine Verfügung über den Lohnanspruch und damit einen Zufluss i.S.d. § 11 EStG dar, vgl. Runderlass des Bundesministeriums der Finanzen vom 4. Februar 2000 (IV C 5 – S 2332 – 11/00) in BStBl. I 2000, 354, 354; Verfügung der OFD Koblenz vom 14. 2. 2002 (S 2332 A) in NZA 02, 728, 728; Hanau / Arteaga BB 98, 2054, 2055.

116 In der Zusicherung einer Insolvenzsicherung für das angesparte Wertguthaben liegt ebenfalls noch kein Zufluss i.S.d. § 11 EStG, vgl. Hanau / Arteaga BB 98, 2054, 2055.

117 Verfügung der OFD Koblenz vom 14. 2. 2002 (S 2332 A) in NZA 02, 728, 728.

ausgezahlt wird, und somit auch der durch die Kapitalanlage erzielte Gewinn als Arbeitseinkommen anzusehen ist und damit in der Freistellungsphase als Berechnungsgrundlage für die Lohnsteuer dient.[118]

Ein steuerrechtlicher Nachteil kann sich für den Arbeitnehmer allerdings beim Eintritt eines sog. Störfalls nach § 23 b II SGB IV ergeben. Wird das angesparte Wertguthaben nicht gemäß der Vereinbarung i.S.d. § 7 Ia SGB IV verwendet und an den Arbeitnehmer ausbezahlt, so gilt diese gesamte Ausschüttung als zu versteuernde Einnahme. Die Steuerlast des Arbeitnehmers kann sich dadurch erhöhen.

Im Regelfall ermöglicht das Steuerrecht dem Arbeitnehmer jedoch das sog. Brutto-Sparen, das in erheblicher Weise die Attraktivität von Umwandlungsmodellen steigert.

III. Umwandlungsmodelle = flexible Arbeitszeitregelungen?

Mit der Verabschiedung des Flexi-Gesetzes verfolgte der Gesetzgeber das Ziel, durch die punktuelle Änderung des Sozialversicherungsrechts die Rahmenbedingungen für flexible Arbeitszeitregelungen zu fördern.[119] Die Neuerungen sollten dabei von Anfang an nicht auf bestimmte Arbeitszeitmodelle zugeschnitten sein, sondern Raum für künftige Entwicklungen lassen.[120]

Insoweit stellt sich die Frage, ob so umfangreiche Umwandlungsmodelle wie das Zeit-Wertpapier der Volkswagen AG überhaupt noch als Arbeitszeitregelungen anzusehen sind. Die Möglichkeit, Entgeltbestandteile auf einem speziellen Konto ansparen zu können, weist auf den ersten Blick keinen Bezug zur Arbeitszeit des Arbeitnehmers auf.

1. Der Begriff der „flexiblen Arbeitszeit“

Die Arbeitszeit ist die Zeitspanne, während der ein Arbeitnehmer seine Arbeitskraft dem Arbeitgeber zur Verfügung stellen muss. Es ist die Zeit vom Beginn bis zum Ende der Arbeit ohne die Ruhepausen (§ 2 I Arbeitszeitgesetz).

---

118 Aus diesem Grunde ist bei Umwandlungsmodellen wie dem *Zeit-Wertpapier* die Umwandlung von steuerfreien Entgeltbestandteilen wie Sonn- und Feiertagszuschlägen, § 3b I EStG, ausgeschlossen. Vgl. im einzelnen hierzu Kap. VI 4.

119 BT-Drucksache 13/9818 S.1, 9.

120 BT-Drucksache 13/9818 S. 9.

Die Vereinbarung einer zu erbringenden Arbeitszeit dient in der Regel der Bestimmung des Umfangs der vom Arbeitnehmer geschuldeten Leistung.[121] Die Arbeitszeit wird zu diesem Zwecke üblicherweise als Wochen- oder Monatsarbeitszeit festgelegt.[122] Die Bestimmung dieser Arbeitszeitdauer obliegt den Parteien des Arbeitsvertrags oder den Tarif- oder Betriebspartnern.[123] Das Arbeitszeitgesetz regelt lediglich die maximale Dauer, bis zu der ein Arbeitnehmer beschäftigt werden darf, §§ 3ff. ArbZG.[124] Der zeitliche Umfang der Arbeitspflicht wird als chronologischer Faktor bezeichnet.[125]

Zudem muss die Lage der Arbeitszeit festgelegt werden, sog. chronometrischer Faktor.[126] Durch die Verteilung der Arbeitspflicht auf den Tag (Beginn und Ende der Arbeitszeit sowie Unterbrechung durch Pausen), die Woche oder den Monat wird die Leistungspflicht des Arbeitnehmers, die durch die Dauer der Arbeitspflicht nur umfangmäßig bestimmt ist, endgültig konkretisiert.[127]

Als flexibel[128] ist eine Arbeitszeitregelung immer dann zu bezeichnen, wenn mindestens der chronologische (Dauer der Arbeitszeit) oder der chronometrische Faktor (Lage der Arbeitszeit) veränderbar ist.[129] Eine flexible Arbeitszeit ist – im Gegensatz zu einer starren Arbeitszeit – permanent abwandelbar und anpassungsfähig hinsichtlich ihrer Dauer und/oder Lage.[130] Ob die Veränderung vom Ar-

---

121 Seltener ist der Umfang der zu erbringenden Arbeitspflicht dadurch bestimmt, dass der Arbeitnehmer ein bestimmtes Produktionsziel erreichen muss, vgl. MünchArbR – Blomeyer § 48 Rn. 74; Rüthers, Rechtsprobleme des Zeitlohns an taktgebundenen Produktionsanlagen, ZfA 73, 399, 400.
Ein Beispiel hierfür ist das Arbeitszeitmodell „Benchmark Production 5000 x 5000" der Volkswagen AG in der ursprünglich vorgesehenen Form. Danach sollten in Deutschland am Standort Wolfsburg 3500 und am Standort Hannover 1500 neue Arbeitsplätze geschaffen werden, die einheitlich mit DM 5000 brutto im Monat entlohnt werden sollten. Eine Arbeitszeit sollte nicht festgelegt werden. Vielmehr sollte sich die Arbeitszeit – im Rahmen der zulässigen Höchstarbeitszeit nach dem Arbeitszeitgesetz – an einem Produktionsziel orientieren. Das Vorhaben in dieser ursprünglichen Form scheiterte jedoch am Widerstand der IG Metall, vgl. FAZ Nr. 146 / 2001 vom 27. Juni 2001, S. 19.

122 Staudinger – Richardi § 611 Rn. 333.

123 Zmarzlik DB 94, 1082, 1983; MünchArbR – Blomeyer § 48 Rn. 115.

124 Sonderregelungen für bestimmte Arbeitnehmergruppen finden sich z.B. in §§ 8 ff. JArbSchG, § 8 MuSchG, Sonderregelungen für Kraftfahrer in EG-VO Nr. 3820/85 vom 20. Dezember 1985 (ABl. L 370 S.1).

125 Linnenkohl / Rauschenberg / Gressierer / Schütz S. 15.

126 Linnenkohl / Rauschenberg / Gressierer / Schütz S. 15.

127 Staudinger – Richardi § 611 Rn. 336f.; MünchArbR – Blomeyer § 48 Rn. 142.

128 Von lat. *flexibilis* = biegsam, elastisch, geschmeidig, anpassungsfähig.

129 Linnenkohl / Rauschenberg / Gressierer / Schütz S. 15.

130 Heinze NZA 97, 681, 681; Linnenkohl BB 85, 1920, 1921, der auch auf den sprachlichen Unterschied zwischen „flexibler" und „flexibilisierter" Arbeitszeit hinweist.

beitgeber, vom Arbeitnehmer oder von beiden gemeinsam bestimmt werden kann, hängt von der jeweils getroffenen Vereinbarung ab.

In der Praxis haben sich die verschiedensten Modelle flexibler Arbeitszeiten herausgebildet. Teilweise haben diese – wie z. B. die Abrufarbeit und die Arbeitsplatzteilung im Teilzeit- und Befristungsgesetz[131] – auch eine gesetzliche Ausgestaltung erfahren. Andere Modelle der flexiblen Arbeitszeit beruhen dagegen – wie z. B. die Gleitzeit[132] und der Jahresarbeitszeitvertrag[133] – ausschließlich auf privatrechtlicher Ausgestaltung.[134]

2. *Arbeitsrechtliche Normen als Grenzen flexibler Arbeitszeiten*

Bei der Vereinbarung von flexiblen Arbeitszeitregelungen besitzen die Parteien jedoch keineswegs einen uneingeschränkten Gestaltungsraum. Durch die Verabschiedung verschiedener Vorschriften, denen die Wirkung von Verbotsnormen i.S.d. § 134 BGB zukommt, hat der Gesetzgeber vielmehr schutzwürdige Interes-

---

Flexibel ist eine Arbeitszeit nur, wenn sie tatsächlich abwandelbar ist. Es handelt sich dann um ein offenes Arbeitszeitsystem, das sich durch die permanente Möglichkeit einer Abwandlung der Arbeitszeit auszeichnet, wie es z.B. bei der gleitenden Arbeitszeit der Fall ist. Eine flexibilisierte Arbeitszeit dagegen kann nicht mehr verändert werden. Der Vorgang der Flexibilisierung ist hier bereits beendet, indem ein Arbeitszeitmodell in einer bestimmten Form angepasst oder verändert (= flexibilisiert) wurde, z.B. Verkürzung der Wochenarbeitszeit. Soweit das veränderte Arbeitszeitmodell keine permanente Abwandlungsmöglichkeit bietet, handelt es sich um ein geschlossenes (= starres) Arbeitszeitsystem.

131 Gesetz über Teilzeitarbeit und befristete Arbeitsverträge vom 21. Dezember 2000, BGBl. I S. 1966ff.

132 Eine Gleitzeitvereinbarung liegt dann vor, wenn zwischen Arbeitnehmer und Arbeitgeber zwar ein Arbeitszeitdeputat, nicht aber die Lage der Arbeitszeit abschließend vereinbart ist. Die genaue Festlegung der Arbeitszeit obliegt dem Arbeitnehmer. Dieser Freiraum zur Festlegung kann durch eine Kernzeit eingeschränkt werden, in der der Arbeitnehmer anwesend sein muss, vgl. MünchArbR – Schüren § 168 Rn. 5ff.

133 Der Jahresarbeitszeitvertrag stellt ein Beschäftigungsverhältnis dar, in dessen zugrundeliegendem Arbeitsvertrag Arbeitgeber und Arbeitnehmer eine Vereinbarung hinsichtlich des jährlich zu erbringenden Arbeitsumfangs treffen. Die Besonderheit liegt in der diskontinuierlichen Verteilung der Arbeitszeit, obwohl es sich um ein Dauerschuldverhältnis handelt. Typisches Merkmal des Jahresarbeitszeitvertrags sind längere Beschäftigungszeiten, die sich mit Freizeitperioden abwechseln. Die konkrete Lage der Arbeitszeit wird von Arbeitgeber und Arbeitnehmer gemeinsam in Form eines Arbeitsplans für das Jahr vorab bestimmt, vgl. MünchArbR – Schüren § 161 Rn. 8 und § 167 Rn. 1ff.

134 Vergleiche MünchArbR – Schüren § 161 Rn. 7 ff.

sen der Arbeitnehmer sowohl hinsichtlich des erlaubten Umfangs der Arbeit wie auch der Lage der Arbeitszeit gesichert. Hervorzuheben ist insoweit vor allem das Arbeitszeitgesetz (ArbZG).[135] Des weiteren sind das Gesetz über Teilzeitarbeit und befristete Arbeitsverträge sowie das Gesetz zum Schutze der erwerbstätigen Mutter[136] (Mutterschutzgesetz – MuSchG) und das Gesetz zum Schutze der arbeitenden Jugend[137] (Jugendarbeitsschutzgesetz - JArbSchG) zu beachten.

a) Arbeitszeitgesetz

Durch das Arbeitszeitgesetz sollen gemäß § 1 ArbZG die Sicherheit und die Gesundheit der Arbeitnehmer gewährleistet, die Rahmenbedingungen für flexible Arbeitszeiten verbessert und die Sonn- und Feiertagsruhe geschützt werden.[138]

Die Tatsache, dass die Verbesserung der Rahmenbedingungen für flexible Arbeitszeiten in § 1 Nr. 1 ArbZG ausdrücklich als Gesetzeszweck genannt wird, lässt jedoch nicht den Schluss zu, dass der Gesetzgeber damit alle Formen der Flexibilisierung als schützenswert und förderungswürdig ansieht. Ein genereller Vorrang des Zwecks „Flexibilisierung" gegenüber dem Zweck „Schutz von Sicherheit und Gesundheit" kann nicht angenommen werden.[139] Vielmehr soll durch die Erwähnung der Flexibilisierung in § 1 Nr.1 ArbZG die Veränderung zu den (starren) Regelungen der AZO verdeutlicht werden.[140]

---

135 Vom 6. Juni 1994, BGBl. I S. 1170ff.; zuletzt geändert durch Gesetz vom 9. Juni 1998, BGBl. I S. 1242ff.

136 Neubekanntmachung des Gesetzes vom 18. April 1968, BGBl. I S. 315ff. in der Fassung vom 17. Januar 1997, BGBl. I S. 293ff.

137 Vom 12. April 1976, BGBl. I S. 965ff.; zuletzt geändert durch Gesetz vom 26. Januar 1998, BGBl. I S. 164ff.

138 Die Festlegung des genauen Gesetzeszwecks war dabei Gegenstand einer ausführlichen Kontroverse. Die jetzige Fassung entspricht weitestgehend dem Regierungsentwurf (BR-Drucks. 507 / 93). Nach einem Entwurf der SPD-Opposition sollte das Gesetz dagegen „die Gesamtheit der Arbeitnehmerinnen und Arbeitnehmer vor Überforderung und Überbeanspruchung durch Lage und Dauer der Arbeits- und Schichtzeiten oder zu kurzen Ruhepausen und Ruhezeiten schützen, die Vereinbarkeit von Beruf und Familie für Frauen und Männer erleichtern sowie ausreichend arbeitsfreie Zeiten für Erholung, Freizeitgestaltung und Teilnahme der Beschäftigten am gesellschaftlichen Leben gewährleisten ist." (BT-Drucks. 12 / 5282).

139 Zum Teil wird dem Gesundheitsschutz der höchste Stellenwert eingeräumt (so Kasseler Handbuch – Schliemann Kap. 2.5 Rn. 38 und Zmarzlik / Anzinger – ArbZG § 1 Rn. 7). Nach anderer Ansicht stehen die Schutzziele dagegen gleichberechtigt nebeneinander (so Dobberahn § 1 Rn. 26). Nach zutreffender Ansicht ist dagegen eine Abwägung im konkreten Fall ausschlaggebend, welchem Schutzziel eine höhere Stellung einzuräumen ist, vgl. Junker ZfA 98, 105, 106; Baeck / Deutsch § 1 Rn. 10 und ErfK – Wank § 1 ArbZG Rn. 12.

140 Neumann / Biebl § 1 Rn. 4.

Das Arbeitszeitgesetz stellt allgemeinverbindliche Vorgaben für alle Formen und Ausgestaltungen von Arbeitszeitmodellen auf. Nach § 3 S.1 ArbZG ist die werktägliche Höchstarbeitszeit allgemein auf acht Stunden begrenzt. Dennoch bieten sich verschiedene Möglichkeiten, von dieser starren Vorgabe abzuweichen.

Eine Möglichkeit zur Flexibilisierung bietet § 3 S. 2, 1. HS ArbZG. Demnach ist eine Verlängerung der täglichen Arbeitszeit auf zehn Stunden zulässig, soweit ein genügender Ausgleich nach § 3 S. 2, 2. HS ArbZG stattfindet. Innerhalb von sechs Kalendermonaten oder innerhalb von 24 Wochen darf die werktägliche Arbeitszeit im Durchschnitt nur acht Stunden betragen. Die Regelung des § 3 S. 2 ArbZG stellt somit das Kernstück der Flexibilisierung der Arbeitszeit dar. Sie ermöglicht bereits die Ausübung von Gleitzeit, Überarbeit, Vor- und Nacharbeit usw., solange nur am einzelnen Tag nicht länger als zehn Stunden gearbeitet wird.[141] [142]

Darüber hinaus sind die Tarifparteien nach der Öffnungsklausel des § 7 I Nr. 1 b ArbZG befugt, entweder selbst längere oder kürzere Ausgleichszeiträume festzulegen oder dies den Betriebspartnern zu überlassen. So soll den sachnäheren Tarifvertrags- und Betriebsparteien die Möglichkeit gegeben werden, auf die jeweiligen Besonderheiten des Unternehmens einzugehen.[143] Dabei sieht die Norm selbst in zeitlicher Hinsicht keinerlei Beschränkung der tariflichen Regelungsbefugnis vor.[144]

Schließlich sind die Ausnahmen zu beachten, die ein Abweichen vom umfassenden Beschäftigungsverbot an Sonn- und Feiertagen nach § 9 I ArbZG zulassen.[145] So enthält § 10 ArbZG zahlreiche Ausnahmetatbestände, die eine Be-

---

141 Neumann / Biebl § 3 Rn. 6.

142 Damit ist beispielsweise ein Arbeitnehmer, der an vier Tagen in der Woche 10 Stunden lang arbeitet, auf diesen Ausgleichszeitraum nicht einmal angewiesen. Da seine werktägliche Arbeitszeit im Durchschnitt nur bei 6,66 Stunden liegt (40 Stunden / 6 Werktage = 6,66 h/Tag), arbeitet er weit weniger als acht Stunden im Durchschnitt; vgl. Heinze NZA 97, 681, 682 und Neumann / Biebl § 3 Rn. 6.

143 Baeck / Deutsch § 7 Rn. 9; Neumann / Biebl § 7 Rn. 20 nennen Saison- und Kampagnenbetriebe als Beispiele, bei denen kürzere Ausgleichszeiten sinnvoll erscheinen.

144 Allerdings verweist Wank in ErfK § 7 ArbZG Rn. 6 auf Art. 17 IV Arbeitszeit–RL 93/103/EG vom 23. November 1993 hin, wonach ein maximaler Bezugszeitraum von 12 Monaten zulässig ist. § 7 I Nr. 1b ArbZG sei insoweit richtlinienkonform auszulegen.

145 Aufgrund der Anzahl und des Umfangs der nun folgenden Ausnahmetatbestände vergleicht Heinze in NZA 97, 681, 682 die Vorschrift des § 9 ArbZG mit einem „Schweizer Käse".

schäftigung entgegen § 9 ArbZG auch an Sonn- und Feiertagen gestatten.[146] Soweit durch § 11 ArbZG dennoch bestimmte Mindeststandards gesichert werden sollen, sind die Tarifparteien durch die Öffnungsklausel des § 12 ArbZG befugt, von diesen Einschränkungen des § 11 ArbZG durch Tarifvertrag in erheblichem Umfang wieder abzuweichen oder dies den Betriebspartnern zu gestatten.

b) Mutterschutzgesetz und Jugendarbeitsschutzgesetz

Nach § 8 MuSchG ist die Beschäftigung werdender und stillender Mütter mit Mehrarbeit, in bestimmten Nachtstunden sowie an Sonn- und Feiertagen verboten. Damit erweitert das MuSchG die Beschäftigungsverbote nach dem ArbZG um zwingende Verbote für besonders belastende Arbeitszeiten.[147]

Nach § 8 I JArbSchG darf ein Jugendlicher im Sinne des § 2 II JArbSchG grundsätzlich nicht länger als acht Stunden täglich beschäftigt werden. Eine Verlängerung auf zehn Stunden, wie sie in § 3 S. 2 ArbZG vorgesehen ist, ist somit nicht zulässig.[148] Zudem setzt § 8 I JArbSchG die zulässige Wochenarbeitszeit mit 40 Stunden fest. Darüber hinaus findet sich in § 15 JArbSchG noch eine Bestimmung hinsichtlich der Lage der Arbeitszeit. Demnach dürfen Jugendliche nur an fünf Tagen in der Woche beschäftigt werden, um einen längeren Zeitraum zur Erholung, der in der Regel am Wochenende liegen wird, zu gewähren.[149]

Durch diese Regelungen erschweren das MuSchG und das JArbSchG die Vereinbarung flexibler Arbeitszeiten zusätzlich.

c) Gesetz über Teilzeitarbeit und befristete Arbeitsverhältnisse

Zwingende gesetzliche Rahmenbedingungen für die Arbeitszeitmodelle „Arbeit auf Abruf" und die „Arbeitsplatzteilung" ergeben sich zudem aus dem Gesetz über Teilzeitarbeit und befristete Arbeitsverträge (TzBfG).[150] Das TzBfG spricht jedoch keine Beschäftigungsverbote aus. Vielmehr dienen die Regelungen der

---

146 Darüber hinaus sind nach § 13 ArbZG weitere Ausnahmeregelungen möglich, die allerdings durch Rechtsverordnung bestimmt sein müssen oder der Genehmigung durch die Aufsichtsbehörde bedürfen.

147 ErfK – Schlachter § 3 MuSchG Rn. 1; Buchner / Becker § 8 MuSchG Rn. 1.

148 Molitor / Volmer / Germelmann § 8 Rn. 5, 6.

149 ErfK – Schlachter § 15 JArbSchG Rn. 1; Zmarzlik / Anzinger – JArbSchG § 15 Rn. 2; Molitor / Volmer / Germelmann § 15 Rn. 2.

150 Das Gesetz über Teilzeitarbeit und befristete Arbeitsverträge vom 21. Dezember 2000, BGBl. I S. 1966, hat das Beschäftigungsförderungsgesetz vom 26. April 1985, BGBl. I S. 710; zuletzt geändert durch Gesetz vom 25. September 1996, BGBl. I S. 1476 abgelöst.

arbeitsrechtlichen Absicherung der zuvor nur unvollkommen geregelten Teilzeitarbeit und sollen damit die Schaffung weiterer Teilzeitarbeitsplätze fördern.[151]

Für die **„Arbeit auf Abruf"**, auch „Arbeit nach Arbeitsanfall" oder „kapazitätsorientierte variable Arbeitszeit" (= KAPOVAZ) genannt, enthält § 12 TzBfG spezielle Regelungen, die die freie Gestaltung dieser Verträge zum Schutze des Arbeitnehmers in wesentlichen Punkten einschränken.[152] Zu beachten sind die Vorgaben zum Arbeitsdeputat, also der Dauer der Arbeitszeit, gemäß § 12 I S. 2, 3 TzBfG, sowie zur Lage der Arbeitszeit nach § 12 I S. 2, 4 TzBfG und § 12 II TzBfG.[153]

§ 13 TzBfG[154] trifft nähere Bestimmungen für die sogenannte **Arbeitsplatzteilung**. Hierunter versteht man eine Vereinbarung eines Arbeitgebers mit mindestens zwei Arbeitnehmern über die Teilung eines Arbeitsplatzes, sog. „Job-Sharing". Dabei obliegt es den Arbeitnehmern, untereinander im Rahmen eines Zeitplans festzulegen, wer seine Arbeitskraft zu welchem Zeitpunkt zur Verfügung stellen muss.[155] Nach § 13 I TzBfG trifft die Job-Sharer keine gegenseitige Vertretungspflicht untereinander, z. B. für den Krankheitsfall, soweit nicht die Ausnahmen nach Satz 2 (Verpflichtung des Arbeitnehmers im Einzelfall (also im nachhinein)) oder Satz 3 (Zustimmung zu einer solchen Pflicht bereits im Arbeitsvertrag für den Fall, dass dringende betriebliche Gründe vorliegen und eine Zumutbarkeit im Einzelfall besteht) einschlägig sind.

Diese und weitere[156] gesetzliche Vorgaben schränken allesamt die Parteien bei der Vereinbarung und Ausgestaltung flexibler Arbeitszeitmodelle ein.

d) Zwischenergebnis

Bei der Einführung und Ausgestaltung flexibler Arbeitszeitmodelle müssen die Parteien aufgrund der Normenhierarchie verschiedene Schutzgesetze zugunsten des Arbeitnehmers berücksichtigen. Diese Schutzgesetze greifen sowohl hinsicht-

---

151 MünchArbR – Schüren § 161 Rn. 32ff.; ErfK – Müller-Glöge § 1 TzBfG Rn. 1.

152 ErfK – Müller-Glöge § 12 TzBfG Rn. 3.

153 Zu den Möglichkeiten, durch Tarifvertrag von diesen Bestimmungen abzuweichen, siehe § 12 III TzBfG.

154 Vormals § 5 BeschFG.

155 Erman – Hanau § 611 Rn. 312 (noch zur Regelung des § 5 BeschFG); MünchArbR – Schüren § 166 Rn. 77, 85, 91ff.

156 Weitere Beschränkungen ergeben sich z.B. aus den Art. 6 ff. der Verordnung Nr. 3820 / 85 / EWG, die maximale Lenkzeiten im Straßenverkehr bestimmen, sowie aus dem Gesetz über den Ladenschluss vom 28. November 1956, BGBl. I S. 875; zuletzt geändert durch Gesetz vom 30. Juli 1996, BGBl. I S. 1186, durch das zumindest mittelbar die Möglichkeiten der Arbeitszeitgestaltung begrenzt werden.

lich des chronologischen Faktors (zeitlicher Umfang der Arbeitspflicht) wie auch hinsichtlich des chronometrischen Faktors (Lage der Arbeitszeit).

3. *Umwandlungsmodelle unter diesem Blickwinkel*

Die Frage, ob Umwandlungsmodelle als flexible Arbeitszeitregelungen einzustufen sind, ist somit danach zu beurteilen, ob diese Modelle Einfluss auf den chronologischen und / oder chronometrischen Faktor der Arbeit haben und damit in das bestehende betriebliche Arbeitszeitsystem eingreifen. Hierbei ist zwischen der Ansparphase, in der der Arbeitnehmer arbeitet und ein Wertguthaben anspart, und der Freistellungsphase, in der der Arbeitnehmer aufgrund eines angesparten Guthabens freigestellt wird, zu unterscheiden.

Betrachtet man die dem *Zeit-Wertpapier* der Volkswagen AG zugrundeliegenden Regelungen, so lässt sich zumindest für die Arbeitsphase, in der der Arbeitnehmer seine Arbeitsleistung erbringt und ein Guthaben anspart, feststellen, dass das Umwandlungsmodell keinen Einfluss auf den Umfang der Arbeit hat, den der Arbeitnehmer erbringt. Die Leistungspflicht des Arbeitnehmers in dieser Phase richtet sich ausschließlich nach der entsprechenden Individual- oder Kollektivvereinbarung. Ebenso haben die Regelungen des Umwandlungsmodells keinen Einfluss auf die Lage der Arbeitszeit. Diese ergibt sich ausschließlich aus der bestehenden Individual- oder Kollektivvereinbarung. Um ein Guthaben im Rahmen eines Umwandlungsmodells anzusparen, muss der Arbeitnehmer daher auch keine höhere als die geschuldete Arbeitsleistung erbringen.[157]

Aus diesen Feststellungen folgt, dass Umwandlungsmodelle auch grundsätzlich nicht im Widerspruch stehen können mit den oben genannten Arbeitnehmerschutzgesetzen (ArbZG, MuSchG, JArbSchG, TzBfG), die regelmäßig bei der Ausgestaltung flexibler Arbeitszeiten besonders zu beachten sind.[158] Umwandlungsmodelle berühren die Leistungsverpflichtung des Arbeitnehmers in der Arbeitsphase nicht.

Aus diesem Grunde dürften der Einführung von solchen Modellen grundsätzlich auch keine Bedenken von Seiten der Gewerkschaften entgegenstehen. Umwandlungsmodelle treffen keine Regelungen hinsichtlich des in der Arbeitsphase zu leistenden Arbeitsumfangs und können damit auch nicht zu Arbeitszeitverlängerungen führen. Ein „Buckeln für das Alter“ durch den Arbeitnehmer ist damit

157 Soweit eine Mehrarbeit aber nach der entsprechenden Arbeitszeitvereinbarung zulässig ist, kann das Umwandlungsmodell auch so ausgestaltet sein, dass der Arbeitnehmer das Entgelt für diese Mehrarbeit im Rahmen des Umwandlungsmodells ansparen kann.

158 Insoweit für die Umwandlungsmodelle falsch Diller NZA 98, 792, 792.

ausgeschlossen, soweit nicht anderweitige Vereinbarungen über die zu erbringende Arbeitsleistung eine solche Mehrarbeit zulassen. Gewerkschaftliche Errungenschaften wie die 35h-Woche werden damit von Umwandlungsmodellen gerade nicht in Frage gestellt.

Aus der Tatsache, dass Umwandlungsmodelle in der Form des Zeit-Wertpapiers der Volkswagen AG in der Arbeitsphase weder den Umfang der zu leistenden Arbeit noch die einzuhaltende Arbeitszeit bestimmen, folgt eine weitere Feststellung. Die Autonomie des Umwandlungsmodells von der konkreten Arbeitszeitregelung im Unternehmen führt zu einer universellen Einsetzbarkeit dieser Zeit-Wertmodelle. Da es die Leistungspflicht des Arbeitnehmers in der Arbeitsphase nicht berührt, ist die konkrete Ausgestaltung dieser Pflicht für die Einführung eines solchen Umwandlungsmodells auch nicht relevant. Unabhängig vom betrieblichen Arbeitszeitsystem schöpft es quasi die Ansprüche ab, die der Arbeitnehmer in ein Wertguthaben umwandeln möchte.

Dabei kann das Umwandlungsmodell durchaus mit flexiblen Arbeitszeiten vereinbart werden. Denkbar ist zum Beispiel ein zweistufiges Modell dergestalt, dass der Arbeitnehmer mit Hilfe eines klassischen Arbeitszeitkontos[159] eine flexible Einteilung seiner Arbeitszeit vornehmen kann. Anstatt dieses Konto zu einem Ausgleich zu führen, kann der Arbeitnehmer ein bestehendes Guthaben in das Wertguthaben des Umwandlungsmodells übertragen und somit einen Freistellungsanspruch im Rahmen dieses Modells schaffen. Denkbar ist aber ebenso, dass der Arbeitnehmer Ansprüche gegen den Arbeitgeber umwandelt, die er in einem völlig starren Arbeitszeitsystem erworben hat. Auf Arbeitgeberseite muss lediglich die Bereitschaft bestehen, den administrativen Anforderungen zu genügen, die ein solches Modell insbesondere aufgrund der sozialversicherungsrechtlichen Besonderheiten zur Folge hat.[160]

Grundlegend anders ist der Einfluss eines Umwandlungsmodells auf die Leistungsverpflichtung des Arbeitnehmers dagegen in der Freistellungsphase zu beurteilen. Der Arbeitnehmer erlangt durch die Teilnahme am Umwandlungsmodell einen Anspruch auf Freistellung von der Arbeitspflicht bei kontinuierlicher Entgeltzahlung. Seine Verpflichtung zur Arbeitsleistung reduziert sich demnach in dem Maße, in dem er ein Wertguthaben anspart. Der Arbeitnehmer kann somit Einfluss auf die Dauer seiner Arbeitszeit (= chronologischer Faktor) nehmen. Bezogen auf die Gesamtarbeitszeit, die der Arbeitnehmer im jeweiligen Unter-

159 Zu diesem Begriff sogleich Kapitel III 3 a.

160 Neben dem Erfordernis, eine ausreichende Insolvenzsicherung der Wertguthaben sicherzustellen, ist insoweit insbesondere an die Besonderheiten des Beitrags- und Melderechts zu denken. Vergleiche insoweit nur die Gemeinsame Verlautbarung der Spitzenorganisationen der Sozialversicherung vom 7. Februar 2001 (abzurufen unter www.vdak.de/arbeitgeber/flexi_rs_070201.pdf).

nehmen tätig ist, reduziert sich seine Arbeitsverpflichtung in dem Umfang, in dem er Ansprüche in ein Wertguthaben umwandelt und diese später in Form von Freizeit realisiert.

Unter diesem Gesichtspunkt stellen Umwandlungsmodelle also durchaus Modelle der flexiblen Arbeitszeit dar. Obwohl sie ebenfalls Konten beinhalten, auf denen der Arbeitnehmer ein Guthaben ansparen kann, unterscheiden sie sich jedoch erheblich von den klassischen Arbeitszeitkonten.

a) Arbeitszeitkonten als Ausgleichsinstrument

Arbeitszeitkonten stellen Konten dar, auf denen das Verhältnis der tatsächlich geleisteten Arbeit des Arbeitnehmers zum vereinbarten Arbeitszeitdeputat dargestellt wird.[161] Sie ermöglichen die Feststellung, ob der Arbeitnehmer im jeweiligen Abrechnungszeitraum seine vereinbarte Arbeitsverpflichtung tatsächlich erfüllt hat.

Die Regelungen über Arbeitszeitkonten enthalten dabei zumeist Bestimmungen über einen sog. Ausgleichszeitraum, innerhalb dessen der Arbeitnehmer den Kontostand – sei es durch Mehrarbeit oder Geltendmachung von Freizeitansprüchen – auf Null zurückzuführen hat. Diese Zeiträume können unterschiedliche Längen von wenigen Wochen bis zu vielen Jahren aufweisen, wobei sich die Länge des Ausgleichszeitraums daran orientiert, welcher Zweck im Unternehmen mit den Arbeitszeitkonten verfolgt wird.[162]

Das Arbeitszeitkonto selbst stellt jedoch kein Modell der flexiblen Arbeitszeit dar.[163] Flexible Arbeitszeit zeichnet sich dadurch aus, dass zumindest Dauer oder Lage der Arbeitszeit variabel sind.[164] Das Arbeitszeitkonto als solches räumt eine solche Flexibilität noch nicht ein. Es ist vielmehr zwingende Folge bzw. Bestandteil sämtlicher Arbeitszeitregelungen, die eine Flexibilität der Lage der Arbeitszeit einräumen, und ermöglicht damit die Kontrolle, ob das vereinbarte Arbeitsdeputat in einem bestimmten Zeitraum auch tatsächlich erbracht wurde.[165] [166]

---

161 Ein Konto ist nach Duden, Deutsches Universal-Wörterbuch, eine laufende Abrechnung, in der regelmäßige Geschäftsvorgänge (besonders Einnahmen und Ausgaben) zwischen zwei Geschäftspartnern registriert werden.

162 Schaub § 160 Rn. 43; Seifert WSI-Mitteilungen 96, 442, 443.

163 Daher missverständlich Schaub § 160 Rn. 23.

164 Linnenkohl / Rauschenberg / Gressierer / Schütz S. 15.

165 Heinze NZA 97, 681, 687.

166 Ein Arbeitszeitkonto gestattet dagegen in aller Regel keine Abweichung vom vereinbarten Umfang der Arbeitsleistung. Durch die Verpflichtung, das Konto in einem bestimmten Zeitraum auf „Null" zurückzuführen, hat der Arbeitnehmer lediglich einen gewissen Spielraum hinsichtlich der Lage seiner Arbeitszeit.

Die genaue Ausgestaltung einer flexiblen Arbeitszeitregelung ist damit für das Arbeitszeitkonto weitgehend irrelevant. Das Konto ist lediglich ein Mittel zur Erfassung der – wie auch immer zustande gekommenen –Abweichung der tatsächlichen von der durchschnittlich zu erbringenden Arbeitsleistung.

b) Umwandlungsmodelle als eigenständiges Instrumentarium

Umwandlungsmodelle ähneln den beschriebenen Arbeitszeitkonten insoweit, als sie ebenfalls dazu dienen, die geleistete Arbeitszeit des Arbeitnehmers festzuhalten. Dennoch sind grundsätzliche Besonderheiten festzustellen, die auf dem gänzlich anderen Verwendungszweck des Guthabens beruhen.

Zunächst ist zu unterscheiden, in welcher Form ein Guthaben auf den Konten entsteht. Bei einem klassischen Arbeitszeitkonto kann sich ein Guthaben nur dann ergeben, wenn der Arbeitnehmer eine größere Arbeitsleistung als die vereinbarte erbringt. Das Arbeitszeitkonto wird dementsprechend in Stunden geführt. Ein Guthaben ergibt sich zudem automatisch ohne ein rechtsgeschäftliches Handeln von Arbeitnehmer und Arbeitgeber.

Bei einem Umwandlungsmodell dagegen muss der Arbeitnehmer gerade keine Mehrarbeit leisten, um ein Guthaben ansparen zu können. Darüber hinaus kann er – soweit das Umwandlungsmodell dies zulässt - sowohl Freistellungs- wie auch Entgeltansprüche ansparen.[167] Die Regelung des § 7 Ia SGB IV ist insoweit durch die Verwendung des neutralen Begriffs „Wertguthaben" weit gefasst. Zudem können die Parteien das Wertguthaben in Geld- oder in Zeiteinheiten führen.[168] [169] Die Bildung eines Wertguthabens geschieht jedoch nicht automatisch. Erforderlich ist immer eine Willenserklärung zumindest des Arbeitnehmers, welche Ansprüche aus dem Arbeitsverhältnis im Rahmen des Umwandlungsmodells angespart werden sollen.

Neben diesen technischen Fragen grenzt sich das Wertguthaben im Rahmen eines Umwandlungsmodells insbesondere dadurch von klassischen Arbeitszeitkonten ab, dass es nicht einem permanenten Ausgleichsdruck unterliegt. Das Umwandlungsmodell hat gerade zum Ziel, dem Arbeitnehmer das Ansparen eines möglichst großen Guthabens zu ermöglichen. Es sollen nicht wie beim Arbeits-

---

167 Da sich die vorliegende Untersuchung am *Zeit-Wertpapier* der Volkswagen AG orientiert, wird hier vorausgesetzt, dass der Arbeitnehmer sowohl Freistellungs- wie auch Entgeltansprüche umwandeln kann. Vergleiche Hoff Personal 2001, 550, 552 zu der Frage, für welche Unternehmen ein solch komplexes Umwandlungsmodell zu empfehlen ist.

168 BT-Drucksache 13/9818 S. 10

169 Vergleiche Hoff Personal 2001, 550, 551f. zu den Vor- und Nachteilen der Kontenführung in „Zeit" oder in „Geld".

zeitkonto kurzfristige Schwankungen des Arbeitsumfangs ausgeglichen werden, sondern Wertguthaben von beträchtlichem Umfang über viele Jahre oder gar Jahrzehnte angespart werden. Die lange Laufzeit dieser Wertguthaben kann zudem einen wirtschaftlichen Vorteil für die Arbeitnehmer mit sich bringen, soweit die Guthaben renditeträchtig am Kapitalmarkt angelegt werden. Schließlich unterliegen die Wertguthaben von Umwandlungsmodellen nicht einmal zum Ende des Arbeitsverhältnisses einem Ausgleichsdruck. Das Wertguthaben kann – anstatt durch Freistellung des Arbeitnehmers – auch für Zwecke der Altersversorgung verwendet oder sogar an den Arbeitnehmer ausgezahlt werden.[170]

Durch die Verbindung einzelner Elemente von Entgelt- oder Arbeitszeitkonten mit solchen von Altersversorgungs- und Vermögensbildungsmodellen stellen Umwandlungsmodelle somit ganz neue Instrumentarien dar, die sich deutlich von klassischen Arbeitszeitkonten unterscheiden.

4. Ergebnis

Umwandlungsmodelle stellen Instrumente zur Flexibilisierung der Arbeitszeit dar. Sie beinhalten zwar keine Regelungen zum Umfang der vom Arbeitnehmer zu leistenden Arbeit noch zur zeitlichen Lage dieser Arbeit. Sie ermöglichen es aber dem Arbeitnehmer, durch das Ansparen eines Wertguthabens individuell den Umfang seiner Lebensarbeitszeit zu bestimmen. Dabei zeichnen sich Umwandlungsmodelle dadurch aus, dass sie selbst äußerst vielseitig einsetzbar sind, indem sie neben jedem anderen Arbeitszeitsystem realisiert werden können. Auf diese Weise kann die betrieblich bereits durchgeführte Flexibilisierung nochmals gesteigert werden oder andererseits in Betrieben mit starrem Arbeitszeitsystem erstmals eine Flexibilisierung begonnen werden.

170 Zu den einzelnen Verwendungsmöglichkeiten für das Wertguthaben siehe Kapitel IV 2 b, c.

§ 2: Ausgestaltungsmöglichkeiten von Umwandlungsmodellen

Im zweiten Teil dieser Untersuchung werden verschiedene arbeitsrechtliche Fragen erörtert, die sich bei der Einführung und Ausgestaltung von Umwandlungsmodellen zur Bildung von Wertguthaben i.S.d. § 7 Ia SGB IV ergeben. In erster Linie geht es um die Problematik, durch welche Parteien und unter welchen Bedingungen Wertguthabenmodelle vereinbart werden können. Arbeitsrechtliche Bestimmungen wurden bei der gesetzgeberischen Tätigkeit zur sozialrechtlichen Absicherung flexibler Arbeitszeitregelungen kaum getroffen. Als einzige arbeitsrechtliche Norm des FlexiG schützt § 7 Ib SGB IV den Arbeitnehmer in diesem Zusammenhang davor, dass alleine die Möglichkeit zur Vereinbarung flexibler Arbeitszeiten als eine die Kündigung begründende Tatsache i.S.d. § 1 II 1 Kündigungsschutzgesetz berücksichtigt wird.[171] [172]

Gegenstand der vorliegenden Untersuchung sind dabei komplexe Umwandlungsmodelle, die – wie das *Zeit-Wertpapier* der Volkswagen AG – sowohl das Ansparen von Entgelt- wie auch von Zeitbestandteilen zulassen. Durch die Zusammenführung dieser unterschiedlichen Anspruchsarten in einem einheitlichen Guthaben ergeben sich besondere Probleme, so z. B. bei der Frage nach dem Umfang der Mitbestimmungsrechte des Betriebsrats. Ziel der Untersuchung ist die Darstellung der möglichen Ausgestaltungsformen von Umwandlungsmodellen und der sich daraus ergebenden rechtlichen Folgen für Arbeitnehmer und Arbeitgeber. Dabei wird die Frage der praktischen Umsetzbarkeit der möglichen Gestaltungsformen nicht außer acht gelassen, um das Augenmerk auf unternehmerisch sinnvolle Modellformen zu fokussieren.

Grundlage für diesen Teil der Untersuchung ist die Prüfung, welche rechtlichen Folgen die Umwandlung eines Anspruchs in ein Wertguthaben für den Arbeitnehmer hat. Mit Hilfe dieser Erkenntnisse ist dann zu hinterfragen, durch welche Parteien und mit Hilfe welcher schuldrechtlicher Vereinbarungen diese rechtlichen Folgen herbeigeführt werden können.

---

171 Zu den Auswirkungen dieser Norm siehe Kapitel VII.

172 Darüber hinaus wurden durch Art. 7 Flexi-Gesetz noch verschiedentliche Änderungen des Altersteilzeitgesetzes vorgenommen, vgl. nur Diller NZA 98, 792, 795, 796. Diese Änderungen sind im Rahmen der vorliegenden Untersuchung jedoch nicht relevant.

IV. Die Bildung eines Wertguthabens als Rechtsgeschäft

Die Bildung eines Wertguthabens durch den Arbeitnehmer, die bislang als „Umwandlung“[173] bezeichnet wurde, wirkt sich unmittelbar auf den Schuldgegenstand wie auf die Schuldmodalitäten der Ansprüche aus, die der Arbeitnehmer zum Aufbau des Wertguthabens verwendet. Fraglich ist, wie dieser Vorgang der „Umwandlung“ rechtlich einzuordnen ist.

Die Umwandlung von Ansprüchen des Arbeitnehmers führt zu einem Eingriff in die bestehenden rechtlichen Grundlagen des Arbeitsverhältnisses, also die Rechte und Pflichten der Parteien. Die Entscheidung des Arbeitnehmers, ein Wertguthaben durch Umwandlung bestehender Ansprüche aufzubauen, hat Einfluss auf einzelne Forderungen (Schuldverhältnisse im engeren Sinn) aus dem Arbeitsverhältnis (Schuldverhältnis im weiteren Sinn).

Die Umwandlung eines arbeitsrechtlichen (allgemein: schuldrechtlichen) Anspruchs im Rahmen eines Wertguthabenmodells hat somit eine Änderung des Inhalts des Arbeitsvertrags bzw. der sonstigen rechtlichen Grundlagen des Arbeitsverhältnisses zur Folge. Eine solche Änderung erfordert nach § 311 BGB eine Einigung der Vertragsparteien über die Änderung in Form eines Rechtsgeschäfts.

Dieses Änderungsgeschäft soll einer schuldrechtlichen Würdigung unterzogen werden. Dazu sind die Rechtsnatur der umzuwandelnden Ansprüche wie auch der Ansprüche, die der Arbeitnehmer aus dem Wertguthabenmodell erlangen kann, zu bestimmen. Mit Hilfe eines Vergleichs dieser Ansprüche kann sodann eine schuldrechtliche Einordnung des Änderungsgeschäfts erfolgen.

1. Die umwandelbaren Ansprüche

Das Sozialversicherungsrecht mit der hier maßgeblichen Vorschrift des § 7 Ia SGB IV gibt den Parteien insoweit einen weiten Spielraum bei der Ausgestaltung des Umwandlungsmodells, als es keine Vorgaben hinsichtlich der Art der umwandelbaren Ansprüche enthält. Es ergeben sich zwar aus der Regelung des § 7 Ia 1 Nr. 2 SGB IV Schranken für die Umwandlung bestimmter Schuldgegenstände.[174] Diese Norm trifft durch die Festlegung einer Mindestgrenze des auszuzah-

173 Die Umwandlung von Ansprüchen des Arbeitnehmers aus dem Arbeitsverhältnis findet auch in anderen Bereichen statt. Als Gehaltsumwandlung wird vor allem der Vorgang bezeichnet, einen bestimmten Teil der zukünftigen Barvergütung des Arbeitnehmers in ein wertgleiches Anwartschaftsrecht auf betriebliche Versorgungsleistungen umzuleiten, vgl. nur Bode DB 97, 1769, 1769, Fn.1.

174 Zur Frage, inwieweit die Parteien an diese Vorgaben gebunden sind, siehe Kapitel II 2 c.

lenden Arbeitsentgelts jedoch lediglich eine Bestimmung über den zulässigen Umfang der Umwandlung von Ansprüchen auf Arbeitsentgelt.[175] Dagegen hat der Gesetzgeber bewusst keine Regelung getroffen, welche Ansprüche des Arbeitnehmers zum Aufbau eines Wertguthabens verwendet werden dürfen.

Eine Entscheidung hinsichtlich der Art der umwandelbaren Ansprüche muss somit von den Parteien des Wertguthabenmodells getroffen werden. Im Rahmen des *Zeit-Wertpapiers* haben die Volkswagen AG und der Gesamtbetriebsrat vereinbart, dass die Arbeitnehmer verschiedene Vergütungs- und Freistellungsansprüche umwandeln können.

Das Wertguthabenmodell muss jedoch nicht auf die Umwandlung dieser Ansprüche beschränkt sein. Lässt man die Frage der rechtlichen Zulässigkeit der Umwandlung zunächst außer Betracht, so kann grundsätzlich jeder Anspruch des Arbeitnehmers aus dem Arbeitsverhältnis in ein Wertguthaben umgewandelt werden. Einzige Voraussetzung ist, dass eine Bewertung des Anspruchs möglich ist, damit dem Arbeitnehmer ein entsprechender Wert in Euro gutgeschrieben werden kann. Diese Bewertung ist bei (umzuwandelnden) Vergütungs- oder Freistellungsansprüchen unproblematisch, so dass sich diese Ansprüche geradezu aufdrängen.

Denkbar ist aber ebenso die Umwandlung von Ansprüchen auf Naturalvergütung in ein Wertguthaben.[176] Als Naturalvergütung werden alle Vergütungen bezeichnet, die nicht in Geld oder durch bargeldlose Geldleistung gewährt werden.[177] Solche Vergütungsbestandteile werden häufig in Brauereien, landwirtschaftlichen Betrieben oder auch im Bergbau gewährt.[178] Die Überlassung eines Firmenfahrzeugs an einen Arbeitnehmer zur privaten Nutzung ist ebenso zur Naturalvergütung zu zählen.[179] Ein Anspruch auf eine Naturalvergütung lässt sich ebenso unproblematisch in einen entsprechenden Guthabenwert umrechnen.

Die Umwandlung vieler anderer Ansprüche des Arbeitnehmers aus dem Arbeitsverhältnis ist dagegen schon deshalb auszuschließen, weil ihnen mangels Marktfähigkeit kein entsprechender Wert zugeordnet werden kann. Dies gilt insbesondere für viele Nebenpflichten des Arbeitgebers wie Schutz- oder Gleichbehandlungspflichten. Eine Umwandlung dieser Ansprüche zum Aufbau eines Wertguthabens scheidet daher bereits aus tatsächlichen Gründen aus.

---

175 Siehe hierzu im einzelnen Kapitel VI 4.

176 Zu den rechtlichen Grenzen der Naturalvergütung siehe § 107 II GewO (Gewerbeordnung) sowie § 10 II BbiG (Berufsbildungsgesetz).

177 ErfK – Preis § 611 BGB Rn. 646; Schaub § 68 Rn. 1.

178 MünchArbR – Hanau § 70 Rn. 2.

179 BAG vom 23. 6. 1994 AP Nr. 34 zu § 249 BGB; LAG Hamm vom 13. 7. 1992 LAGE BGB § 249 Nr. 5; LAG Hamm vom 10. 4. 1991 BB 1991, 1496, 1496; Wiedemann – Wiedemann § 1 Rn. 362.

Die Festlegung der umwandelbaren Ansprüche des Arbeitnehmers obliegt somit den Parteien des Wertguthabenmodells. Die Parteien sind dabei beschränkt auf marktfähige Ansprüche, für die sich ein Wert ermitteln lässt.

2. Die Ansprüche aus dem Umwandlungsmodell

Während das Sozialversicherungsrecht den Parteien hinsichtlich der Art der umwandelbaren Ansprüche also einen weiten Spielraum einräumt, enthält es in § 7 Ia SGB IV umso engere Vorgaben hinsichtlich der Frage, welche Ansprüche der Arbeitnehmer aus dem Wertguthabenmodell erlangen darf. Diese Vorgaben müssen – wie bereits festgestellt – bei der Ausgestaltung des Wertguthabenmodells eingehalten werden, um die Anerkennung des Modells durch die Sozialversicherungsträger nicht zu gefährden.[180]

a) Die Freistellung von der Arbeitspflicht

Nach § 7 Ia 1 SGB IV muss das angesammelte Wertguthaben grundsätzlich der Freistellung des Arbeitnehmers bei kontinuierlicher Entgeltleistung dienen.[181] Der Begriff der Freistellung ist hier im sozialversicherungsrechtlichen Sinn zu verstehen.[182]

Das Sozialversicherungsrecht setzt somit voraus, dass der Arbeitnehmer durch das Wertguthabenmodell grundsätzlich einen Anspruch auf Freistellung von der Arbeitsverpflichtung bei kontinuierlicher Entgeltzahlung erlangt. Die Freistellung des Arbeitnehmers muss somit der vorrangige Zweck des Umwandlungsmodells sein. In der zugrundeliegenden Vereinbarung müssen die Parteien diesen Zweck daher auch entsprechend deutlich hervorheben.[183]

Der Grund für diese Vorgabe findet sich in der Intention des Gesetzgebers, die Rahmenbedingungen für flexible Arbeitszeitregelungen durch die Änderung des Sozialversicherungsrechts zu verbessern.[184] Der Gesetzgeber will dagegen nicht die Möglichkeit eines allgemeinen „Brutto-Sparens“ schaffen, das letztlich nur der Vermögensbildung, nicht aber einer Flexibilisierung der Arbeitszeiten dient. Insoweit ist ein gegenteiliges Interesse der Parteien nicht relevant und kann nicht akzeptiert werden.[185]

---

180 Siehe oben Kapitel II 2 c.
181 BT-Drucksache 14/4657 S.2f.;Hauck / Noftz – Sehnert § 7 Rn. 34a.
182 BT-Drucksache 13/9818 S. 10. vgl. zu diesem Begriff bereits oben in Kap. II 2 a.
183 Hauck / Noftz – Sehnert § 7 Rn. 34a.
184 Vergleiche BT-Drucksache 13/9818 S.9.
185 Knospe / Ewert / Marx NZS 01, 459, 463.

Die in der Praxis angewendeten Guthabenmodelle folgen dieser gesetzlichen Vorgabe, indem sie die Freistellung des Arbeitnehmers von der Arbeitsverpflichtung als vorrangigen Verwendungszweck des Guthabens festhalten. Der Umfang dieses Freistellungsanspruchs ergibt sich aus der Höhe des angesparten Guthabens. Während der Freistellung hat der Arbeitnehmer einen Anspruch auf eine kontinuierliche Entgeltzahlung durch den Arbeitgeber, § 7 Ia 1 Nr. 2 SGB IV.

In verschiedenen Konstellationen kann der Arbeitnehmer jedoch nicht von der Arbeitspflicht freigestellt werden. Fraglich ist, ob die Parteien des Umwandlungsmodells insoweit alternative Verwendungen des Wertguthabens vereinbaren dürfen.

b) Die Verwendung von Guthaben im Rahmen des § 7 Ia 4 SGB IV

Die Regelung des § 7 Ia SGB IV wurde durch das 4. Euro-Einführungsgesetz[186] dahingehend erweitert, dass den Parteien einer Guthabenvereinbarung unter bestimmten Voraussetzungen die Vereinbarung alternativer Verwendungszwecke gestattet wurde. Nach § 7 Ia 4 SGB IV sind die Parteien hierbei auf drei enumerativ aufgezählte Fallgestaltungen beschränkt. Es handelt sich um die Fälle der Beendigung der Beschäftigung wegen

- verminderter Erwerbsfähigkeit
- des Erreichens einer Altersgrenze, zu der eine Rente wegen Alters beansprucht werden kann oder
- aufgrund des Todes des Beschäftigten.

Mangels fortbestehender Arbeitsverpflichtung ist eine Freistellung des Arbeitnehmers aus dem Wertguthaben in diesen Fällen nicht mehr möglich, so dass der vom Gesetzgeber als vorrangig betrachtete Verwendungszweck gar nicht erreicht werden kann. § 7 Ia 4 SGB IV gestattet es daher den Parteien des Umwandlungsmodells, für diese Fälle eine alternative Verwendung des Wertguthabens vorzusehen.

Denkbar sind insoweit die Auszahlung des Wertguthabens an den Arbeitnehmer bzw. seine Hinterbliebenen oder die Umwandlung des Guthabens in einen Bestandteil einer betrieblichen Altersversorgung.[187]

186 Siehe Artikel 4 des Gesetzes zur Einführung des Euro im Sozial- und Arbeitsrecht sowie zur Änderung anderer Vorschriften vom 21. Dezember 2000, BGBl. I S. 1983ff.

187 Hauck / Noftz – Sehnert § 7 Rn. 34a; Zur Verwendung des Wertguthabens zu Zwecken der betrieblichen Altersversorgung lies Gerhard Ebinger, Neue Modelle der betrieblichen Altersversorgung, S. 243ff.

Hinsichtlich der sozialversicherungsrechtlichen Abwicklung ist jedoch zu beachten, dass eine alternative Verwendung des Wertguthabens auch dann einen sog. Störfall darstellt, wenn diese Verwendung von den Parteien im Rahmen des § 7 Ia 4 SGB IV vereinbart worden war.[188] Die Beitragspflicht bestimmt sich daher nach § 23b II SGB IV. Etwas anderes ergibt sich nach § 23b IIIa SGB IV nur, wenn die Parteien als alternative Verwendung die Überführung des Wertguthabens in eine betriebliche Altersversorgung vorsehen. Soweit die Vereinbarung über die betriebliche Altersversorgung bestimmte Voraussetzungen[189] erfüllt und nicht bereits beim Ansparen des Guthabens vorhersehbar ist, dass die Verwendung des Guthabens zur Freistellung ausgeschlossen ist[190], gilt das für Zwecke der betrieblichen Altersversorgung verwendete Wertguthaben nicht als beitragspflichtiges Entgelt. Die alternative Verwendung des Wertguthabens als Beitrag zur betrieblichen Altersversorgung führt daher zu Einsparungen und sollte von den Parteien bei der Ausgestaltung des Umwandlungsmodells berücksichtigt werden.

Die durch § 7 Ia 4 SGB IV eingeräumte Möglichkeit, einen alternativen Verwendungszweck zu vereinbaren, lässt jedoch den Grundsatz unangetastet, dass das Wertguthaben grundsätzlich der Freistellung des Arbeitnehmers bei kontinuierlicher Entgeltzahlung dienen muss. Die Vereinbarung eines anderen Verwendungszwecks ist ausdrücklich nur für die drei enumerativ aufgezählten Fallgestaltungen zulässig, in denen eine Freistellung unmöglich ist. Aus der Vereinbarung muss deutlich hervorgehen, dass es sich hierbei um Ausnahmen vom Grundsatz der Freistellung des Arbeitnehmers handelt.[191] Diese zusätzlichen Zweckbestimmungen dürfen auch nicht den Grund eines Störfalls darstellen.[192] Die Beitragsfreiheit nach § 23b IIIa SGB IV kann also nicht dadurch herbeigeführt werden,

188 Gemeinsame Verlautbarung der Spitzenorganisationen der Sozialversicherung vom 7. Februar 2001, S. 20f. (abzurufen unter www.vdak.de/arbeitgeber/flexi_rs_070201.pdf).

189 Vgl. § 23b IIIa 2. HS Nr.1 SGB IV .

190 Mit dieser Regelung nach § 23b IIIa 2. HS Nr.2 SGB IV soll verhindert werden, dass die Regelungen zur Beitragspflicht umgangen werden. Wenn bereits in der Ansparphase ersichtlich ist, dass das Wertguthaben nicht zu einer Freistellung genutzt werden kann, so besteht auch kein Grund, die beitragsrechtlichen Sonderregelungen, die eine Freistellung vorsehen, anzuwenden. vgl. BT-Drucksache 14/4657 S. 3.

191 In der Gesetzesbegründung (BT-Drucksache 14/4657 S.2f.) zur Einführung des § 7 I a 4 SGB IV n. F. heißt es: „Dabei muss zweifelsfrei zum Ausdruck kommen, dass es ausschließlicher Zweck der Vereinbarung ist, die Freistellung von der Arbeitsleistung zu erreichen." Der Begriff „ausschließlich" erscheint in diesem Zusammenhang allerdings missverständlich. Gemeint ist er nicht im Sinne eines „einzigen Zwecks" sondern im Sinne eines „unter allen Umständen vorrangig zu berücksichtigenden Zwecks".

192 BT-Drucksache 14/4657 S. 3.

dass das Wertguthaben von Anfang an nur aufgebaut wird, um im Rahmen einer betrieblichen Altersversorgung verwendet zu werden. Diese alternative Verwendung darf vielmehr nur eine Reaktion auf den Eintritt eines der drei genannten Fälle sein.

c) Zulässigkeit darüber hinausgehender Verwendungen

Nach der Vorschrift des § 7 Ia 4 SGB IV ist die Vereinbarung von Verwendungszwecken alternativ zur Freistellung auf die genannten drei Fälle beschränkt. Damit stellt sich jedoch die Frage, ob die Vereinbarung alternativer Verwendungen in allen anderen Fällen nach dem Willen des Gesetzgebers tatsächlich unzulässig sein soll und – sofern sie dennoch vorgenommen wird – die Anerkennung des Modells durch die Sozialversicherungsträger gefährdet.

Die in § 7 Ia 4 SGB IV aufgelisteten Fälle der Beendigung der Beschäftigung wegen

- verminderter Erwerbsfähigkeit
- des Erreichens einer Altersgrenze, zu der eine Rente wegen Alters beansprucht werden kann oder
- aufgrund des Todes des Beschäftigten

stellen nämlich bei weitem nicht alle denkbaren Fallgestaltungen dar, in denen eine Verwendung des Guthabens zur Freistellung des Arbeitnehmers mangels fortbestehender Arbeitsverpflichtung unmöglich ist.

Wesentlich praxisrelevanter sind beispielsweise die Beendigung des Arbeitsverhältnisses durch ordentliche oder außerordentliche Kündigungen. Wird das Arbeitsverhältnis durch eine außerordentliche Kündigung des Arbeitgebers oder des Arbeitnehmers beendet, so kann der Arbeitgeber den Arbeitnehmer mangels fortbestehender Arbeitsverpflichtung nicht mehr von dieser befreien. Ebenso kann der Arbeitnehmer im Falle einer ordentlichen Kündigung mit entsprechender Kündigungsfrist nicht in vollem Umfang seines Guthabens von der Arbeitspflicht freigestellt werden, wenn sein Anspruch auf Freistellung (aus dem Wertguthaben) einen größeren Umfang hat als die im Laufe der Kündigungsfrist noch zu erbringende Arbeitsverpflichtung.[193]

Ein Umwandlungsmodell, das in diesen (und weiteren, nicht von § 7 Ia 4 SGB IV erfassten) Fällen keine Ansprüche des Arbeitnehmers begründet,

193 Diese Problematik kann jedoch verhindert werden, wenn das Wertguthaben in ein sich anschließendes Arbeitsverhältnis mit einem neuen Arbeitgeber übertragen werden kann. Vgl. zu dieser Möglichkeit Kapitel VIII.

wäre aus Sicht der Arbeitnehmer jedoch mit unüberschaubaren Risiken verbunden. Bei einem Verlust des Arbeitsplatzes könnte zusätzlich der Verlust des angesparten Wertguthabens drohen. Dabei ist zu beachten, dass das Wertguthaben vor allem durch die Umwandlung von Entgeltansprüchen aufgebaut wird, die eine Gegenleistung für die erbrachte Arbeitsleistung darstellen. Zwar folgt aus dem Entgeltcharakter der umgewandelten Ansprüche nicht zwingend eine Unverfallbarkeit. Es ergäbe sich aber eine gewisse Unbilligkeit, insbesondere wenn das Wertguthaben ohne eigenes Verschulden / Versäumnis des Arbeitnehmers beispielsweise bei einer betriebsbedingten Kündigung verfallen würde. Diese Unbilligkeit hätte zur Folge, dass jeder verständige Arbeitnehmer die Teilnahme an einem solchen Umwandlungsmodell ablehnen würde. Insbesondere die Arbeitnehmer, die mit Hilfe des Modells ihre Arbeitszeit im Alter reduzieren wollen, müssen ein Guthaben von beträchtlichem Umfang ansparen, um eine nennenswerte Reduzierung der Lebensarbeitszeit zu erreichen. Für diese Arbeitnehmer würde ein Verfall des Wertguthabens mit dem Verlust bedeutender Vermögenssummen einhergehen und könnte existenzbedrohende Auswirkungen haben.

Aus diesen Gründen müssen Umwandlungsmodelle Regelungen enthalten, welche Ansprüche dem Arbeitnehmer bei einer (vorzeitigen) Beendigung des Arbeitsverhältnisses aus dem Wertguthaben zustehen. Dabei ist davon auszugehen, dass in aller Regel ein vorrangiges Interesse an der bloßen Auszahlung des Wertguthabens besteht.

Es stellt sich jedoch die Frage, ob ein solches, den Interessen der Arbeitnehmer entsprechendes Umwandlungsmodell mit den sozialversicherungsrechtlichen Vorgaben vereinbar ist. Nach § 7 Ia SGB IV ist – abgesehen von den hier nicht einschlägigen Fallgestaltungen des Satz 4 – ausdrücklich nur die Freistellung von der Arbeitspflicht als zulässiger Verwendungszweck anzusehen. Nach § 7 Ia 4 SGB IV dürfen die Vertragsparteien *nur für den Fall* ... (es folgen die bereits genannten drei Fallgestaltungen) *einen anderen Verwendungszweck vereinbaren.* Der Gesetzgeber hat hier das Mittel einer enumerativen Aufzählung verwendet. Dies bestätigt ein Blick in den Bericht des Ausschusses für Arbeit und Sozialordnung[194], auf dessen Empfehlung[195] die Regelung des § 7 Ia 4 SGB IV in das Ge-

194 Bericht des Ausschusses für Arbeit und Sozialordnung (11. Ausschuss) vom 16. 11. 2000 zu dem Gesetzentwurf der Bundesregierung – Drucksachen 14/4375, 14/4388, 14/4633 – Entwurf eines Gesetzes zur Einführung des Euro im Sozial- und Arbeitsrecht sowie zur Änderung anderer Vorschriften (4. Euro-Einführungsgesetz), BT-Drucksache 14/4657.

195 Beschlussempfehlung des Ausschusses für Arbeit und Sozialordnung (11. Ausschuss) vom 15. 11. 2000 zu dem Gesetzentwurf der Bundesregierung – Drucksachen 14/4375, 14/4388 – Entwurf eines Gesetzes zur Einführung des Euro im Sozi-

setz aufgenommen wurde. Dort heißt es in der Begründung für den Änderungsvorschlag, dass...

„eine weitere begrenzte Zweckbindung, die allein den „Störfall" betrifft, die Wirksamkeit der Vereinbarung unberührt lässt. Dabei muss zweifelsfrei zum Ausdruck kommen, dass es ausschließlicher Zweck der Vereinbarung ist, die Freistellung von der Arbeitsleistung zu erreichen. Nur für den Fall, dass diese Freistellung aus den gesetzlich festgelegten Gründen später nach Abschluss der Vereinbarung unmöglich wird, wird bereits von vornherein eine bestimmte Verwendung des Wertguthabens festgelegt."[196]

Aus diesen Ausführungen geht eindeutig hervor, dass die Vereinbarung jedes weiteren, nicht durch § 7 Ia 4 SGB IV gestatteten Verwendungszwecks den sozialversicherungsrechtlichen Vorgaben widerspricht. Folge einer darüber hinaus gehenden Vereinbarung wäre damit, dass das Umwandlungsmodell den Vorgaben des § 7 Ia SGB IV widerspräche und daher von den Sozialversicherungsträgern nicht anerkannt werden dürfte. Auf der anderen Seite kann es trotz aller Flexibilisierungsbemühungen nicht dem Willen des Gesetzgebers entsprechen, dass die am Modell teilnehmenden Arbeitnehmer dem oben geschilderten Risiko eines vollständigen Verlustes ihrer Wertguthaben ausgesetzt werden.[197]

Aus diesem Grunde ist nicht anzunehmen, dass die Vereinbarung einer alternativen Verwendung des Wertguthabens trotz des insoweit eindeutigen Wortlauts von § 7 Ia 4 SGB IV mit den sozialversicherungsrechtlichen Vorgaben nicht zu vereinbaren ist.

aa) Verwendung i.S.d. § 7 Ia SGB IV

Ein Anhaltspunkt dafür, dass ein möglicher Verfall des Wertguthabens auch vom Gesetzgeber nicht gewollt ist, ergibt sich an anderer Stelle aus dem Sozialgesetzbuch IV.

So regelt die Vorschrift des § 23b II 1 SGB IV die Beitragspflicht zur Sozialversicherung,

„soweit das Wertguthaben nicht gemäß einer Vereinbarung nach § 7 Abs. 1a verwendet wird, insbesondere .... wegen vorzeitiger Beendigung des Beschäftigungsverhältnisses in einer Zeit der Freistellung von der Arbeitsleistung nicht mehr gezahlt werden kann, ..."

---

al- und Arbeitsrecht sowie zur Änderung anderer Vorschriften (4. Euro-Einführungsgesetz), BT-Drucksache 14/4633.

196 BT-Drucksache 14/4657 S. 2f.

197 Ein Beleg dafür, dass der Gesetzgeber die Arbeitszeitflexibilisierung nicht auf Kosten anderer Rechtspositionen fördern will, ergibt sich z. B. aus der Verankerung eines speziellen Kündigungsschutzes in § 7 Ib SGB IV. Vergleiche dazu Kapitel VII.

Der Gesetzgeber hat somit eine Vorschrift für die Erhebung der Sozialversicherungsbeiträge getroffen, falls das Wertguthaben an den Arbeitnehmer ausgeschüttet und nicht zur Freistellung verwendet wird. Aus dieser Regelung wird deutlich, dass – wie auch hier angenommen – die Notwendigkeit der alternativen Verwendung des Guthabens erkannt wurde.

Die Vorschrift des § 23b II SGB IV begründet allerdings keinen solchen Anspruch. Sie regelt lediglich die sozialversicherungsrechtliche Beitragspflicht, falls das Wertguthaben entgegen der Vorgaben des § 7 Ia SGB IV verwendet wird. Die Norm trifft damit keine Aussage zur arbeitsrechtlichen Abwicklung des Guthabens.[198]

Dieser scheinbare Widerspruch zwischen den Regelungen des § 7 Ia SGB IV und § 23b II 1 SGB IV löst sich jedoch dadurch, dass der Gesetzgeber die bloße Auszahlung des Wertguthabens an den Arbeitnehmer nicht als „Verwendung" i.S.d. § 7 Ia SGB IV ansieht.

Dem Wortsinn nach wird ein Gegenstand *verwendet*, wenn er für einen bestimmten Zweck, zur Herstellung, Ausführung von etwas benutzt oder angewendet wird.[199] Die bloße Auszahlung des Guthabens an den Arbeitnehmer stellt demnach noch keine „Benutzung des Guthabens für einen bestimmten Zweck" dar. Hierunter werden vielmehr Verwendungen wie die Überführung des Guthabens in eine betriebliche Altersversorgung verstanden. Der Gesetzgeber wollte mit der Klarstellung in § 7 Ia 4 SGB IV nochmals verdeutlichen, dass diese für den Arbeitnehmer attraktiven Verwendungen (siehe die Beitragsregelung in § 23b IIIa SGB IV) nur als subsidiäre Alternative zur Freistellung vorgesehen werden dürfen. Damit sollte aber keineswegs unterbunden werden, dass der Arbeitnehmer für den Fall der Unmöglichkeit der Freistellung von der Arbeitspflicht einen Anspruch auf die Auszahlung des Wertguthabens erhält.

Die bloße Auszahlung des Wertguthabens bei Unmöglichkeit der Freistellung des Arbeitnehmers stellt somit keine Verwendung des Guthabens i.S.d. § 7 Ia SGB IV dar. Die Parteien des Guthabenmodells können daher einen Anspruch des Arbeitnehmers auf Auszahlung des Wertguthabens für sämtliche Fälle vereinbaren, in denen eine Freistellung des Arbeitnehmers von der Arbeitspflicht unmöglich ist. Beitragsrechtlich wird diese Auszahlung nach § 23b II 1 SGB IV behandelt. Als beitragspflichtiges Arbeitsentgelt gilt somit das Wertguthaben in voller Höhe, es sei denn, die Differenz zwischen der für die Dauer der Arbeitsphase seit der ersten Bildung des Wertguthabens maßgebende Beitragsbemes-

---

198 Diller NZA 98, 792, 793.

199 Nach Duden, Deutsches Universal-Wörterbuch.

sungsgrenze für den jeweiligen Versicherungszweig und dem in dieser Zeit fälligen Arbeitsentgelt ist niedriger.[200]

Unter wirtschaftlichen Gesichtspunkten ist den Vertragsparteien daher zu raten, die Möglichkeit der beitragsfreien Verwendung des Wertguthabens zu Gunsten einer Betrieblichen Altersversorgung nach §§ 7 Ia 4, 23b IIIa SGB IV in Betracht zu ziehen.

bb) Gesetzlicher Anspruch nach § 275 BGB

Ein weiteres Argument für die Zulässigkeit der Auszahlung des Wertguthabens im Falle der Beendigung des Arbeitsverhältnisses ergibt sich daraus, dass der Arbeitnehmer in diesen Fällen auch einen gesetzlichen Anspruch auf diese Ausschüttung hat.

Abzulehnen ist insoweit zwar ein Anspruch auf Urlaubsabgeltung nach § 7 IV BUrlG. Die Vorschriften des Bundesurlaubsgesetzes beziehen sich nämlich grundsätzlich nur auf den gesetzlichen Erholungsurlaub.[201] Demzufolge gilt der Abgeltungsanspruch aus § 7 IV BUrlG auch nur für den Fall, dass der gesetzliche Erholungsurlaub aufgrund der Beendigung des Arbeitsverhältnisses nicht mehr gewährt werden kann.

Ein gesetzlicher Anspruch auf die Auszahlung des Wertguthabens bei Unmöglichkeit der Freistellung kann sich jedoch nach den Grundsätzen der teilweisen Unmöglichkeit ergeben. Nach § 275 I BGB ist der Anspruch auf die Leistung (nur) ausgeschlossen, *soweit* die Erbringung der Leistung unmöglich ist. Sofern es sich bei der geschuldeten Leistung um eine teilbare handelt, befreit das Gesetz den Schuldner also nur teilweise von seiner Leistungspflicht, sog. teilweise Unmöglichkeit.[202] Voraussetzung hierfür ist das Vorliegen einer im juristischen Sinne teilbaren Leistung.[203] Die Rechtsfolgen der Unmöglichkeit treten dann lediglich hinsichtlich des unmöglich gewordenen Teils der Leistung ein.[204] Eine Ausnahme von dieser nur teilweisen Anwendung der Unmöglichkeitsregeln gilt ausnahmsweise nur dann, wenn die teilweise Unmöglichkeit einer vollständigen Unmöglichkeit gleichsteht. Dies ist einerseits der Fall, wenn die Leistung tech-

---

200 Hauck / Noftz – Sehnert § 23b Rn. 19.
201 Leinemann / Linck § 1 Rn. 46; ErfK – Dörner § 1 BUrlG Rn. 16.
202 BGH vom 13. 12. 1991 BGHZ 116, 334, 337.
203 MüKO – BGB – Emmerich § 275 Rn. 60.
204 BGH vom 26. 6. 1980 BGHZ 77, 320, 323; MüKO – BGB– Emmerich § 275 Rn. 57.

nisch oder nach dem Willen der Parteien unteilbar ist[205] oder andererseits eine mögliche Teilerfüllung für den Gläubiger sinnlos ist.[206]

Wird ein Arbeitsverhältnis beendet, und ist eine Freistellung des Arbeitnehmers aus dem Umwandlungsmodell daher unmöglich, so ist wie folgt zu unterscheiden: Die Freistellung des Arbeitnehmers aus dem Guthabenmodell nach § 7 Ia 1 SGB IV wird mangels fortbestehender Arbeitspflicht unmöglich. Der Arbeitgeber wird insoweit nach § 275 I BGB frei von seiner Leistungsverpflichtung. Nach § 7 Ia 1 Nr. 2 SGB IV müssen die Parteien für die Zeit der Freistellung aber eine kontinuierliche Entgeltzahlung durch den Arbeitgeber vereinbaren. Diese Ansprüche auf Freistellung von der Arbeitspflicht und Entgeltzahlung lassen sich aufgrund ihrer Artverschiedenheit im juristischen Sinne voneinander teilen. Ist dem Arbeitgeber die Freistellung des Arbeitnehmers aufgrund der Beendigung des Arbeitsverhältnisses unmöglich, so folgt daraus nicht zwingend eine Unmöglichkeit der Entgeltzahlung. Eine Auszahlung des Wertguthabens ist dem Arbeitgeber weiterhin möglich. Es handelt sich dann zwar nicht um eine Entgeltzahlung, die in monatlichen Raten während eines laufenden Arbeitsverhältnisses geleistet wird. Die Zahlung der Geldsumme an den Arbeitnehmer bleibt für den Arbeitgeber aber möglich und für den Arbeitnehmer auch sinnvoll, so dass in diesen Fällen lediglich eine Teilunmöglichkeit hinsichtlich der Freistellung anzunehmen ist.

Bei Unmöglichkeit der Freistellung besteht somit nach den Grundsätzen der teilweisen Unmöglichkeit ein Anspruch des Arbeitnehmers auf die Auszahlung des Wertguthabens. Dieser gesetzliche Anspruch wird durch die sozialversicherungsrechtlichen Vorschriften nach § 7 Ia SGB IV nicht ausgeschlossen.

Beinhaltet ein Umwandlungsmodell somit einen rechtsgeschäftlichen Anspruch des Arbeitnehmers auf Auszahlung des Wertguthabens bei Unmöglichkeit der Freistellung, so hat diese Vereinbarung aufgrund des gesetzlichen Anspruchs nach § 275 I BGB lediglich deklaratorische Wirkung.

d) Zwischenergebnis

Die Parteien eines Umwandlungsmodells sind hinsichtlich der Frage, welche Ansprüche der Arbeitnehmer aus dem Modell erwerben darf, in erheblichem Maße an die Vorgaben des Sozialversicherungsrechts gebunden.

Der Anspruch des Arbeitnehmers muss grundsätzlich auf die Freistellung von der Arbeitspflicht bei einer kontinuierlichen Entgeltzahlung zielen.

205 Palandt – Heinrichs § 275 Rn. 8.

206 Soergel – Wiedemann § 275 Rn. 47; Palandt – Heinrichs § 275 Rn. 9.

Unter der Bedingung, dass eine solche Freistellung aufgrund der Beendigung des Arbeitsverhältnisses unmöglich ist, können die Parteien jedoch einen Anspruch des Arbeitnehmers auf Auszahlung des Guthabens begründen, ohne die Anerkennung des Modells durch die Sozialversicherungsträger zu gefährden. Statt dieser bloßen Auszahlung sind sie zudem berechtigt, in den in § 7 Ia 4 SGB IV enumerativ aufgezählten Fällen eine zur Freistellung alternative Verwendung des Wertguthabens zu vereinbaren.

e) Die Leistungszeit als Modalität der Schuld

Wie bereits in Kapitel IV 1 beschrieben, kann das Wertguthaben durch die Umwandlung verschiedenster Freistellungs- und Entgeltansprüche angespart werden.

Die Fälligkeit dieser Ansprüche richtet sich nach unterschiedlichen Vorschriften. Im Bereich der Entgeltansprüche, die an eine tatsächliche Dienstleistung anknüpfen, ist grundsätzlich § 614 BGB einschlägig, wonach den Arbeitnehmer eine Vorleistungspflicht trifft.[207] Da das Entgelt in Arbeitsverhältnissen üblicherweise nach Monaten berechnet wird, erlangt § 614 S. 2 Bedeutung, so dass der Anspruch des Arbeitnehmers nach Ablauf des Monats mit Erfüllung seiner Dienstpflicht fällig wird.[208] Die Bestimmung des § 614 BGB ist allerdings subsidiär zu anderslautenden Regelungen in Tarifverträgen, Betriebsvereinbarungen oder Individualabreden.[209]

Die Leistungszeit von Sondervergütungen, die nicht von einer tatsächlichen Arbeitsleistung abhängen (z. B. Urlaubs- oder Weihnachtsgeld), richtet sich dagegen nach § 271 II BGB, so dass die in Tarifverträgen, seltener in Betriebsvereinbarungen und Einzelarbeitsverträgen, getroffenen Regelungen die Leistungszeit bestimmen.

Hinsichtlich der Leistungszeit von Freistellungsansprüchen ist zwischen dem Anspruch auf Befreiung von der Arbeitsverpflichtung nach dem Bundesurlaubsgesetz[210] und darüber hinausgehenden Ansprüchen zu differenzieren. Die Leistungszeit des Erholungsurlaubs i.S.d. Bundesurlaubsgesetzes ist in § 7 BUrlG

---

207 § 614 BGB stellt die wohl wichtigste gesetzliche Sonderregelung zu § 271 BGB dar, vgl. Staudinger – Bittner § 271 Rn. 3. Für einzelne Gruppen von Arbeitnehmern und für bestimmte Entgeltarten finden sich wiederum Sonderregelungen zu § 614 BGB in §§ 64, 65 HGB, 11 BBiG. Umfassende Aufzählungen bieten Richardi in Staudinger § 614 Rn. 38 – 46 und Schaub in MüKo – BGB § 614 Rn. 4 – 18.

208 ErfK – Preis § 614 BGB Rn. 5.

209 Staudinger – Richardi § 614 Rn. 3f.; Soergel – Kraft § 614 Rn. 3; ErfK – Preis § 614 BGB Rn. 2; MünchArbR – Hanau § 65 Rn. 1; MüKo – BGB – Schaub § 614 Rn. 2; Palandt – Putzo § 614 Rn. 1.

210 Sowie den Ansprüchen nach Sozialgesetzbuch XI, Jugendarbeitsschutzgesetz und Bundeserziehungsgeldgesetz.

normiert. Der Zeitpunkt der Verwirklichung des Freistellungsanspruchs wird üblicherweise als Fälligkeit des Urlaubsanspruchs bezeichnet.[211] Soweit darüber hinausgehende weitere Freistellungsansprüche aufgrund von Tarifverträgen, Betriebsvereinbarungen oder Individualvereinbarungen bestehen, richtet sich die Leistungszeit nach der getroffenen Vereinbarung.

Diese unterschiedlichen Leistungszeiten können für den einheitlichen Anspruch des Arbeitnehmers aus dem Wertguthaben keine Gültigkeit haben. Erforderlich ist vielmehr die Einigung der Parteien auf eine neue einheitliche Leistungszeit i.S.d. § 271 II BGB. Das Sozialversicherungsrecht enthält insoweit keine Vorgaben. Mit Hilfe der Leistungszeitbestimmung können die Parteien dabei den Gesamtcharakter des Umwandlungsmodells grundlegend prägen. Es handelt sich keineswegs um eine zu unterschätzende Nebenabsprache. Maßgebliches Kriterium ist insoweit, ob die Parteien ein Lebensarbeitszeitkonto schaffen wollen, das der Gestaltung des Übergangs vom Erwerbsleben in den Ruhestand dient, oder ob ein Langzeitkonto eingerichtet werden soll, das eine Flexibilisierung während des gesamten Erwerbslebens ermöglicht.[212]

Soll das Wertguthaben der Reduzierung der Arbeitszeit im Alter dienen (= Lebensarbeitszeitkonto), so muss der Anspruch des Arbeitnehmers aus dem Umwandlungsmodell dann Fälligkeit erlangen, wenn der Wert des angesparten Guthabens dem vom Arbeitnehmer bis zum Beginn des Rentenanspruchs noch zu leistenden Arbeitsumfang entspricht. Die Leistungszeit ergibt sich somit mittelbar aus dem Wert des individuellen Guthabens, dem Alter des Arbeitnehmers und dem Beginn dessen Rentenanspruchs. Ebenfalls von Bedeutung kann in diesem Zusammenhang die Altersgrenze nach § 2 I Nr. 1 ATZG sein. Leistungen für eine Altersteilzeitabrede werden nach dieser Norm nur dann erbracht, wenn der Arbeitnehmer das 55. Lebensjahr vollendet hat. Soll das Wertguthaben der Reduzierung der (noch verbleibenden) Arbeitszeit im Rahmen eines Altersteilzeitvertrages dienen, so hat diese Altersgrenze ebenfalls mittelbaren Einfluss auf den frühestmöglichen Zeitpunkt der Inanspruchnahme des Wertguthabens.

Soll das Wertguthabenmodell dagegen während des gesamten Arbeitslebens die Flexibilisierung der Arbeitszeit durch längere Freistellungsphasen ermöglichen (= Langzeitkonto), so muss auch die Leistungszeit flexibler ausgestaltet

211 So die wohl herrschende Meinung, die jedoch einräumt, den Begriff der Fälligkeit nicht im streng schuldrechtlichen Sinne zu verwenden, vgl. Dersch / Neumann § 7 Rn. 1 m. w. N.; GK-BUrlG – Bachmann § 7 Rn. 10 dagegen vertritt die Ansicht, dass der Urlaubsanspruch nach § 271 BGB im Zeitpunkt seiner Entstehung auch fällig wird. Dem schließt sich auch Leinemann / Linck § 1 Rn. 77 – 84 an, der in § 7 I BUrlG lediglich eine Modifizierung und Ergänzung der Regelung des § 271 BGB sieht.

212 Siehe zu dieser Unterscheidung bereits oben Kap. I 6.

werden. Denkbar ist z. B. die Vereinbarung eines einseitigen Leistungsbestimmungsrechts. Ein solches Leistungsbestimmungsrecht nach § 315 BGB kann sich auch auf Schuldmodalitäten wie die Leistungszeit beziehen.[213] In der Praxis wird ein solches einseitiges Recht den Interessen von Arbeitgeber und Arbeitnehmer jedoch nicht gerecht. Ein Leistungsbestimmungsrecht des Arbeitgebers, durch welches dieser die Erfüllbarkeit des Freistellungsanspruchs bestimmen könnte, würde dem Arbeitnehmer die Möglichkeit einer individuellen Arbeitszeitgestaltung nehmen. Der Arbeitgeber würde sich von wirtschaftlichen Gesichtspunkten leiten lassen, indem er mit Hilfe des Freistellungsanspruchs z. B. Produktionsschwankungen ausgleichen würde.[214] Ein Leistungsbestimmungsrecht des Arbeitnehmers dagegen, durch welches dieser die Fälligkeit des Anspruchs bestimmen könnte, würde den berechtigten Interessen des Arbeitgebers zuwiderlaufen. Aus dessen Sicht ist eine Abstimmung der Freistellung mit dem Betriebsablauf erforderlich.

Praxisgerecht ist somit ausschließlich eine Vereinbarung zur Leistungszeit, die eine Einigung zwischen Arbeitgeber und Arbeitnehmer voraussetzt. Um den Interessen des Arbeitnehmers weitgehend zu entsprechen, kann diesem ein Vorschlagsrecht eingeräumt werden, das der Arbeitgeber nur unter bestimmten Voraussetzungen ablehnen darf. Denkbar sind insoweit befürchtete Störungen des Betriebsablaufs.[215] Zur Vereinfachung der Organisation des Betriebsablaufs kann das Bestimmungsrecht des Arbeitnehmers darüber hinaus Beschränkungen unterworfen werden. So können die Parteien bestimmen, dass ein Anspruch auf Freistellung nur in einem gewissen Turnus (z. B. einmal in fünf Jahren) oder nur in einem bestimmten Mindestumfang (z.B. ein Monat) geltend gemacht werden kann.

f) Ergebnis

Bei der Einführung eines Umwandlungsmodells müssen die beteiligten Parteien festlegen, welchen Anspruch der Arbeitnehmer aus diesem Modell erlangen kann. Das Sozialversicherungsrecht enthält insoweit Vorgaben, als die Parteien nach § 7 Ia SGB IV vorrangig einen Anspruch des Arbeitnehmers auf Freistellung von der Arbeitspflicht bei kontinuierlicher Entgeltzahlung vereinbaren müssen. Andere Verwendungen i.S.d. § 7 Ia 4 SGB IV sowie die bloße Auszahlung

213 Palandt – Heinrichs § 315 Rn. 2.

214 Knospe / Ewert / Marx NZS 01, 459, 465.

215 Als Störung des Betriebsablaufs kann insoweit nicht die bloße Dauer der Freistellung herangezogen werden. Vielmehr muss die Freistellung gerade in diesem Moment zu besonderen Störungen führen.

des Wertguthabens dürfen nur bei Unmöglichkeit der Freistellung vom Arbeitnehmer geltend gemacht werden.

Darüber hinaus müssen die Parteien eine Leistungszeit für den Anspruch des Arbeitnehmers aus dem Umwandlungsmodell festlegen. Mit Hilfe dieser Bestimmung kann der Charakter des Modells als Lebensarbeitszeit- oder Langzeitkonto geprägt werden.

3. Schuldrechtliche Einordnung der Anspruchsumwandlung

Die Umwandlung eines Freistellungs- oder Entgeltanspruchs in einen Anspruch aus dem Wertguthaben ist grundsätzlich mit einem Eingriff in die Rechte und Pflichten aus dem Arbeitsverhältnis verbunden. Insoweit stellt sich die Frage, wie das dazu erforderliche Rechtsgeschäft der Arbeitsvertragsparteien schuldrechtlich einzuordnen ist.

a) Schuldanerkenntnis nach §§ 780, 781 BGB

Für die schuldrechtliche Einordnung könnte bedeutend sein, dass der Arbeitgeber dem Arbeitnehmer in der Regel in monatlichen oder jährlichen Abständen zusammen mit der Entgeltabrechnung eine Mitteilung über den Stand des persönlichen Wertguthabens ausstellt.[216]

Diese Mitteilung könnte ein Schuldanerkenntnis nach §§ 780, 781 BGB darstellen, wodurch der Arbeitgeber als Schuldner das Bestehen der Schuld durch eine schriftliche Erklärung anerkennt.[217] Das Schuldanerkenntnis stellt einen einseitig verpflichtenden abstrakten Vertrag dar.[218] Das abstrakte oder konstitutive Schuldanerkenntnis nach §§ 780, 781 BGB, durch das unabhängig vom bestehenden Schuldgrund eine neue selbständige Verpflichtung geschaffen wird, ist

216 Zu den Standmitteilungen beim *Zeit-Wertpapier* siehe oben Kap. I 1.

217 Nach allgemeiner Ansicht unterscheiden sich das Schuldversprechen nach § 780 BGB und das Schuldanerkenntnis nach § 781 BGB nur in der (meist zufällig) gewählten Formulierung („Ich verpflichte mich zu zahlen..." bzw. „Ich erkenne an zu schulden..."). Beide Erklärungen sind von ihrem materiellen Inhalt her austauschbar. Es handelt sich nur um äußerlich verschiedene Erscheinungsformen des abstrakten Schuldvertrages, die denselben Rechtsregeln unterliegen, vgl. Palandt – Sprau § 780 Rn. 1; Staudinger – Marburger Vorbem. zu §§ 780ff. Rn. 4; MüKO – BGB – Hüffer § 780 Rn. 3; Emmerich § 15 Rn. 1. Aus diesem Grund wurden – in Anlehnung an die Lehre Bährs (Die Anerkennung als Verpflichtungsgeschäft, 2. Auflage 1867, S. 175ff.) – in § 683 E I BGB zunächst auch beide Formen gemeinsam in einer Norm behandelt.

218 Palandt – Sprau § 780 Rn. 1a.

dabei vom deklaratorischen (= kausalen) Schuldanerkenntnis abzugrenzen, durch welches eine bereits bestehende Schuld lediglich bestätigt wird (daher auch Schuldbestätigungsvertrag).[219]

Die Umwandlung eines Anspruchs zum Aufbau eines Wertguthabens durch ein Schuldanerkenntnis ist vorliegend aber auszuschließen.

Soweit man die Kontomitteilung durch den Arbeitgeber als deklaratorisches Schuldanerkenntnis einordnet, kann die Anspruchsumwandlung durch diese einseitige Erklärung gar nicht vollzogen werden. Durch ein deklaratorisches Anerkenntnis wird lediglich eine bestehende Schuld bestätigt. Die Erteilung eines solchen Schuldanerkenntnisses führt damit gerade nicht zur Umwandlung eines Anspruchs und Schaffung einer neuen, bislang noch nicht bestehenden Verpflichtung des Arbeitgebers. Eine monatlich oder jährlich erfolgende Mitteilung des Arbeitgebers über den Wertguthabenstand des Arbeitnehmers kann – je nach Rechtsbindungswillen des Arbeitgebers – zwar als deklaratorisches Schuldanerkenntnis eingestuft werden, sofern der Arbeitgeber seine Schuld gegenüber dem Arbeitnehmer nochmals anerkennen will.[220] Dieses Schuldanerkenntnis kann aber keine schuldrechtliche Grundlage für die Anspruchsumwandlung darstellen, sondern nur eine Bestätigung der durch ein anderes Rechtsgeschäft begründeten Arbeitnehmeransprüche sein.

Die Kontomitteilung kann aber auch nicht als konstitutives Schuldanerkenntnis eingestuft werden. Durch einen solchen einseitig verpflichtenden Vertrag könnte der Arbeitgeber zwar die Verpflichtung *„Anspruch des Arbeitnehmers auf die Leistungen aus dem Wertguthabenmodell“* eingehen. Diese Verpflichtung hätte aber keinen Einfluss auf die (umzuwandelnden) Ansprüche des Arbeitnehmers. Den Interessen des Arbeitgebers entspricht jedoch nur ein Austauschvertrag, in dem der Arbeitnehmer im Gegenzug zur neuen Verpflichtung des Arbeitgebers auf die umzuwandelnden Ansprüche in entsprechender Höhe verzichtet.

---

219 Jauernig – Jauernig § 781 Rn. 1, 15ff.; Palandt – Sprau § 781 Rn. 1-6.

220 Der Rechtsbindungswille ist entscheidendes Kriterium, um das deklaratorische Schuldanerkenntnis von einem einfachen Anerkenntnis abzugrenzen. Durch die Abgabe eines deklaratorischen Anerkenntnisses kann der Schuldner ganz oder teilweise auf seine Einwendungen verzichten und das Schuldverhältnis mit einem bestimmten Inhalt als gültig anerkennen, vgl. Gernhuber Band 8, § 18 IV 2; Larenz / Canaris Bd. II / 2 § 61 II 1c; Michalski ZBB 1995, 260, 262. Ein einfaches Anerkenntnis liegt dagegen vor, wenn der Schuldner lediglich bestätigt, aus einem bestimmten Grund zu einer Leistung verpflichtet zu sein. Da es hier an jeglichem Rechtsbindungswillen fehlt, handelt es sich bei der Abgabe eines einfachen Anerkenntnisses nicht um eine Willenserklärung sondern nur um eine Wissenserklärung.
Im Regelfall wird die Mitteilung des Arbeitgebers über den Wertguthabenstand lediglich ein einfaches Anerkenntnis darstellen, da ein Rechtsbindungswille zum Verzicht auf mögliche Einwendungen zumeist fehlt.

Ein solcher „Verzicht“ erfordert aber die Zustimmung des Arbeitnehmers. Ein lediglich einseitig verpflichtender Vertrag wie das Schuldanerkenntnis kann diese Rechtsfolge nicht herbeiführen.

Eine regelmäßige Kontomitteilung durch den Arbeitgeber kann somit bei entsprechendem Rechtsbindungswillen lediglich ein deklaratorisches Schuldanerkenntnis darstellen.

b) Ausstellung eines Wertpapiers

Wie bereits oben beschrieben erhalten die Arbeitnehmer der Volkswagen AG neben einer regelmäßigen Kontomitteilung auch sog. Zeit-Wertpapiere, die das angesparte Guthaben des Arbeitnehmers widerspiegeln.[221] Entgegen ihrer Bezeichnung als Zeit-Wertpapiere stellen diese Schriftstücke jedoch keine Wertpapiere im juristischen Sinne dar.

Ein Wertpapier ist eine Urkunde, in der ein privates Recht in der Weise verbrieft ist, dass zur Geltendmachung des Rechts die Innehabung der Urkunde erforderlich ist.[222] Das Recht besteht somit nicht wie bei Schuldscheinen, die lediglich dem Beweis dienen, unabhängig von der Urkunde.[223]

In der Praxis ist jedoch regelmäßig auszuschließen, dass der Arbeitnehmer für die Geltendmachung seines Anspruchs aus einem Umwandlungsmodell vom Arbeitgeber ausgehändigte „Zeit-Wertpapiere“ o. ä. vorlegen muss. Diese Papiere sollen vielmehr dem Arbeitnehmer – neben den relativ abstrakten Kontomitteilungen – verdeutlichen, dass er tatsächlich eine Gegenleistung für die angesparten Arbeitgeberleistungen erwirbt. Insoweit ist den „Zeit-Wertpapieren“ eher eine psychologische als eine juristische Funktion zuzuschreiben. Der Umfang seiner Rechte ergibt sich davon unabhängig bereits aus den Aufzeichnungen über das individuelle Wertguthaben des Arbeitnehmers.

c) Schuldänderungsvertrag nach § 311 I BGB

Die Umwandlung von Arbeitnehmeransprüchen erfordert einen zweiseitigen Austauschvertrag zwischen den Arbeitsvertragsparteien. Die Parteien müssen durch den Abschluss eines Schuldänderungsvertrags rechtsgestaltend in die Regelungen des Arbeitsverhältnisses eingreifen. Nach § 311 I BGB kann eine solche Änderung eines bestehenden Schuldverhältnisses nur durch einen zweiseitigen Vertrag zwischen den Parteien des Schuldverhältnisses vorgenommen werden. Die Ver-

221 Vergleiche Kapitel I 2.
222 Hueck / Canaris § 1 I; Zöllner § 3 III 4 b.
223 Hueck / Canaris § 1 I.

tragsänderung kann sich dabei ausschließlich auf die Zukunft beschränken[224] und auch nur einzelne Ansprüche betreffen.[225] Auch auf die Hauptleistungspflichten kann auf diese Weise Einfluss genommen werden.[226] Werden durch den Abänderungsvertrag Leistungen herabgesetzt, so bedeutet die Zustimmung des Gläubigers eine Verfügung über seine Forderung in dem Maße, in dem er sie erlässt, § 397 BGB.[227]

aa) Mögliche Vertragsgestaltungen

Der Schuldänderungsvertrag nach § 311 I BGB kann von den Parteien unterschiedlich ausgestaltet werden. Für die Abgrenzung der verschiedenen Vertragstypen ist nach §§ 133, 157 BGB vor allem der Wille der Parteien entscheidend.[228] Daneben sind die rechtliche Bedeutung der Abänderung und die Verkehrsanschauung zu berücksichtigen.[229]

Denkbar ist zunächst der Abschluss eines ***Änderungsvertrags*** im eigentlichen Sinn. Im Rahmen eines solches Vertrages einigen sich die Parteien, ein bereits bestehendes Schuldverhältnis lediglich in einzelnen Punkten abzuändern. Eine Modifizierung erfolgt somit nur in diesem vereinbarten Rahmen, in dem z. B. ein Schuldverhältnis im engeren Sinne (d. h. die einzelne Forderung / Schuld) geändert wird. Ein solcher Änderungsvertrag kann bei entsprechendem Willen der Parteien auch die Hauptleistungspflichten betreffen.[230] Das Schuldverhältnis im weiteren Sinne[231] bleibt dagegen in seiner Identität unberührt.[232] Der Änderungsvertrag hebt das bestehende Schuldverhältnis nicht insgesamt auf, es bleibt, trotz der Abänderung in einzelnen Teilen, mit dem alten identisch.[233]

---

224 Staudinger – Löwisch § 305 Rn. 61.
225 Staudinger – Löwisch § 305 Rn. 61.
226 BGH vom 26. 2. 1992 NJW 92, 2283, 2285.
227 Staudinger – Löwisch § 305 Rn. 62. Zur Frage, inwieweit der Arbeitnehmer über gesetzliche oder kollektivrechtlich vereinbarte Ansprüche überhaupt verfügen darf, vgl. Kapitel VI.
228 BGH vom 26. 2. 1992 NJW 92, 2283, 2284f.; vom 19. 11. 1998 NJW 99, 575, 576; Palandt – Heinrichs § 311 Rn. 3.
229 BGH vom 7. 7. 1992 BGHZ 119, 112, 116; OLG Karlsruhe vom 30. 3. 1983 NJW 83, 1499, 1499.
230 BGH vom 26. 2. 1992 NJW 92, 2283, 2285.
231 Zur Unterscheidung der verschiedenen Bedeutungen des Begriffs „Schuldverhältnis", die vom Bürgerlichen Gesetzbuch parallel verwandt werden, vgl. Gernhuber Band 8, § 2 I 1; Staudinger – Schmidt Einl. zu §§ 241ff. Rn. 199ff.
232 RG vom 23. 3. 1907 RGZ 65, 390, 392.
233 Staudinger – Löwisch § 305 Rn. 64-66.

In dieser Hinsicht unterscheidet sich der Änderungsvertrag von einem ***Aufhebungsvertrag verbunden mit dem Abschluss eines neuen Vertrages***. Durch einen Aufhebungsvertrag (contrarius consensus) wird das gesamte ursprüngliche Schuldverhältnis (im weiten Sinne) einvernehmlich aufgehoben. Verknüpfen die Parteien diesen contrarius consensus derart mit der Begründung eines neuen Schuldverhältnisses, dass das neue an die Stelle des alten tritt, so liegt eine Novation (= Schuldersetzung) vor.[234] [235] Bei diesem sehr weitreichenden Geschäft ist, anders als z.B. beim Erlassvertrag nach § 397 BGB, der nur eine einzelne Forderung betrifft, das gesamte Schuldverhältnis betroffen.[236] Die Zulässigkeit eines derartigen Vorgehens ergibt sich wiederum aus der Vertragsfreiheit.[237] Eine Schuldersetzung kommt insbesondere dann in Frage, wenn eine bloße Schuldabänderung ausgeschlossen ist, da die rechtliche Natur der Verpflichtungen so verschiedenartig ist, dass darüber ganz oder doch überwiegend verschiedene Bestimmungen gelten.[238]

Weiterhin vom Änderungsvertrag zu unterscheiden ist die Möglichkeit der Parteien, einen ***weiteren rechtlich selbständigen Vertrag*** abzuschließen. Der ursprüngliche Vertrag bleibt bei einem solchen Vorgehen gänzlich unberührt. Die Vertragspartner begründen weitere Pflichten in einem neuen Vertrag.

bb) Einstufung im vorliegenden Fall

Im Fall der Umwandlung von Arbeitnehmeransprüchen zum Aufbau eines Wertguthabens kann zunächst ausgeschlossen werden, dass zwischen Arbeitgeber und Arbeitnehmer ein weiterer rechtlich selbständiger Vertrag geschlossen wird. Ein solcher Vertrag hätte keine Auswirkungen auf das bestehende Arbeitsverhältnis und könnte somit die ursprüngliche Schuld des Arbeitgebers, die nach dem Willen der Parteien umgewandelt werden soll, nicht beseitigen. Zudem passt dieser Vertragstypus auch ersichtlich nicht zu dem Vorhaben der Parteien, einen Anspruch gegen einen anderen auszutauschen. Die Parteien wollen keine zusätzlichen Verpflichtungen des Arbeitgebers zu den bereits bestehenden schaffen.

---

234 RG vom 12. 11. 1931 RGZ 134, 153, 155; vom 22. 12. 1939 RGZ 162, 244, 245.

235 Zu unterscheiden sind die kausale und die abstrakte Novation. Bei der kausalen Novation (Schuldumschaffung) ist die Entstehung des neuen Schuldverhältnisses davon abhängig, dass die alte Schuld bestanden hat. Bei der abstrakten Novation (Schuldersetzung) ist das neue Schuldverhältnis dagegen vom Bestand des alten unabhängig. (Staudinger – Löwisch § 305 Rn. 78). Diese Unterscheidung kann vorliegend jedoch dahingestellt bleiben, da keine Anhaltspunkte für eine Unwirksamkeit des alten Schuldverhältnisses bestehen.

236 Gernhuber Band 3 § 18, 4.

237 RG vom 21. 11. 1927 RGZ 119, 21, 24.

238 Leonhard § 334, S. 649; Staudinger – Löwisch § 305 Rn. 69.

Vielmehr sollen die Verpflichtungen des Arbeitgebers aus dem Arbeitsvertrag modifiziert werden.

Damit verbleiben als Gestaltungsmöglichkeiten nur der Änderungsvertrag und die Novation. Mit beiden Verträgen können die Parteien ihr Ziel erreichen und die bestehenden Verpflichtungen des Arbeitgebers ändern. Insoweit bedarf es der Auslegung, welche Vertragsform hier gewählt wird. Dabei ist zu beachten, dass eine Novation wegen ihrer weitreichenden Folgen nur bejaht werden darf, wenn der auf eine solche Schuldumschaffung gerichtete Wille der Parteien deutlich hervortritt.[239] Im Zweifel ist anzunehmen, dass lediglich ein Änderungsvertrag und keine Novation gewollt ist.[240]

Aus diesem Grund kann vorliegend auch die Vereinbarung einer Novation ausgeschlossen werden, wenn sich die Arbeitsvertragsparteien auf die Umwandlung eines Anspruchs einigen. Eine Novation hätte zur Folge, dass sämtliche Haupt- und Nebenleistungspflichten der Parteien aus dem alten Schuldverhältnis vollständig aufgehoben werden. Daraus resultiert auch der Verlust solcher Rechtspositionen, die in zeitlicher Hinsicht an den Bestand des Arbeitsverhältnisses geknüpft sind.[241] Bereits die Gefahr des Verlustes dieser Rechte spricht nach §§ 133, 157 BGB gegen einen Willen des Arbeitnehmers zu dieser Form der Rechtsgestaltung.

Dieses Ergebnis bestätigt sich, wenn man die Komplexität der Rechtsgeschäfte Novation und Schuldänderungsvertrag miteinander vergleicht. Der Wille der Arbeitsvertragsparteien geht nach §§ 133, 157 BGB dahin, trotz der Umwandlung einzelner Ansprüche das bestehende Arbeitsverhältnis ansonsten unverändert zu lassen. Die Parteien haben kein Interesse, in die für die Anspruchsumwandlung nicht relevanten Teile des Arbeitsverhältnisses einzugreifen. Die Hauptleistungspflicht des Arbeitnehmers sowie die Nebenleistungspflichten beider Parteien sollen in der Arbeitsphase unverändert bestehen bleiben.

Zur Erreichung dieses Ziels ist ein so weitreichendes Rechtsgeschäft wie die Novation jedoch nicht erforderlich. Zwar kann nicht allgemein angenommen werden, dass die Parteien eines Schuldverhältnisses grundsätzlich die rechtlich

---

239 BGH vom 14. 11. 1985 NJW 86, 1490, 1490.

240 BGH vom 6. 4. 1987 NJW 87, 3124, 3126.

241 Im Arbeitsrecht werden solche Rechtspositionen z. B. begründet durch § 1 KSchG (allgemeiner Kündigungsschutz), §§ 85, 90 I Nr. 1 SGB IX (spezieller Kündigungsschutz für Schwerbehinderte), § 4 BUrlG (Wartezeit für vollen Urlaubsanspruch), § 8 I 1 BetrVG (Wählbarkeit zum Betriebsrat) sowie ähnliche kollektivrechtliche Gestaltungen. Allerdings ist für diese Rechtspositionen immer zu prüfen, ob sie tatsächlich nur durch ein ununterbrochenes Arbeitsverhältnis erlangt werden können oder ob auf die Betriebszugehörigkeit bzw. die Dauer der Beschäftigung abzustellen ist.

effizientere Vereinbarung treffen. Die verfassungsrechtlich gewährleistete Vertragsfreiheit garantiert den Parteien im Rahmen höherrangigen Rechts eine Gestaltungsfreiheit. Dennoch ist im Regelfall davon auszugehen, dass die Parteien zur Erreichung ihres Ziels zwischen verschiedenen geeigneten rechtlichen Konstruktionen diejenige auswählen, die den geringsten Aufwand erfordert und die wenigste rechtliche Unsicherheit nach sich zieht. Dies ist hier eindeutig der Änderungsvertrag nach § 311 I BGB.

Die Vereinbarung der Arbeitsvertragsparteien, Ansprüche des Arbeitnehmers in ein Wertguthaben umzuwandeln, stellt somit einen Schuldänderungsvertrag nach § 311 I BGB dar. Arbeitnehmer und Arbeitgeber modifizieren damit die Schuld des Arbeitgebers.

d) Annahme an Erfüllungs Statt, § 364 I BGB

Fraglich ist, ob dieser Schuldänderungsvertrag als eine Vereinbarung über eine Annahme an Erfüllungs Statt nach § 364 I BGB („*datio in solutum*") einzustufen ist. Das ursprüngliche (umzuwandelnde) Schuldverhältnis im engeren Sinn würde dann durch die Eingehung der neuen Verbindlichkeit durch den Arbeitgeber (Anspruch des Arbeitnehmers aus dem Wertguthaben) erlöschen.[242]

Gegenstand der Leistung an Erfüllungs Statt können Leistungen jeder Art i.S.d. § 241 BGB sein.[243] Aus der Auslegungsregel des § 364 II BGB geht bereits hervor, dass auch die Eingehung einer neuen Verbindlichkeit eine Leistung in diesem Sinne darstellen kann.[244] [245] Damit kann der Abschluss des Schuldänderungsvertrags, durch den der Arbeitgeber die neue Verpflichtung „Leistung aus dem Wertguthabenmodell" eingeht, grundsätzlich eine Annahme an Erfüllungs Statt nach § 364 I BGB darstellen.

---

242 Die Annahme an Erfüllungs Statt nach § 364 I BGB erfordert einen entsprechenden schuldrechtlichen Vertrag, vgl. Staudinger – Kaduk (12. Auflage) § 364 Rn. 6, 9.

243 Staudinger – Olzen § 364 Rn. 33; Soergel – Zeiss § 364 Rn. 3; Palandt – Heinrichs § 364 Rn. 5.

244 MüKO – BGB – Heinrichs § 364 Rn. 4; Soergel – Zeiss § 364 Rn. 3.

245 Die negative Auslegungsregel des § 364 II BGB, dass es sich bei der Übernahme einer neuen Verbindlichkeit durch den Schuldner regelmäßig um eine Leistung erfüllungshalber handelt, kann im Falle der Anspruchsumwandlung jedoch entkräftet werden. Der Wille der Arbeitsvertragsparteien geht dahin, dass das umgewandelte Schuldverhältnis (im engeren Sinne) aus dem Arbeitsverhältnis bereits durch die Eingehung der neuen Verbindlichkeit erlöschen soll, nicht erst nach der Befriedigung aus der neuen Verbindlichkeit.
Merkmal der Annahme an Erfüllungs Statt ist hingegen, dass der alte Schuldgrund allein maßgeblich bleibt für die Rechtsbeständigkeit und Rückforderbarkeit der bewirkten Leistung nach § 812 BGB.

Vorliegend ist jedoch folgende Besonderheit zu beachten: Die Vereinbarung über die Umwandlung von Arbeitnehmeransprüchen zum Aufbau eines Wertguthabens wird – in zeitlicher Hinsicht – grundsätzlich vor dem Fälligkeitszeitpunkt der (umzuwandelnden) Forderungen getroffen. Dieses Erfordernis ergibt sich aus den Vorgaben der §§ 23 SGB IV, 11 EStG, wonach der arbeitsrechtliche Anspruch des Arbeitnehmers keine Fälligkeit erlangen darf. Nur bei Einhaltung dieser zeitliche Abfolge bestimmt sich die Beitragspflicht nach der Sonderregelunge des § 23b SGB IV.[246] Ein Zufluss des Arbeitsentgelts i.S.d. § 11 EStG mit entsprechender Steuerpflicht kann ebenso nur vermieden werden, wenn die Umwandlungsvereinbarung geschlossen wird, bevor der (umzuwandelnde) Anspruch fällig wird.[247]

Fraglich ist jedoch, ob die Eingehung einer neuen Verbindlichkeit bereits vor dem Fälligkeitszeitpunkt der zu erfüllenden Verbindlichkeit eine Annahme an Erfüllung Statt nach § 364 I BGB darstellen kann. Im Regelfall wird die Vereinbarung über eine Annahme an Erfüllungs Statt nach § 364 I BGB *uno actu* mit der Hereinnahme einer anderen als der geschuldeten Leistung getroffen.[248] Ein solcher zeitgleicher Abschluss der Vereinbarung über die Annahme an Erfüllungs Statt mit der Hereinnahme der anderen Leistung ist hier aber aus den genannten Gründen gar nicht möglich.

In der Wissenschaft wird unterschiedlich beurteilt, ob Vereinbarungen über einen anderen Schuldgegenstand, die bereits vor der Fälligkeit der eigentlich geschuldeten Leistung getroffen werden, in den Anwendungsbereich des § 364 I BGB fallen.

Unter Berufung auf das formale Argument der zeitlichen Abfolge wird dies zum Teil abgelehnt: Einigen sich die Parteien bereits frühzeitig darüber, dass der Schuldner eine andere als die ursprünglich vereinbarte Leistung erbringt, so greifen die Parteien rechtsgestaltend in das ursprüngliche Rechtsverhältnis ein und ändern dessen Inhalt, so dass der Schuldner bei der Leistungserbringung gerade keine *andere als die geschuldete Leistung* erbringt.[249] Es fehlt somit an der für die Annahme an Erfüllungs Statt nach § 364 I BGB charakteristischen Divergenz

---

246 Siehe Kapitel II 2 b bb).

247 Siehe Kapitel II 3.

248 Soergel – Zeiss § 364 Rn. 1; Staudinger – Olzen § 364 Rn. 5.

249 Staudinger – Kaduk (12. Auflage) § 364 Rn. 13; Erman – Westermann § 364 Rn. 3: „Ähnlichkeit mit dem Schuldänderungsvertrag"; MüKO – BGB – Heinrichs (3. Auflage) § 364 Rn. 1, 2: „Ein Schuldänderungsvertrag kann nicht als Annahme an Erfüllungs Statt nach § 364 I BGB eingeordnet werden, da der Schuldner nach dem Abschluss eines Schuldänderungsvertrags eben keine andere als die geschuldete Leistung erbringt"; RGRK – Weber § 364 Rn. 2.

zwischen geschuldeter Leistung und erbrachter Leistung.[250] Vielmehr liegt ein Schuldänderungsvertrag vor, der nicht als Vereinbarung einer Annahme an Erfüllungs Statt nach § 364 I BGB einzustufen ist.

Eine andere Ansicht argumentiert dagegen inhaltlich. Demnach soll die Vorschrift des § 364 I BGB auch dann anwendbar sein, wenn der Schuldänderungsvertrag bereits vor dem Fälligkeitstermin der ursprünglichen Verpflichtung geschlossen wird.[251] Es könne nicht darauf ankommen, ob die Vereinbarung vor oder nach der Erfüllung getroffen werde.[252] Zwar seien der Schuldänderungsvertrag und die Annahme an Erfüllungs Statt nach § 364 I BGB schuldrechtlich zu trennen. Diese Unterscheidung sei aber nur begrifflicher Natur und dürfe nicht zu unterschiedlichen Rechtsfolgen führen.[253]

Nach eigener Einschätzung ist vorliegend für den Fall der Anspruchsumwandlung nicht von einer Annahme an Erfüllungs Statt nach § 364 I BGB auszugehen. Entscheidend ist insoweit, dass die Parteien beim Abschluss des Schuldänderungsvertrages keine Ersetzungsbefugnis des Arbeitgebers begründen. Der Arbeitgeber hat somit nicht die Wahl (§ 262 BGB), ob er die ursprünglich vereinbarte Leistung erbringen oder stattdessen die neue Verpflichtung „Anspruch aus dem Wertguthabenmodell" eingehen will. Vielmehr legen die Parteien die neue Verpflichtung des Arbeitgebers eindeutig und bestimmt fest. Damit erbringt der Arbeitgeber dann aber auch nur die geschuldete Leistung und nicht „eine andere als die geschuldete" i.S.d. § 364 I BGB.

e) Ergebnis

Das Rechtsgeschäft der Anspruchsumwandlung zwischen Arbeitnehmer und Arbeitgeber ist als Schuldänderungsvertrag i.S.d. § 311 I BGB zu klassifizieren. Die Parteien modifizieren insoweit nur das Schuldverhältnis im engeren Sinne,

---

250 MüKO – BGB – Heinrichs § 364 Rn. 1.

251 MüKO – BGB – Wenzel § 364 Rn. 2; Soergel – Zeiss § 364 Rn. 1, der dies jedoch für den Fall annimmt, dass dem Schuldner durch den Änderungsvertrag eine Ersetzungsbefugnis eingeräumt wird.

252 Ebenso BGHZ 36, 338, 342 für den Fall einer vor dem Fälligkeitstermin vereinbarten Ersetzungsbefugnis. Der Fall einer Ersetzungsbefugnis ist allerdings insoweit anders zu beurteilen, als der Schuldner hier weiterhin das Recht hat, die ursprüngliche Schuld zu erfüllen. Ein Bezug zur ursprünglich vereinbarten Schuld bleibt somit erhalten. Im vorliegenden Fall kann der Arbeitgeber nach dem Abschluss der Umwandlungsvereinbarung seine Verpflichtung jedoch nur noch durch die Eingehung der neuen Schuld „Anspruch aus dem Wertguthabenmodell" erfüllen.

253 Staudinger – Olzen § 364 Rn. 5 stuft einen zu diesem Zeitpunkt geschlossenen Schuldänderungsvertrag als untypischen Fall einer Leistung an Erfüllungs Statt ein und plädiert daher (Rn. 10) für eine entsprechende Behandlung.

das in ein Wertguthaben umgewandelt werden soll. In das Schuldverhältnis im weiteren Sinne wird nicht eingegriffen.

4. Kontrahierungszwang

Die Arbeitnehmer, die an einem Umwandlungsmodell teilnehmen, verfolgen regelmäßig das Ziel, ein Guthaben von einem beträchtlichen Umfang anzusparen. Nur ein solches Guthaben ermöglicht es ihnen, entsprechend lange Freistellungsphasen zu realisieren und damit die eigene (Lebens-)Arbeitszeit nach persönlichen Vorstellungen zu gestalten. Aus diesem Grunde besteht auf Seiten der Arbeitnehmer ein erhebliches Interesse daran, dass der Arbeitgeber die Anspruchsumwandlung nicht dadurch verhindert, dass er den Abschluss einzelner Umwandlungsvereinbarungen verweigert.[254] Wünschenswert wäre es insoweit, wenn den Arbeitgeber die Pflicht zum Abschluss des Schuldänderungsvertrags trifft, sog. Kontrahierungszwang.[255]

Kontrahierungszwänge stellen jedoch Einschränkungen der Vertragsfreiheit dar. Die Vertragsfreiheit ist als Teil des Rechts auf freie Entfaltung der Persönlichkeit nach Art. 2 I GG verfassungsrechtlich gewährleistet[256] und umfasst die Freiheit des Abschlusses und der inhaltlichen Gestaltung von Rechtsgeschäften. Allgemein-gesetzliche Fälle des Kontrahierungszwangs, die nicht auf einer rechtsgeschäftlichen Vereinbarung beruhen, werden daher nur in sehr eingeschränktem Rahmen anerkannt.[257] Sie sind hier allesamt nicht einschlägig.

---

254 Ein Änderungsvertrag nach § 311 I BGB stellt einen schuldrechtlichen Vertrag dar. Sein Zustandekommen richtet sich somit nach den Vorschriften des Allgemeinen Teils, §§ 145 – 157 BGB. Erforderlich ist die von zwei (oder mehreren) Personen erklärte Willensübereinstimmung über die Herbeiführung eines rechtlichen Erfolgs, vgl. Palandt – Heinrichs Einf. vor § 145 Rn. 1.
Soweit der Arbeitgeber Formulare zur Verfügung stellt, ergibt sich die Frage, worin die Annahme durch den Arbeitgeber liegt. Die Annahme ist eine empfangsbedürftige Willenserklärung, die erst mit ihrem Zugehen wirksam wird, vgl. Palandt – Heinrichs § 151 Rn.1. Demnach ist davon auszugehen, dass der Arbeitnehmer hier gemäß § 151 BGB auf den Zugang der Erklärung verzichtet hat. Erforderlich ist dann für die Annahme nur eine unzweideutige, nach außen hervortretende Betätigung des Annahmewillens, vgl. RG vom 24. 6. 1927 RGZ 117, 312, 314; BGH vom 7. 5. 1979 BGHZ 74, 352, 356f.; BGH vom 28. 3. 1990 BGHZ 111, 97, 101; BGH vom 14. 4. 1999 NJW 99, 2179, 2179.

255 Palandt – Heinrichs Einf. vor § 145 Rn. 8.

256 BVerfG vom 12. 11. 1958 BVerfGE 8, 274, 328; BVerwG vom 18. 2. 1955 BVerwGE 1, 321, 323.

257 Zu unterscheiden sind vor allem die Fälle des *Unmittelbaren Abschlusszwangs*, in denen der Gesetzgeber für wichtige Bereiche der Daseinsvorsorge eine Abschluss-

Auch aus speziellen arbeitsrechtlichen Grundsätzen kann ein solcher Zwang zum Abschluss der Umwandlungsvereinbarungen nicht hergeleitet werden. Zwar beinhaltet die allgemeine Fürsorgepflicht[258] des Arbeitgebers auch die Pflicht, die Vermögensinteressen des Arbeitnehmers zu schützen.[259] Diese umfasst jedoch nicht die Verpflichtung, Schuldänderungsverträge zum Wohle des Arbeitnehmers abzuschließen. Die Vorschrift des § 242 BGB gebietet lediglich eine – bei Dauerschuldverhältnissen wie dem Arbeitsverhältnis noch gesteigerte – Rücksichtnahme auf die berechtigten Interessen des anderen. Diese Pflicht verletzt der Arbeitgeber aber nicht, wenn er seine eigenen berechtigten Interessen mit rechtlich zulässigen Mitteln verfolgt.[260]

Ein Kontrahierungszwang für den Arbeitgeber kann sich somit nur aus einer entsprechenden rechtsgeschäftlichen Vereinbarung der Parteien ergeben. Ein solches einseitiges Recht des Arbeitnehmers muss dabei nicht zwangsläufig mit den Interessen des Arbeitgebers kollidieren. So können die Parteien in einer Rahmenvereinbarung beispielsweise einen bestimmten Umfang von umwandelbaren Ansprüchen bestimmen, innerhalb dessen der Arbeitgeber zum Abschluss von Schuldänderungsverträgen verpflichtet ist. Soweit Ansprüche über diesen Umfang hinaus umgewandelt werden sollen, würde die Kontrahierungsfreiheit des Arbeitgebers wieder aufleben.

Als schuldrechtliche Gestaltungsformen für einen Kontrahierungszwang stehen der Vorvertrag oder das Optionsrecht zur Verfügung. Ein Vorvertrag ist ein Vertrag, der die Verpflichtung zum späteren Abschluss eines Hauptvertrages begründet.[261] Durch ihn wird ein vertraglicher Kontrahierungszwang begründet. Den Parteien eines Vorvertrags bleibt es dabei unbenommen, entweder beide Parteien der Verpflichtung zum Vertragsabschluß zu unterwerfen oder eine Partei

---

pflicht ausdrücklich normiert hat, und die Fälle des *Mittelbaren Abschlusszwangs*, in denen die Ablehnung des Vertragsschlusses eine unerlaubte Handlung i.S.d. Deliktsrechts darstellt, so dass gemäß § 826 BGB ein Anspruch auf Vertragsabschluss bzw. ein vorbeugender Unterlassungsanspruch besteht, vgl. Palandt – Heinrichs Einf. vor § 145 Rn. 8ff.

258 Unter dem Begriff der Fürsorgepflicht werden die Nebenpflichten des Arbeitgebers zusammengefasst, die sich entweder aus speziellen arbeitsrechtlichen Vorschriften oder subsidiär als allgemeine Fürsorgepflicht ergeben, vgl. Otto ArbR Rn. 365, 376; Götz ArbR I Rn. 168; MünchArbR – Blomeyer § 94 Rn. 1. Die allgemeine Fürsorgepflicht stellt eine Ausprägung der Generalklausel des § 242 BGB dar, vgl. Hromadka / Maschmann ArbR I § 7 Rn. 81; MünchArbR – Blomeyer § 92 Rn. 12.

259 So ist der Arbeitgeber z. B. verpflichtet, eingebrachte Gegenstände des Arbeitnehmers zu schützen sowie Lohnsteuer und Sozialversicherungsbeiträge abzuführen, vgl. MünchArbR – Blomeyer § 94 Rn. 39ff.; Otto ArbR Rn. 383; Hromadka / Maschmann ArbR I § 7 Rn. 98.

260 Hromadka / Maschmann ArbR I § 7 Rn. 82; MünchArbR – Blomeyer § 94 Rn. 18.

261 BGH vom 17. 12. 1987 BGHZ 102, 384, 388.

ungebunden zu lassen.[262] Mit Hilfe einer solchen Vereinbarung kann dem Arbeitnehmer somit die Möglichkeit eingeräumt werden, innerhalb des vertraglich vorgesehenen Rahmens vom Arbeitgeber den Abschluss des Änderungsvertrags zur Umwandlung bestimmter Ansprüche zu verlangen.

Ein noch weitergehendes Recht kann dem Arbeitnehmer durch ein sog. Optionsrecht eingeräumt werden. Während der Vorvertrag einen rechtsgeschäftlichen Kontrahierungszwang im eigentlichen Sinne begründet, handelt es sich beim Optionsrecht um das Recht, durch eine einseitige Erklärung einen Vertrag zustande zu bringen.[263] Es handelt sich damit um ein Gestaltungsrecht, mit dem der Hauptvertrag zustande gebracht wird, und nicht nur um einen schuldrechtlichen Anspruch auf Abschluss des Hauptvertrags. Das Optionsrecht ergibt sich in der Regel aus einem aufschiebend bedingten Vertrag, der durch die Options-Erklärung unbedingt wird.[264] Die Arbeitsvertragsparteien können somit auch einen bedingten Änderungsvertrag schließen, den der Arbeitnehmer durch einseitige Erklärung wirksam entstehen lässt.

5. *Schriftformbedürfnis*

Darüber hinaus besteht die Frage, ob der einer Anspruchsumwandlung zugrundeliegende Schuldänderungsvertrag einer Form bedarf und welche Folgen die Verletzung eines möglichen Formerfordernisses haben kann.

Zu beachten ist zunächst die sozialversicherungsrechtliche Vorschrift des § 7 Ia 1 Nr. 1 SGB IV. Nach dieser Norm muss die Freistellung des Arbeitnehmers aufgrund einer schriftlichen Vereinbarung erfolgen. Die Fiktion einer Beschäftigung gegen Entgelt auch in Zeiten der Freistellung von der Arbeitspflicht besteht daher nur, wenn dieses gesetzliche Formerfordernis eingehalten wird.

Der vom Gesetzgeber gewählte Wortlaut, dass die Freistellung aufgrund einer schriftlichen Vereinbarung erfolgen muss, lässt jedoch Zweifel an der Reichweite dieses Formerfordernisses aufkommen. Dieses könnte lediglich für die konkrete Festlegung des Freistellungszeitraums gelten oder auch bereits den Schuldänderungsvertrag (sowie eventuelle Rahmenvereinbarungen) betreffen.[265] Ersteres

262 BGH vom 18. 1. 1989 NJW 90, 1233, 1233.

263 MüKo – BGB – Thode § 145 Rn. 49; Larenz / Wolf § 23 Rn. 102; Staudinger – Olzen § 305 Rn. 16.

264 BGH vom 21. 4. 1967 BGHZ 47, 387, 391; anders Weber JuS 90, 249, 256, der den Optionsvertrag als Vertrag sui generis einordnet.

265 Nach § 7 Ia S. 1 Nr. 1 SGB IV besteht ... *während der Freistellung eine Beschäftigung gegen Arbeitsentgelt, wenn die Freistellung auf Grund einer schriftlichen Vereinbarung erfolgt ...*.

hätte zur Folge, dass alle Vereinbarungen über die Umwandlung der Arbeitnehmeransprüche nicht der Form des § 7 Ia 1 Nr. 1 SGB IV bedürften. Das Schriftformerfordernis würde somit erst im Rahmen der Verwendung des Wertguthabens bestehen, nicht aber schon für die Rechtsgeschäfte gelten, die zur Bildung des Guthabens abgeschlossen werden.

Ein solches Verständnis des Gesetzestextes teilt offensichtlich Rombach, der „die übrigen Arbeitsbedingungen“ (hierzu sollen Regelungen über Dauer und Umfang der Ansparleistung, die Verfügbarkeit über das Arbeitszeitkonto sowie den Insolvenzschutz der Guthaben zählen) lediglich dem Formzwang der Normen des Nachweisgesetzes (= NachwG[266]) unterwirft.[267]

Diese Auslegung des Schriftformerfordernisses nach § 7 Ia 1 Nr. 1 SGB IV ist jedoch abzulehnen, da sie den Willen des Gesetzgebers nicht ausreichend berücksichtigt. In der Gesetzesbegründung ist zwar nicht ausdrücklich festgehalten, welcher Zweck mit diesem Formzwang verfolgt werden solle.[268] Zwei Ziele stehen hier jedoch klar im Vordergrund.

Auf der einen Seite soll die Schriftform eine auf den Arbeitnehmer zielende Warn- und Beweisfunktion haben. Sie dient somit dem Arbeitnehmerschutz. Im Vordergrund dürfte dabei die Möglichkeit stehen, die Vereinbarung über die Umwandlung von Arbeitnehmeransprüchen im Streitfalle beweisen zu können. Eine solche Beweismöglichkeit kann für den Arbeitnehmer vor dem Hintergrund tariflicher Ausschlussfristen i.S.d. § 4 IV 3 TVG von erheblicher Bedeutung sein. Ergeben sich nach dem Ablauf der Ausschlussfrist Unklarheiten über die wirksame Umwandlung eines Anspruchs, so kann der Arbeitnehmer zu diesem Zeitpunkt die Erfüllung des (nicht wirksam umgewandelten) Anspruchs nicht mehr verlangen. Diese Gefahr kann jedoch durch eine schriftlich abgefasste Umwandlungsvereinbarung minimiert werden.

Darüber hinaus verfolgt der Gesetzgeber das Ziel, die betrieblichen Vereinbarungen über Wertguthabenmodelle transparent zu gestalten, um eine Kontrolle durch die Sozialversicherungsträger zu erlauben. Den Sozialversicherungsträgern soll die Möglichkeit eingeräumt werden, die Regelungen jedes einzelnen Wertguthabenmodells hinsichtlich ihrer Vereinbarkeit mit den Vorgaben des Sozialversicherungsrechts einstufen zu können.

Wie oben festgestellt sollen die Vorschriften der §§ 7 Ia, 23 b SGB IV nur dann Anwendung finden, wenn alle Voraussetzungen des § 7 Ia SGB IV ein-

---

266 Gesetz über den Nachweis der für ein Arbeitsverhältnis geltenden wesentlichen Bedingungen (Nachweisgesetz – NachwG) vom 20. Juli 1995 (BGBl. I S. 946), zuletzt geändert durch Gesetz vom 20. Juli 2001 (BGBl. I S. 1542).

267 Rombach RdA 99, 194, 195.

268 In der Begründung des Gesetzentwurfs der Bundesregierung BT-Drucksache 13/9818 S. 10 finden sich keine ausdrücklichen Bemerkungen zu dieser Frage.

gehalten werden (z. B. die Beachtung des vorrangigen Zwecks der Freistellung des Arbeitnehmers, die Vorgaben hinsichtlich der Höhe umwandelbaren Entgelts nach § 7 Ia 1 Nr. 2 SGB IV etc.). Nur bei Einhaltung dieser Vorgaben kann ein Missbrauch der Sozialversicherung ausgeschlossen werden.[269] [270] Eine wirksame Kontrolle dieser Vorgaben durch die Sozialversicherungsträger ist jedoch nur möglich, wenn sämtliche dem Umwandlungsmodell zugrundeliegenden Vereinbarungen schriftlich abgefasst werden.[271]

Hinsichtlich der Folgen eines Verstoßes gegen das Formerfordernis nach § 7 Ia 1 Nr. 1 SGB IV ist wiederum darauf hinzuweisen, dass die sozialversicherungsrechtlichen Vorgaben des § 7 Ia SGB IV kein Verbotsgesetz i. S. d. § 134 BGB darstellen. Eine Verletzung dieser Vorschrift durch die Parteien des Guthabenmodells berührt somit nicht die schuldrechtliche Zulässigkeit der Wertguthabenvereinbarung. Die Einhaltung des Schriftformerfordernisses nach § 7 Ia 1 Nr. 1 SGB IV hat somit keine konstitutive Bedeutung für die Wirksamkeit der Abrede. Die Einhaltung dieser Formvorschrift ist jedoch zwingend erforderlich, um die Voraussetzungen für die Geltung der Fiktion des § 7 Ia SGB IV zu schaffen, dass auch in Zeiten einer Freistellung von der Arbeitsverpflichtung eine Beschäftigung gegen Entgelt besteht. Die spezielle Regelung zur Fälligkeit von Sozialversicherungsbeiträgen des § 23b I SGB IV ist nach ihrem Wortlaut ebenfalls nur einschlägig, soweit die sozialversicherungsrechtlichen Vorgaben des § 7 Ia SGB

---

269 So auch Diller NZA 98, 792, 793; Gaul BB 98, 1634, 1635, 1636.

270 Zu den Möglichkeiten der Sozialversicherungsträger, die Wertguthabenvereinbarungen umfassend zu kontrollieren vgl. auch § 2 I Nr. 4b, II Beitragsüberwachungsverordnung vom 28. 7. 1997 BGBl. I S. 1930ff., zuletzt geändert durch Verordnung zur Änderung von gemeinsamen Vorschriften für die Sozialversicherung vom 13. 8. 2001, BGBl. I S. 2165ff.), wonach der Arbeitgeber in den Lohnunterlagen umfassende Angaben über Wertguthaben aufzunehmen hat, sowie § 11a Datenerfassungs- und Übermittlungsverordnung vom 10. 2. 1998 BGBl. I S. 343ff., zuletzt geändert durch Verordnung zur Änderung von gemeinsamen Vorschriften für die Sozialversicherung vom 13. 8. 2001, BGBl. I S. 2165ff.), wonach den Arbeitgeber weitere Meldepflichten bei sozialversicherungsrechtlich relevanten Vorgängen in Bezug auf das Wertguthaben treffen.

271 So auch Kasseler Kommentar – Seewald § 7 Rn. 145f, der es für erforderlich hält, dass die Freistellung aufgrund einer schriftlichen Vereinbarung über die flexible Arbeitszeitregelung erfolgt. Die Vereinbarung über die flexible Arbeitszeitregelung i.d.S. kann aber nur die Vereinbarung des gesamten Wertguthabenmodells darstellen, nicht aber die bloße Verständigung, dass zu einem bestimmten Zeitpunkt die Freistellung erfolgen soll.
Dieser Ansicht sind auch die Spitzenorganisationen der Sozialversicherung. In ihrer Gemeinsamen Verlautbarung vom 7. Februar 2001 (abzurufen unter www.vdak.de/arbeitgeber/flexi_rs_070201.pdf) heißt es auf S. 20, dass *flexible Arbeitszeitregelungen, auf die § 7 Abs. 1a SGB IV Anwendung finden soll, der schriftlichen Vereinbarung bedürfen.*

IV an das Wertguthabenmodell beachtet werden.[272] Insoweit hat das Formerfordernis konstitutive Bedeutung für die sozialversicherungsrechtliche Anerkennung der Wertguthabenvereinbarung. Da diese Anerkennung insbesondere für den Arbeitnehmer aber eine *conditio sine qua non* für die Beteiligung am Umwandlungsmodell darstellt, stellt die Einhaltung der verlangten Schriftform auch ein unabdingbares Erfordernis für eine Beteiligung des Arbeitnehmers dar und hat damit praktisch den gleichen Effekt wie eine konstitutive Wirkung.

Ein (im rechtlichen Sinne) konstitutiv wirkendes Formbedürfnis für die Umwandlungsvereinbarung könnte sich jedoch aufgrund der Tatsache ergeben, dass Schuldänderungsverträge grundsätzlich der für die Begründung des Schuldverhältnisses vorgeschriebenen Form bedürfen.[273] Wie oben festgestellt stellt die Umwandlungsvereinbarung zur Bildung eines Wertguthabens einen solchen Schuldänderungsvertrag i.S.d. § 311 I BGB dar.[274] Eine Formbedürftigkeit des Änderungsvertrages könnte sich somit daraus ergeben, dass nach § 2 NachwG die wesentlichen Vertragsbedingungen des Arbeitsverhältnisses durch den Arbeitgeber schriftlich niederzulegen sind. Nach § 3 NachwG gilt dies ausdrücklich auch für eine spätere Änderung der Vertragsbedingungen. Ein Schriftformbedürfnis für den Schuldänderungsvertrag ergibt sich somit auch nach den §§ 2, 3 NachwG.

Fraglich bleibt damit, ob ein Verstoß gegen diese Normen eine schuldrechtliche Unwirksamkeit des Schuldänderungsvertrags i. S. d. § 125 BGB zur Folge hätte. Entscheidend hierfür ist der mit dem Formzwang verfolgte Zweck.[275] Es ist zu untersuchen, welchen Zweck der für die Begründung des Rechtsverhältnisses geltende Formzwang verfolgt und ob etwas anderes für die Änderung dieses Rechtsverhältnisses gelten muss.[276]

Die §§ 2, 3 NachwG dienen ausschließlich der Rechtssicherheit, indem sie eine Beweissicherung über die vereinbarten Arbeitsbedingungen verlangen.[277] Zwar stellen die Normen im Kern Formvorschriften für arbeitsvertragliche Abre-

---

272 Siehe hierzu bereits oben Kapitel II 2 c.

273 Vergleiche Palandt – Heinrichs § 311Rn. 4 i.V.m. § 125 Rn. 8.

274 Siehe Kapitel IV 3.

275 Als mögliche Zwecke von Formvorschriften sind vor allem zu unterscheiden die *Warnfunktion*, die den Erklärenden die mit dem Rechtsgeschäft verbundenen Gefahren vor Augen hält, die *Beweisfunktion*, die den konkreten Inhalt des Rechtsgeschäfts festhält, die *Beratungsfunktion*, die durch notarielle Beurkundung die fachgemäße Beratung der Beteiligten gewährleistet, und die *Kontrollfunktion*, durch die eine Überwachung des Rechtsgeschäfts durch Dritte ermöglicht wird, vgl. nur Palandt – Heinrichs § 125 Rn. 1ff.

276 MüKO – BGB – Thode § 305 Rn.20 mit weiteren Nachweisen; Staudinger – Löwisch § 305 Rn. 57.

277 Vergleiche zur Beweislage im Prozeß ErfK – Preis Einf. NachwG Rn. 16ff.

den dar. Dennoch führen sie weder hinsichtlich der Begründung noch hinsichtlich der Änderung eines Arbeitsverhältnisses zu einem konstitutiven Formerfordernis.[278] Eine Nichterteilung des Nachweises durch den Arbeitgeber kann somit auch nur prozessuale Konsequenzen, nicht aber Auswirkungen auf die Wirksamkeit des Arbeitsvertrages haben.[279]

Damit führt auch ein Verstoß gegen die zu beachtenden §§ 2, 3 NachwG beim Abschluss des Umwandlungsvertrags nicht zu einer schuldrechtlichen Unwirksamkeit dieses Rechtsgeschäfts.

Eine konstitutive Wirkung der Schriftform für den Schuldänderungsvertrag kann sich somit nur aufgrund eines tarifvertraglichen Formzwangs ergeben. Die Tarifvertragsparteien sind innerhalb ihrer Normsetzungskompetenz befugt, für den Abschluss und die Änderung von Arbeitsverträgen Formzwänge zu vereinbaren.[280] [281] Wie unten gezeigt wird, können die Tarifpartner Umwandlungsmodelle in Tarifverträgen ausgestalten. In diesem Rahmen können sie den Arbeitsvertragsparteien vorschreiben, die Umwandlungsvereinbarungen in schriftlicher Form abzuschließen.

Neben deklaratorisch wirkenden Schriftformerfordernissen, die vorrangig der Beweissicherung dienen und bei deren Verstoß die Wirksamkeit des Rechtsgeschäfts nicht berührt wird[282], können die Tarifpartner auch konstitutiv wirkende Schriftformerfordernisse begründen, deren Nichtbeachtung zur Unwirksamkeit der individualrechtlichen Vereinbarung führt.[283] Insoweit ist es den Tarifvertragsparteien überlassen, ob sie für die tarifgebundenen Arbeitsvertragsparteien einen konstitutiv wirkenden Formzwang begründen.[284]

---

278 BAG vom 21. 8. 1997 AP Nr. 1 zu § 4 BBiG = NZA 98, 37, 38.

279 Schaub § 32 Rn. 40; BAG vom 21. 8. 1997 AP Nr. 1 zu § 4 BBiG = BAG NZA 98, 37, 38; LAG Köln vom 31. 7. 1998 NZA 99, 545, 546; LAG Hamm NZA-RR 99, 210, 211; Franke DB 00, 274, 274f.; Hohmeister BB 98, 587, 588.

280 MünchArbR – Richardi § 43 Rn. 25, 38ff.; Löwisch / Rieble § 1 Rn. 542.

281 Es handelt sich dann – soweit der Tarifvertrag nichts anderes bestimmt – um ein gesetzliches Schriftformerfordernis nach § 126 BGB und nicht um ein gewillkürtes Erfordernis nach § 127 BGB, welches von den Arbeitsvertragsparteien aufgehoben werden könnte, vgl. BAG vom 15. 11. 1957 AP Nr. 2 zu § 125 BGB; vom 12. 10. 1967 AP Nr. 1 zu § 611 BGB Artisten; vom 6. 9. 1972 AP Nr. 2 zu § 4 BAT.

282 MünchArbR – Richardi § 43 Rn. 39; Zöllner / Loritz § 35 I 2 a); Wiedemann – Wiedemann § 1 Rn. 458; Schaub § 32 Rn. 53; Buchner RdA 66, 208.

283 BAG vom 15. 11. 1957 AP Nr. 2 zu § 125 BGB; Wiedemann – Wiedemann § 1 Rn. 458.

284 Enthält der Tarifvertrag keine ausdrückliche Regelung für den Fall der Nichtbeachtung der vorgegebenen Form, so bedarf die Schriftformklausel der Auslegung. Wichtigster Anhaltspunkt ist der mit dem Formzwang verfolgte Zweck, vgl. BAG vom 7. 7. 1955 AP Nr. 1 zu § 32 AOG Tarifordnung; Löwisch / Rieble § 1 Rn. 544. Im vorliegenden Fall kann davon ausgegangen werden, dass eine tarifliche Schrift-

V. Mögliche Parteien eines Umwandlungsmodells

Der Gesetzgeber hat durch die Neuregelungen des Flexi-Gesetzes und des 4. Euro-Einführungsgesetzes die sozialversicherungsrechtlichen Rahmenbedingungen für Umwandlungsmodelle verbessert. Dagegen wurden – mit Ausnahme der Kündigungsschutzregelung des § 7 Ib SGB IV – keine arbeitsrechtlichen Regelungen getroffen. Zur Untersuchung der Frage, welche Parteien ein Umwandlungsmodell zur Bildung eines Wertguthabens i.S.d. § 7 Ia SGB IV einführen können, und in welchen Formen dies ausgestaltet werden darf, ist daher auf die bestehenden arbeitsrechtlichen Grundsätze zurückzugreifen.

Insoweit besteht hier ein Unterschied zu den Regelungen des Altersteilzeitgesetzes, das in § 2 II, III ATZG die Leistungsgewährung an den Arbeitgeber bei bestimmten Konstellationen vom Bestehen kollektivrechtlicher Vereinbarungen abhängig macht. Unterschiedliche wöchentliche Arbeitszeiten oder eine unterschiedliche Verteilung der wöchentlichen Arbeitszeit müssen in einer kollektivrechtlichen Regelung vereinbart werden, wenn der Verteilzeitraum nach § 2 I Nr.2 ATZG einen Zeitraum von drei Jahren überschreiten soll.[285]

Das Zeit-Wertpapier der Volkswagen AG beruht auf der Betriebsvereinbarung „Zeit-Werte". In dieser Vereinbarung haben die Betriebspartner geregelt, dass die Arbeitnehmer bestimmte Ansprüche aus ihrem Arbeitsverhältnis in ein Wertguthaben umwandeln können. Diese Betriebsvereinbarung kann hinsichtlich ihrer Regelungsintensität als zweigeteilt bezeichnet werden.

Sie enthält zum einen genaue Vorgaben hinsichtlich des „Wie" der Anspruchsumwandlung und der weiteren Verwaltung der Guthaben. So haben die Betriebspartner festgelegt, welche Ansprüche angespart werden können und unter welchen Voraussetzungen und zu welchen Zwecken das Wertguthaben verwendet werden kann. Zudem wurden auch Bestimmungen getroffen, wie die Volkswagen AG die eingebrachten Mittel verwalten muss. Obwohl sich diese Vermögenswer-

---

formklausel dem Beweis über die getroffene Vereinbarung dient und somit lediglich deklaratorische Bedeutung hätte. Die Umwandlung von Arbeitnehmeransprüchen stellt kein besonders „gefährliches" Rechtsgeschäft dar, vor dessen Abschluss der Arbeitnehmer durch ein konstitutiv wirkendes Formgebot gewarnt werden muss. (Betrifft das unter einem Schriftformerfordernis stehende Rechtsgeschäft nicht das Arbeitsverhältnis global sondern nur einzelne und als „gefährlich" einzustufende Arbeitsbedingungen, so vermutet Wiedemann – Wiedemann § 1 Rn. 459 ein konstitutives Schriftformerfordernis für dieses Rechtsgeschäft.)

285 Nach § 2 II ATZG kann auch durch individualrechtliche Vereinbarung ein längerer Verteilzeitraum festgelegt werden, sofern eine tarifliche Regelung nicht anwendbar ist, da der Betrieb nicht tarifgebunden ist und kein Betriebsrat besteht, § 2 II 2 ATZG, oder wenn gar keine tarifliche Regelung existiert und auch kein Betriebsrat besteht, § 2 II 4 ATZG.

te weiterhin im Eigentum der Volkswagen AG befinden, ist die Aktiengesellschaft nicht berechtigt, frei über diese Mittel zu verfügen.[286]

Dagegen finden sich im Bereich des „Ob“ der Umwandlung keine zwingenden Vorschriften. Nach der Betriebsvereinbarung bleibt es dem einzelnen Arbeitnehmer überlassen, ob er am Guthabenmodell überhaupt teilnehmen möchte und in welchem Umfang er zu diesem Zwecke Ansprüche aus dem Arbeitsverhältnis umwandelt.

An diese Feststellungen schließen sich zwei Fragen an. Zum einen stellt sich die Frage, ob die Betriebspartner der Volkswagen AG berechtigt waren, eine solche Betriebsvereinbarung zu schließen. Typischerweise bieten sich im Arbeitsrecht außerhalb der formellen Gesetze drei Ebenen zur Regelung arbeitsrechtlicher Fragen an.

- Der Tarifvertrag zwischen Arbeitgeberverband und Gewerkschaft nach § 2 I 2. Alt TVG bzw. einzelnem Arbeitgeber und Gewerkschaft nach § 2 I 1. Alt TVG,
- die Betriebsvereinbarung zwischen Betriebsrat und Arbeitgeber nach §§ 77, 87, 88 BetrVG sowie
- die individualrechtliche Vereinbarung zwischen Arbeitgeber und Arbeitnehmer nach §§ 241, 311 I BGB.

Zu prüfen ist, ob die Betriebsvereinbarung, die von der Volkswagen AG gewählt wurde, die einzig zulässige Form ist, ein Umwandlungsmodell einzuführen und auszugestalten.

Im Bereich der kollektivrechtlichen Regelungen schließt sich zum anderen folgende Frage an. Unter betriebswirtschaftlichen Gesichtspunkten kann auf Seiten des Arbeitgebers ein erhebliches Interesse daran bestehen, dass die Arbeitnehmer die Möglichkeit zur Bildung eines Wertguthabens in möglichst großem Umfang nutzen.[287] Unter diesem Gesichtspunkt kann der Wunsch vorherrschen, die Arbeitnehmer zur tatsächlichen Umwandlung von Ansprüchen im Rahmen des Wertguthabenmodells zu verpflichten. Fraglich ist, ob eine solche Verpflichtung im normativen Teil von Tarifvertrag oder Betriebsvereinbarung zulässig ist.

---

286 Siehe Kapitel I 2.
287 Siehe Kapitel II 1.

1. Der Tarifvertrag als kollektivrechtliche Möglichkeit

Der Tarifvertrag ist ein schriftlicher Vertrag zwischen einem oder mehreren Arbeitgebern oder Arbeitgeberverbänden und einer oder mehreren Gewerkschaften, §§ 1, 2 Tarifvertragsgesetz (= TVG)[288].

§ 4 TVG bestimmt die Wirkung des normativen Teils des Tarifvertrags dergestalt, dass die Rechtsnormen des Tarifvertrags grundsätzlich unmittelbar und zwingend zwischen den Tarifgebundenen Geltung erlangen. Die Frage der Tarifgebundenheit beantwortet wiederum § 3 TVG. Demnach sind nach § 3 I TVG grundsätzlich nur die Mitglieder der Tarifvertragsparteien und der Arbeitgeber, der selbst Partei des Tarifvertrages ist, tarifgebunden. Eine Ausnahme gilt nach § 3 II TVG, wonach Rechtsnormen über betriebliche und betriebsverfassungsrechtliche Fragen für alle Arbeitnehmer gelten, soweit nur deren Arbeitgeber tarifgebunden sind.[289]

Fraglich ist, ob die Tarifvertragsparteien ein Umwandlungsmodell wie das Zeit-Wertpapier mittels einer tarifvertraglichen Regelung einführen können. Zulässig wäre dies, wenn die Normsetzungsbefugnis der Tarifvertragsparteien auch die Regelung eines Umwandlungsmodells umfasst. Zu untersuchen ist somit der Umfang der tariflichen Regelungszuständigkeit (= Tarifmacht).[290]

288 Tarifvertragsgesetz vom 25. August 1969, BGBl. I S. 1323.

289 Eine weitere Ausnahme ergibt sich nach § 5 TVG, wenn ein Tarifvertrag für allgemeinverbindlich erklärt wird. Nach § 4 II TVG sind darüber hinaus auch gemeinsame Einrichtungen der Tarifvertragsparteien selbst tarifgebunden. Soweit ein Umwandlungsmodell auch in Form einer solchen gemeinsamen Einrichtung geschaffen werden kann (vgl. Kap. VIII), darf deren Satzung z. B. nicht zuungunsten der Arbeitnehmer vom Tarifvertrag abweichen.

290 Zu beachten sind die Folgen, die sich aus einer Feststellung der tariflichen Regelungszuständigkeit ergeben können: Zu den Rechtmäßigkeitsvoraussetzungen eines Arbeitskampfes gehört unter anderem, dass die Kampfparteien ein tarifvertraglich regelbares Ziel anstreben, vgl. etwa BAG vom 26. 10. 1971 AP Nr. 44 zu Art. 9 GG Arbeitskampf; vom 21. 3. 1978 AP Nr. 62 zu Art. 9 GG Arbeitskampf, vom 23. 10. 1984 AP Nr. 82 zu Art. 9 GG Arbeitskampf, vom 7. 6. 1988 AP Nr. 106 zu Art 9 GG Arbeitskampf; MünchArbR – Otto § 285 Rn. 2, 4ff.; Gamillscheg Koll. ArbR I S. 1065f.; Zöllner / Loritz § 40 VI 2. Ist die Regelungszuständigkeit der Tarifparteien für ein Umwandlungsmodell zu bejahen, so stellt dies grundsätzlich auch ein tariflich regelbares Ziel dar. Soweit alle weiteren Rechtmäßigkeitsvoraussetzungen gegeben sind, kann dann um die Einführung und Ausgestaltung des Guthabenmodells sogar ein Arbeitskampf geführt werden.

a) Die Regelungszuständigkeit der Tarifvertragsparteien

Die Regelungszuständigkeit der Tarifvertragsparteien wird durch Art. 9 III GG bestimmt. Danach umfasst diese Zuständigkeit die „Wahrung und Förderung der Arbeits- und Wirtschaftsbedingungen". Dem Wortlaut nach schützt Art. 9 III GG zwar nur die Bildung von Koalitionen. Die Rechtsprechung hat den Schutzbereich dieser Norm jedoch in Richtung einer Betätigungsfreiheit ausgedehnt.[291] Teil dieser Betätigungsfreiheit ist die Tarifautonomie.[292] Der Staat muss den Koalitionen die Möglichkeit einräumen, Tarifverträge abzuschließen, und ihnen somit den „Kernbereich des Tarifvertragssystems überhaupt" überlassen.[293]

Dieser Aufgabe ist der Gesetzgeber durch die Regelung des § 1 I TVG nachgekommen. Nach dieser Vorschrift können die Tarifvertragsparteien Normen erlassen, die Inhalt, Abschluss und Beendigung von Arbeitsverhältnissen zum Gegenstand haben. Diese Normen regeln die Rechte und Pflichten der Arbeitsvertragsparteien. Zudem können Normen zu betrieblichen oder betriebsverfassungsrechtlichen Fragen erlassen werden. Diese Normen regeln das Verhältnis zwischen Arbeitgeber und Belegschaft, also der Gesamtheit der Arbeitnehmer.

Die Reichweite der Regelungskompetenz der Tarifvertragsparteien ergibt sich somit aus § 1 I TVG (als verfassungsgemäße Ausgestaltung des Art. 9 III GG) oder jedenfalls aus Art. 9 III GG („Arbeits- und Wirtschaftsbedingungen"). Diese Normen bilden einen Teil der Innenschranken der Tarifmacht.[294] Tarifvertragli-

---

291 BVerfG vom 14. 4. 1964 BVerfGE 17, 319, 333: *„Die durch Art. 9 Abs. 3 GG gewährleistete Koalitionsfreiheit ist nur dann sinnvoll, wenn die Rechtsordnung den Koalitionen die Möglichkeit gibt, durch spezifische koalitionsmäßige Betätigung die in Art. 9 Abs. 3 GG genannten Zwecke zu verfolgen, nämlich die Arbeits- und Wirtschaftsbedingungen ihrer Mitglieder zu wahren und zu fördern."* Im weiteren BVerfG vom 6. 5. 1964 BVerfGE 18, 18, 26; vom 30. 11. 1965 BVerfGE 19, 303, 312; vom 19. 10. 1966 BVerfGE 20, 312, 319f.; vom 26. 5. 1970 BVerfGE 28, 295, 304, vom 26. 6. 1991 AP Nr. 117 zu Art. 9 GG Arbeitskampf = NZA 91, 809, 810; vom 26. 5. 1970 AP Nr. 16 zu Art. 9 GG; vom 18. 10. 1961 AP Nr. 4 zu Art. 9 GG; vom 18. 12. 1974 AP Nr. 23 zu Art. 9 GG.
Dieser Ansicht haben sich auch die sonstige Rechtsprechung und die Rechtslehre im Grundsatz angeschlossen. Däubler / Hege Rn. 206ff, 216ff; Säcker / Oetker S. 30ff.; Dorndorf in FS Kissel 1994, S. 139, 140; Gamillscheg Koll. ArbR I S. 128.

292 BVerfG vom 26. 6. 1991 AP Nr. 117 zu Art. 9 GG Arbeitskampf = EzA Art. 9 GG Arbeitskampf Nr. 97 (mit Anmerkung Rieble) = NZA 91, 809, 810.

293 BVerfG vom 6. 5. 1964 AP Nr. 15 zu § 2 TVG; vom 19. 10. 1966 AP Nr. 24 zu § 2 TVG; vom 18. 12. 1974 AP Nr. 23 zu Art. 9 GG.

294 Als Innenschranken sind weiter zu beachten das Günstigkeitsprinzip, der Außenseiterschutz und die kollektivfreie Individualsphäre, auf die in Kap. V 1 c noch weiter eingegangen wird. Demnach dürfen Tarifverträge nicht in das Privatleben der Tarif-

che Regelungen, die sich innerhalb der Innenschranken bewegen, können dennoch unwirksam sein, wenn sie gegen höherrangiges Recht verstoßen (= Außenschranken der Tarifmacht).[295] Die tariflichen Regelungen stehen in der grundsätzlichen Rangfolge der Rechtsquellen unterhalb der zwingenden gesetzlichen Bestimmungen[296] und dürfen daher nicht gegen diese verstoßen.[297] Tarifvertragliche Regelungen, für die keine Tarifmacht besteht, entfalten keine Rechtswirkungen.[298]

Fraglich ist also, ob eine tarifvertragliche Regelung eines Wertguthabenmodells von der Normsetzungsbefugnis der Tarifvertragsparteien nach § 1 I TVG umfasst ist.

b) Die tarifvertragliche Einführung eines freiwilligen Umwandlungsmodells

Das von der Volkswagen AG eingeführte Guthabenmodell „Zeit-Wertpapier" zeichnet sich dadurch aus, dass die Entscheidung über das „Ob" der Teilnahme an diesem Modell letztlich vom einzelnen Arbeitnehmer abhängt. Der Arbeitnehmer bestimmt innerhalb des durch die Betriebsvereinbarung vorgegebenen Rahmens, in welchem Umfang er seine arbeitsvertraglichen Forderungen in das Guthaben übertragen möchte. Dagegen trifft den Arbeitnehmer keine Verpflichtung, ein Zeit-Wertguthaben auf- und auszubauen. Anknüpfend an diese Entscheidungsmöglichkeit des Arbeitnehmers wird dieses Umwandlungsmodell im folgenden als „freiwilliges" Guthabenmodell bezeichnet. Im Anschluss daran wird die tarifvertragliche Regelung eines Guthabenmodells zur Diskussion stehen, die den Arbeitnehmer zur Bildung eines Wertguthabens verpflichtet (= „verpflichtendes" Umwandlungsmodell).

Die Regelung eines freiwilligen Umwandlungsmodells müsste sich unter eine der in § 1 I TVG genannten Normenarten subsumieren lassen können.

aa) Inhaltsnormen im Sinne der §§ 1 I, 4 I 1 TVG

Inhaltsnormen enthalten Regelungen über die Haupt- und Nebenleistungspflichten der Arbeitsvertragspartner und konkretisieren auf diese Weise den Inhalt des

---

gebundenen eingreifen. Vgl. zu den Innenschranken Otto ArbR Rn. 466 - 471; Junker Rn. 510; Hromadka / Maschmann ArbR II § 13 Rn. 144 - 152.

295 Otto ArbR Rn. 472 - 476.

296 Brox / Rüthers Rn. 45a; Zöllner / Loritz § 6 I 1-4: Hierzu zählen neben dem primären und sekundären Europarecht insbesondere das Deutsche Grundgesetz sowie die einfachen nicht dispositiven Gesetze.

297 Junker Rn. 511 ff.

298 Löwisch / Rieble § 1 Rn. 246.

Arbeitsverhältnisses.[299] Die Inhaltsnormen bilden damit den quantitativ wichtigsten Teil der Tarifverträge.[300] Unter den Inhaltsnormen sind wiederum die Bestimmungen über Entgelt und Arbeitszeit am wichtigsten[301], es handelt sich quasi um „tarifliches Urgestein".[302] Die Regelungsbefugnis der Tarifparteien umfasst dabei sowohl den Leistungsgegenstand wie auch die Modalitäten der arbeitsvertraglichen Pflichten.[303]

(1) Regelung im Bereich der Entgeltzahlung

Die Tarifvertragsparteien haben die Befugnis, in normativer Weise auf die Hauptleistungspflicht des Arbeitgebers einzuwirken und Regelungen zu Grund- und Einzelfragen der Vergütung der Arbeitnehmer zu treffen.[304]

Soweit die Höhe der Vergütung in Tarifverträgen geregelt ist, hat sich typischerweise eine Zweiteilung der Tarifverträge herausgebildet.[305] Dabei werden die Beschäftigten in einem Rahmen- oder Manteltarifvertrag in verschiedene Lohn- bzw. Gehaltsgruppen aufgeteilt.[306] Ein Entgelttarifvertrag mit kürzerer Laufzeit bestimmt dann die Höhe der Vergütung für die jeweiligen Lohn-/ Gehaltsgruppen.

Eine tarifvertragliche Regelung eines Umwandlungsmodells greift jedoch in diese beiden Regelungsgegenstände nicht ein. Sie berührt nicht die Einteilung der Arbeitnehmer in bestimmte Lohn- / Gehaltsgruppen.[307] Ebenso werden keine Be-

---

299 Löwisch / Rieble § 1 Rn. 24, 41; Wiedemann – Wiedemann § 1 Rn. 314ff.; Schaub § 202 Rn. 2.

300 Hagemeier / Kempen / Zachert / Zilius § 1 Rn. 27; Stein Rn. 426.

301 MünchArbR – Löwisch / Rieble § 260 Rn. 2ff.; Wiedemann – Wiedemann § 1 Rn. 356ff. mit vielen Einzelfragen aus der Rspr. ab Rn. 361; Stein Rn. 426.

302 Wiedemann – Wiedemann § 1 Rn. 319.

303 Im Bereich der Entgeltzahlung können die Tarifvertragsparteien zum Beispiel neben der Entgelthöhe auch Regelungen zur Fälligkeit treffen, vgl. BAG vom 7. 11. 1968 AP Nr. 38 zu § 4 TVG Ausschlussfristen (mit zustimmender Anmerkung Richardi), vom 26. 5. 1981 AP Nr. 71 zu § 4 TVG Ausschlussfristen; vom 16. 5. 1984 AP Nr. 85 zu § 4 TVG Ausschlussfristen.

304 Wiedemann – Wiedemann § 1 Rn. 361.

305 Stein Rn. 503: „Diese Zwei- / bzw. sogar Dreiteilung der Tarifverträge hat sich herausgebildet."

306 Däubler Rn. 615; MünchArbR – Kreßel § 66 Rn. 91; Löwisch / Rieble § 1 Rn. 645.

307 Daher ist anzunehmen, dass Umwandlungsmodelle in der Praxis in Haustarifverträgen festgehalten werden. Zwar bleibt es den Tarifparteien unbenommen, das Umwandlungsmodell gemeinsam mit den Entlohnungsgrundsätzen in einem Tarifvertrag festzuschreiben. Dies dürfte jedoch nur selten der Fall sein. Das Wertguthabenmodell als Lebensarbeitszeitmodell ist darauf angelegt, langfristige Gültigkeit zu haben. Im Idealfall soll das Modell während des gesamten Erwerbslebens des Ar-

stimmungen hinsichtlich der Lohn- bzw. Gehaltshöhe getroffen. Das Umwandlungsmodell verpflichtet den Arbeitgeber auch nicht zur Leistung von Sonderentgelten wie Gratifikationen, Prämien etc. an den Arbeitnehmer. In dieser Hinsicht beinhaltet ein Wertguthabenmodell keine zusätzlichen Verpflichtungen des Arbeitgebers.

Die tarifliche Regelung eines freiwilligen Umwandlungsmodells hat damit zunächst keine Auswirkungen auf die Hauptleistungspflicht des Arbeitgebers. Fordert der Arbeitnehmer diese Leistung, so kann der Arbeitgeber diese Schuld nur durch Erbringung dieser geschuldeten Leistung erfüllen, § 362 I BGB.

Zu beachten ist jedoch, dass die Regelungen eines Umwandlungsmodells Auswirkungen auf die – anderweitig z. B. durch Tarifvertrag festgelegte – Hauptleistungspflicht des Arbeitgebers haben können. Durch die Teilnahme an diesem Modell und das Ansparen von Ansprüchen kann der Arbeitnehmer – unabhängig von der genauen schuldrechtlichen Ausgestaltung der „Umwandlung" – die anderweitig bestimmte Hauptleistungspflicht des Arbeitgebers wesentlich beeinflussen. Die Umwandlung eines Anspruchs erfolgt wie oben gezeigt durch einen Schuldänderungsvertrag i.S.d. § 311 I BGB, durch den Leistungsgegenstand wie auch Leistungszeit dieses Anspruchs unmittelbar modifiziert werden.

Die Regelungen eines Umwandlungsmodells, die den Abschluss eines solchen Schuldänderungsvertrags zum Gegenstand haben, betreffen damit zumindest mittelbar die Verpflichtung des Arbeitgebers zur Zahlung bestimmter Entgelte aus dem Arbeitsverhältnis. Auch wenn es sich nicht um die „primäre" Festlegung des Arbeitsentgelts handelt, so wird durch die Einführung eines Umwandlungsmodells dem Arbeitnehmer allein oder im Zusammenwirken mit dem Arbeitgeber die Möglichkeit eingeräumt, die Leistungsverpflichtung des Arbeitgebers zu beeinflussen. Der Arbeitnehmer kann die Erfüllung der Verpflichtung zur Zahlung eines Entgelts verlangen oder im tariflich vorgegebenen Rahmen die alternative Leistung aus dem Wertguthaben vereinbaren.

Die tarifvertragliche Regelung eines Umwandlungsmodells betrifft somit Fragen der Entgeltzahlung. Dabei steht es den Tarifvertragsparteien offen, entweder selbst verbindliche Regelungen über die Modalitäten der Anspruchsumwandlung zu treffen oder aber den Arbeitsvertragsparteien die nähere Ausgestaltung innerhalb eines vorgegebenen Rahmens zu überlassen.

Hinsichtlich der Delegierung von Entscheidungen auf eine untere Ebene sieht das Tarifvertragsgesetz in § 4 III TVG die Möglichkeit vor, durch Öffnungsklau-

---

beitnehmers Bestand haben. Daher verbietet es sich aus praktischen Erwägungen, das Kontenmodell im Rahmen eines Lohntarifvertrages mit kurzen Laufzeiten zu vereinbaren und damit regelmäßig zum Gegenstand von Tarifverhandlungen zu machen. Letztlich handelt es sich hierbei jedoch nur um eine technische Frage, die keine Auswirkungen auf den materiell-rechtlichen Inhalt hat.

seln vom Tarifvertrag abweichende Abmachungen zu gestatten. Diese Norm bringt damit nur zum Ausdruck, was ohnehin gilt: Die Tarifvertragsparteien können – wie jeder andere Normgeber auch – auf die zwingende Wirkung ihrer Tarifnorm verzichten.[308] Soweit ihnen die Normsetzung übertragen wurde, können sie auch Öffnungsklauseln schaffen.[309]

Den Tarifvertragsparteien ist die Festlegung der Arbeitsentgelte als einer der Kernbereiche der Inhaltsnormen i.S.d. § 1 I TVG zugewiesen.[310] Somit können sie die tarifvertraglichen Regelungen in diesem Bereich auch um Öffnungsklauseln erweitern, die ein Abweichen von den getroffenen Regelungen gestatten. Die tarifliche Regelung eines Umwandlungsmodells stellt eine Öffnungsklausel dar, durch die die Tarifpartner den Arbeitsvertragsparteien die Abweichung von den normativen Regelungen des Entgelttarifvertrages gestatten. Diese Öffnungsklausel wird den Arbeitsvertragsparteien im Regelfall jedoch keine weitgehende oder gar jedwede Abweichung von den tariflichen Entgeltregelungen erlauben.[311] Vielmehr handelt es sich um eine eingeschränkte Öffnungsklausel. Solche Klauseln gestatten die Abweichung nur unter bestimmten, von den Tarifvertragsparteien zuvor festgelegten Voraussetzungen.[312] Grundsätzlich können die Tarifvertragsparteien den Umfang der erlaubten Abweichung selbst bestimmen.[313] Grenzen sind der Vereinbarung von Öffnungsklauseln dabei nur insoweit gesetzt, als sie als Bestandteil des Tarifvertrags wiederum den Beschränkungen der Tarifmacht unterliegen und somit nicht gegen höherrangiges Recht verstoßen dürfen.[314]

Mögliche Spielarten dieser eingeschränkten Öffnungsklauseln sind Korridor-, Options- und Menülösungen. Als *Korridorlösungen* werden Vereinbarungen bezeichnet, die lediglich einen ausfüllungsbedürftigen Rahmen oder Korridor vorgeben, der dann durch die abweichende Abmachung im Sinne des § 4 III TVG auszufüllen ist.[315]

---

308 Löwisch / Rieble § 4 Rn. 121; ErfK – Schaub § 4 TVG Rn. 48.

309 Schaub § 204 Rn. 26.

310 Siehe oben Kapitel V 1 a.

311 Die Rechtmäßigkeit von Öffnungsklauseln, die jedwede Abweichung von den tariflichen Regelungen gestatten, ist zudem sehr umstritten, vgl. Walker ZfA 96, 353, 361, Fn. 44 und Gaumann / Schafft NZA 98, 176, 179, Fn. 43ff.

312 Junker ZfA 96, 383, 410.

313 Löwisch / Rieble § 4 Rn. 135.

314 Löwisch / Rieble § 4 Rn. 143.

315 Zehntes Hauptgutachten der Monopolkommission 1992 / 1993, BT-Drucksache 12/8323 Kapitel VII Rn. 944; Wiedemann – Wiedemann Einl. Rn. 69; Walker ZfA 96, 353, 362; „Den Platz im Korridor suchen“ (Beitrag einer Arbeitsgruppe zur Tarifautonomie unter Beteiligung von Karl-Georg Loritz, Bernd Rüthers u.a.) in FAZ vom 5. 6. 1993 Nr. 128 / 1993 S. 13.

Optionslösungen dagegen bieten die Möglichkeit, bestimmte tariflich festgelegte Arbeitgeberverpflichtungen ganz oder teilweise durch andere Arbeitgeberleistungen zu ersetzen.[316]

Menülösungen stellen weiter eingeschränkte Optionslösungen dar.[317] Hierbei geben die Tarifparteien selbst unterschiedliche Optionen vor, unter denen dann auf unterer Ebene ausgewählt werden kann.[318]

Für die Regelung eines Umwandlungsmodells ist die Öffnung des Tarifvertrags mittels Menulösung am geeignetsten. Eine solche Norm könnte beispielsweise folgenden Wortlaut haben:

> „Von den Bestimmungen dieses Vergütungstarifvertrages kann durch einen Wertguthabentarifvertrag insoweit abgewichen werden, als dieser den Arbeitsvertragsparteien nach einem vorgegebenen Verfahren die Möglichkeit einräumt, bestimmte Vergütungsbestandteile in ein Wertguthaben zu übertragen."

Die Tarifpartner können mit Hilfe einer solchen Regelung vorgeben, dass der Arbeitnehmer statt seines (Teil-)Anspruchs auf Entgeltzahlung einen Anspruch auf ein Wertguthaben in entsprechender Höhe erhalten kann. Dabei bietet sich für die Tarifvertragsparteien die Möglichkeit, diese alternative Option „Wertguthaben" rechtlich auszugestalten und auf diese Weise die Öffnung des Tarifvertrags auf das bloße Wahlrecht zwischen den verschiedenen Arbeitgeberverpflichtungen zu beschränken. Die Arbeitsvertragsparteien können dann nur die Entscheidung treffen, ob der Anspruch auf Entgelt in einen Anspruch aus dem Wertguthaben umgewandelt wird. Dagegen gibt die tarifliche Regelung das „Wie" vor, indem Art und Umfang der umwandelbaren Ansprüche sowie der alternative Anspruch aus dem Wertguthaben, Vermögensanlage, Insolvenzschutz etc. durch die Tarifvertragsparteien bestimmt werden.

Die Einräumung einer solchen Wahlmöglichkeit widerspricht auch nicht dem Gebot der Bestimmtheit. Da die Tarifvertragsparteien mit der Tarifnormsetzung Gesetzgebung im materiellen Sinne ausüben, müssen Tarifverträge dem aus Art. 20 GG folgenden Rechtsstaatsgebot genügen.[319] Tarifliche Normen müssen daher

---

316 Zehntes Hauptgutachten der Monopolkommission 1992 / 1993, BT-Drucksache 12/8323 Kapitel VII Rn. 944; Gaumann / Schafft NZA 98, 176, 185; Walker ZfA 96, 353, 361.

317 Zum Teil werden die Menülösungen auch als Unterform der Korridorlösungen angesehen, vgl. Walker ZfA 96, 353, 363 oder als Kombination zwischen Menü- und Korridorlösung, vgl. Gaumann / Schafft NZA 98, 176, 185.

318 Walker ZfA 96, 353, 363; Zehntes Hauptgutachten der Monopolkommission 1992 / 1993, BT-Drucksache 12/8323 Kapitel VII Rn. 944; Wiedemann – Wiedemann Einl. Rn. 69 und § 1 Rn. 260.

319 Däubler Rn. 405ff.; Löwisch / Rieble § 1 Rn. 202; Junker Rn. 511. Aus dem Rechtsstaatsgebot folgt das Bestimmtheitsgebot, nach dem Gesetze in Bezug auf Inhalt,

soweit konkretisiert werden, dass für den einzelnen Tarifgebundenen erkennbar ist, welche Rechte und Pflichten sich für ihn ergeben. Andernfalls ist die Norm als unwirksam zu betrachten.[320] Eine tarifliche Umwandlungsregelung ist jedoch nicht deshalb zu unbestimmt, weil sie die Wahl zwischen verschiedenen Verpflichtungen des Arbeitgebers erlaubt. Solange die verschiedenen Optionen jeweils hinreichend bestimmt sind, kann jeder Tarifgebundene die Rechtsfolgen der Anspruchsumwandlung erkennen.

Die Tarifparteien können somit in einem normativ wirkenden Tarifvertrag ein Modell zur Umwandlung von Entgeltansprüchen regeln, das dem Zweck der Bildung eines Wertguthabens nach § 7 Ia SGB IV dient. Es handelt sich dabei um Inhaltsnormen nach § 1 I TVG, die die Entgeltzahlung des Arbeitgebers betreffen. Als Öffnungsklauseln i.S.d. § 4 III 1. Alt TVG gestatten sie ein Abweichen von der tariflichen Entgeltregelung.

(2) Regelung im Bereich der Arbeitszeit

Zu den Inhaltsnormen im Sinne des § 1 I TVG zählen ebenso Regelungen über die Arbeitszeit.[321] Neben Bestimmungen zu Dauer und Lage der Arbeitszeit umfassen diese auch Regelungen der Arbeitszeitflexibilisierung, beispielsweise durch Arbeitszeitkonten[322] oder auch den Bereich der Altersteilzeit.[323] Ebenso zählen Bestimmungen über den Erholungsurlaub oder sonstige Möglichkeiten der bezahlten oder unbezahlten Freistellung von der Arbeitspflicht zu den Inhaltsnormen eines Tarifvertrages.[324]

Durch ein Umwandlungsmodell selbst wird jedoch – ebenso wie oben für die Entgeltansprüche festgestellt – nicht unmittelbar in die Leistungspflichten der Arbeitsvertragsparteien und damit auch nicht in anderweitig festgelegte Arbeitszeitregelungen eingegriffen. Das Guthabenmodell beinhaltet keine Regelung zur

---

Gegenstand, Zweck und Ausmaß hinreichend klar gefasst sein müssen, um dem Bürger zu gestatten, sich ein Bild über seine Rechtslage zu machen (BVerfG vom 12. 1. 1967 BVerfGE 21, 73, 79; vom 14. 5. 1969 BVerfGE 26, 41, 42; vom 7. 7. 1971 BVerfGE 31, 255, 264; vom 3. 11. 1982 BVerfGE 62, 169, 183; Maunz / Dürig – Herzog Art. 20 VII 63; Sachs – Sachs Art. 20 Rn. 126, 129; Schmidt-Bleibtreu / Klein – Brockmeyer Art. 20 Rn. 34).

320 BAG vom 26. 4. 1966 AP Nr. 117 zu § 1 TVG Auslegung unter III 6 b) (mit Anmerkung Hueck); Neumann RdA 94, 370, 372; Gamillscheg Koll. ArbR I S. 642, 647ff.

321 Siehe oben Kapitel V 1 a.

322 Wiedemann – Wiedemann § 1 Rn. 355, der insbesondere auch Lebensarbeitszeitkonten erwähnt.

323 Wiedemann – Wiedemann § 1 Rn. 337ff.

324 ErfK – Schaub § 1 TVG Rn. 92.

Dauer oder Lage der Arbeitszeit, zum Abschluss von Altersteilzeitverträgen oder zu verschiedenen Arbeitszeitmodellen. Des weiteren erhält der Arbeitnehmer durch die Einführung eines Guthabenmodells keinen Anspruch auf einen über den gesetzlichen Mindesturlaub nach §§ 1, 3 BUrlG hinausgehenden Urlaub. Diese Fragen zur Arbeitszeit ergeben sich vielmehr aus den arbeitszeitrechtlichen Regelungen im (Mantel-)Tarifvertrag.

Ein tariflich ausgestaltetes Wertguthabenmodell, das dem Arbeitnehmer auch die Umwandlung von Freistellungsansprüchen in ein Guthaben gestattet, betrifft aber diese (tarifvertraglich) vereinbarten Ansprüche, indem es deren Modifizierung durch einen Schuldänderungsvertrag zwischen den Arbeitsvertragsparteien zulässt. Es handelt sich somit um Regelungen über die Arbeitszeit des Arbeitnehmers, die als Inhaltsnormen i.S.d. § 1 I TVG einzuordnen sind. Diese Normen stellen Öffnungsklauseln nach § 4 III 1. Alt TVG dar, die dem Arbeitnehmer die Option bieten, innerhalb des tariflich vorgegebenem Rahmens von den anderweitig festgelegten Arbeitszeitregelungen abzuweichen.

(3) Zwischenergebnis

Die Tarifvertragsparteien können im Rahmen ihrer Normsetzungsbefugnis nach Art. 9 III GG, § 1 I TVG ein freiwilliges Umwandlungsmodell in einem Tarifvertrag festschreiben. Die Möglichkeit des Arbeitnehmers, Ansprüche aus dem Arbeitsverhältnis in ein Wertguthaben umzuwandeln, betrifft Regelungen des Entgelts und der Arbeitszeit und fällt damit in den Bereich der Inhaltsnormen nach § 1 I TVG. Die Tarifvertragsparteien sind berechtigt, Öffnungsklauseln in Form von Menülösungen zu vereinbaren und damit den Arbeitsvertragsparteien die Entscheidung zu übertragen, zu welcher Gegenleistung der Arbeitgeber im Arbeitsverhältnis verpflichtet wird.

Die Einführung eines freiwilligen Umwandlungsmodells durch einen Tarifvertrag leidet jedoch unter dem Mangel des eingeschränkten personellen Geltungsbereichs tarifvertraglicher Normen. Nach § 3 I TVG sind grundsätzlich nur die Mitglieder der Tarifvertragsparteien sowie der Arbeitgeber, der selbst Partei des Tarifvertrags ist, tarifgebunden. Damit werden diejenigen Arbeitnehmer eines Betriebes nicht von den Regelungen erfasst, die gar nicht oder in einer anderen Gewerkschaft organisiert sind. Eine Erklärung der Allgemeinverbindlichkeit nach § 5 I TVG ist bei einem Wertguthabenmodell als Regelungsgegenstand des Tarifvertrags regelmäßig ausgeschlossen, da die Einführung eines solchen Modells regelmäßig nicht die Anforderungen eines öffentlichen Interesses nach § 5 I 1 Nr.

2 TVG erfüllt[325] oder nach § 5 I 2 TVG zur Behebung eines sozialen Notstands erforderlich ist.[326]

Eine betriebseinheitliche Geltung der Tarifnormen kann somit nur angenommen werden, wenn die Regelungen des Wertguthabenmodells als betriebliche Norm im Sinne der §§ 1 I, 3 II, 4 I 2 TVG eingestuft werden können. Diese Annahme ist durch die Feststellung, dass es sich bei der tariflichen Regelung eines Wertguthabenmodells um Inhaltsnormen i.S.d. § 1 I TVG handelt, nicht ausgeschlossen. Obwohl die Form der Aufzählung der Normenarten in § 1 I TVG diesen Anschein erweckt, schließen sich Inhalts- und Betriebsnormen nicht gegenseitig aus. Betriebsnormen können vielmehr zugleich Inhaltsnormen sein.[327] [328]

bb) Betriebsnorm im Sinne der §§ 1 I, 3 II, 4 I 2 TVG

Als Betriebsnormen werden solche Normen bezeichnet, die über den Inhalt des einzelnen Arbeitsverhältnisses hinausgehen und das betriebliche Verhältnis zwischen Arbeitgeber und Belegschaft regeln.[329] Die Besonderheit der betrieblichen Normen besteht nach § 3 II TVG darin, dass sie auch für nicht (und anders) organisierte Arbeitnehmer gelten, soweit nur der Arbeitgeber tarifgebunden ist.

Mit der einheitlichen Geltung der Normen für die gesamte Belegschaft ist jedoch ein Eingriff in die negative Koalitionsfreiheit der nicht (oder anders) Organisierten verbunden. Dieser Eingriff ist nur dann zu rechtfertigen, wenn die ein-

---

325 Ein öffentliches Interesse an der Allgemeinverbindlichkeitserklärung besteht, wenn drohende wesentliche Nachteile für eine beachtliche Zahl von Arbeitnehmern abgewendet werden, vgl. ErfK – Schaub § 5 TVG Rn. 15.

326 Die Vorschrift des § 5 I 2 TVG erleichtert die Erklärung der Allgemeinverbindlichkeit, indem eine Ausnahme von der 50%-Klausel des § 5 I 1 Nr. 1 TVG zugelassen wird. Ein öffentliches Interesse i.S.d. § 5 I 1 Nr. 2 TVG muss jedoch auch bei Berufung auf diese Norm vorliegen, da die Beseitigung eines sozialen Notstands regelmäßig im öffentlichen Interesse liegt, vgl. Löwisch / Rieble § 5 Rn. 39-41.

327 Hueck BB 49, 530, 531; Däubler Rn. 807; Hagemeier / Kempen / Zachert / Zilius § 1 Rn. 37.

328 Diese Feststellung folgt bereits daraus, dass letztlich jede Materie (wie z. B. die Benutzung einer Kantine als typisches Beispiel einer Betriebsnorm) auch individualrechtlich regelbar ist. Daher verlangt das BAG (vom 26. 4. 1990 AP Nr. 57 zu Art. 9 GG) für die Annahme einer Betriebsnorm auch nur, dass eine individualvertragliche Regelung wegen evident sachlogischer Unzweckmäßigkeit ausscheidet. Würde man dagegen verlangen, dass eine Regelung nicht Inhalt eines Individualarbeitsvertrages sein kann (im Sinne einer naturwissenschaftlichen Unmöglichkeit), so bliebe für die Betriebsnormen gar kein Anwendungsbereich.

329 ErfK – Schaub § 1 TVG Rn. 111; Hagemeier / Kempen / Zachert / Zilius § 1 Rn. 35; Hueck BB 49, 530, 531; vgl. auch die Begründung zu § 3 I Lemgoer Entwurf einer Tarifvertragsordnung, abgedruckt bei Wiedemann – Oetker Gesch. Rn. 22, 23.

heitliche Anwendung der Normen auf alle Arbeitnehmer im Betrieb von der Sache unumgänglich und nicht nur aus Gleichheits- oder Rationalisierungsgründen oder aus tarifpolitischen Zweckmäßigkeitserwägungen wünschenswert ist. Es geht damit um Fragen der Betriebsorganisation, die alle Arbeitnehmer des Betriebes oder zumindest wesentliche Teile der Belegschaft betreffen und wegen der Natur der Sache einheitlich für den Betrieb geregelt werden müssen.[330]

Die Notwendigkeit einer einheitlichen Regelung kann sich aus rechtlichen oder tatsächlichen Gründen ergeben.[331] Ein ausreichender tatsächlicher Grund ist gegeben, wenn eine betriebseinheitliche Regelung aus wirtschaftlichen Gesichtspunkten erforderlich ist, weil die Verwirklichung des Tarifziels ansonsten einen unverhältnismäßigen Mehraufwand verursachen würde.[332]

Bei der Beurteilung, ob ein Mehraufwand als „unverhältnismäßig" anzusehen ist, ist jedoch zu berücksichtigen, dass Betriebsnormen aufgrund ihrer allgemeinen Geltung nach § 3 II TVG immer einen Eingriff in die negative Koalitionsfreiheit der nicht organisierten Arbeitnehmer darstellen.[333] Aus diesem Grund legt das BAG den sachlich-gegenständlichen Bereich der Betriebsnormen restriktiv aus. Eine Betriebsnorm mit der Wirkung des § 3 II TVG soll nur dann vorliegen, wenn die entsprechenden Bestimmungen nur einheitlich gelten können und individualrechtliche Regelungen schon wegen evident sachlogischer Unzweckmäßigkeit ausscheiden.[334] Voraussetzung für die Annahme einer Betriebsnorm ist demnach, dass zwingend alle Arbeitnehmer eines Betriebes von der Regelung einheitlich erfasst werden müssen. Nur unter dieser Voraussetzung kann der Ein-

330 Zöllner / Loritz § 35 II; Götz ArbR II Rn. 13.

331 MünchArbR – Löwisch / Rieble § 261 Rn. 15ff., 22ff.

332 MünchArbR – Löwisch / Rieble § 254 Rn. 23; Wiedemann – Oetker § 3 Rn. 142.

333 Vergleiche hierzu Dieterich in AR-Blattei ES 1550.5.1 Nr. 5 (Anm. zu BAG vom 1. August 2001, 4 AZR 388/99). Die Annahme einer Betriebsnorm mit der Begründung, eine betriebseinheitliche Regelung sei aus betriebswirtschaftlichen Gründen erforderlich, tangiert ein Grundprinzip des Tarifrechts. Letztendlich könnte die fundamentale Legitimationsgrundlage des Tarifrechts, die Tarifbindung, vernachlässigt werden, wenn die Unterscheidung in organisierte Arbeitnehmer und nicht oder anders organisierte betriebswirtschaftlichen Kalkulationsbedürfnissen zuwiderlaufe.

334 BAG vom 26. 4. 1990 AP Nr. 57 zu Art. 9 GG = EzA § 4 TVG Druckindustrie Nr. 20 (mit Anm. Kittner) = NZA 90, 850, 853, das sich auf Saecker / Oetker Grundlagen und Grenzen der Tarifautonomie S. 124f., 180 beruft und damit über BAG vom 21. 1. 1987 AP Nr. 46 und 47 zu Art. 9 GG (mit Anm. Scholz) hinausgeht, wo lediglich gefordert wurde, dass die entsprechenden Bestimmungen in der sozialen Wirklichkeit aufgrund tatsächlicher oder rechtlicher Gründe nur einheitlich gelten können. Ebenso Otto / Schwarze ZfA 95 639, 658.

griff in die negative Koalitionsfreiheit der unorganisierten Arbeitnehmer verhältnismäßig und damit rechtmäßig sein.[335]

Eine Betrachtung der Umwandlungsmodelle unter diesen Gesichtspunkten zeigt, dass sowohl für die teilnehmenden Arbeitnehmer als auch für den Arbeitgeber mit einer einheitlichen Anwendung des Modells im Betrieb Vorteile verbunden sind.

Beteiligen sich viele Arbeitnehmer eines Unternehmens an dem Guthabenmodell, so ist aufgrund der größeren Gesamtsumme aller Wertguthaben eine höhere Rendite bei der Vermögensanlage zu erwarten.[336] Auf Seiten der Arbeitnehmer besteht somit ein wirtschaftliches Interesse daran, dass die Regelungen des Umwandlungsmodells für möglichst viele Arbeitnehmer des jeweiligen Unternehmens gelten. Dieses wirtschaftliche Interesse der Arbeitnehmer muss bei der Beurteilung, ob die Regelungen des Wertguthabenmodells Betriebsnormen gemäß § 1 I, 3 II TVG darstellen können, jedoch außer Betracht bleiben. Es besteht nämlich nicht an der besonderen Wirkung der Betriebsnormen nach § 3 II TVG und der damit verbundenen Erleichterung, eine Regelung betriebseinheitlich für alle Arbeitnehmer zu treffen. Die Chance, bei großer Beteiligung der Belegschaft eine höhere Rendite zu erwirtschaften, ist vielmehr ebenso gegeben, wenn die Teilnahme am Umwandlungsmodell jedem Arbeitnehmer mittels individualrechtlicher Vereinbarung ermöglicht wird.

Dagegen kann auf Seiten der Arbeitgeber ein zu beachtendes wirtschaftliches Interesse bestehen, die Regelungen des Wertguthabenmodells durch eine tarifliche Normsetzung einheitlich für alle Arbeitnehmer zu vereinbaren. Der Arbeitgeber müsste keine individualrechtlichen Vereinbarungen mit den Außenseitern treffen, um Rahmenbedingungen für das Modell festzulegen. Dieses Interesse hängt unmittelbar mit der Wirkung der Betriebsnormen für alle Arbeitnehmer nach § 3 II TVG zusammen.

---

335 Diese vom BAG geforderte evident sachlogische Unzweckmäßigkeit individualrechtlicher Regelungen zeigt sich bei den Torkontrollen, die vielfach als Beispiel für Betriebsnormen genannt werden. Die Frage, ob ein Arbeitnehmer Mitglied der tarifschließenden Gewerkschaft ist, hat keine Auswirkungen auf die Frage, ob in einem Betrieb Torkontrollen erforderlich sind. Sind derartige Kontrollen notwendig, so müssen alle Arbeitnehmer (bzw. alle Arbeitnehmer eines bestimmten Bereiches) diese durchlaufen. In diesem Fall ist es dann auch evident unzweckmäßig, individualrechtliche Regelungen zu treffen, die letztendlich sowieso alle gleich ausgestaltet sein müssen.

336 Dieser Grundsatz ergibt sich aus der Tatsache, dass die von Banken in Rechnung gestellten Transaktions- und Verwaltungskosten bei größeren Kapitalsummen prozentual abnehmen. Da diese Kosten regelmäßig aus dem Guthaben der Arbeitnehmer bestritten werden, steigt die Rendite der Arbeitnehmer automatisch, sobald eine größere Kapitalmenge zu niedrigeren Bankgebühren führt.

Allerdings kann dieses wirtschaftliche Interesse des Arbeitgebers nicht als so überragend angesehen werden, dass es eine Verletzung der negativen Koalitionsfreiheit der Außenseiter rechtfertigen würde. Dabei ist es nicht erforderlich, den Aufwand einer einheitlichen Regelung mit dem Aufwand zu vergleichen, den der Abschluss entsprechender individualrechtlicher Vereinbarungen erfordert. Es fehlt bereits am Erfordernis einer betriebseinheitlichen Regelung. Aus betriebswirtschaftlicher Sicht kann ein Umwandlungsmodell nämlich auch dann sinnvoll praktiziert werden, wenn sich nicht alle Arbeitnehmer daran beteiligen. Zwar ist die Teilnahme vieler Arbeitnehmer auch für den Arbeitgeber von wirtschaftlichem Interesse.[337] Es kann jedoch bei nicht betriebseinheitlicher Geltung kein unverhältnismäßiger Mehraufwand festgestellt werden, der das ganze Modell nicht durchführbar erscheinen liesse.

Die Tatsache, dass bei einem freiwilligen Umwandlungsmodell – auch bei betriebseinheitlicher Geltung – nie gewährleistet ist, dass tatsächlich alle Arbeitnehmer das Modell in Anspruch nehmen und ein Wertguthaben ansparen, bestätigt dieses Ergebnis. Diese Unsicherheit haben aber die Unternehmen, in denen derartige Wertguthabenmodelle schon angeboten werden, bislang in Kauf genommen.[338] Bei keinem dieser Unternehmen haben sich unverhältnismäßige wirtschaftliche Aufwendungen ergeben, die eine Beendigung des Modells erforderten. Aus Sicht der Arbeitgeber ist es somit ausreichend, mit den Außenseitern individualrechtlich eine Bezugnahmeklausel auf den Umwandlungs-Tarifvertrag zu vereinbaren.

Die Einführung eines freiwilligen Umwandlungsmodells als tarifvertragliche Regelung erfüllt somit nicht die Voraussetzungen, die für eine betriebseinheitliche Geltung nach § 3 II TVG erfüllt sein müssen. Es kann sich somit nicht um Betriebsnormen i.S.d. §§ 1 I, 3 II TVG handeln.

---

337 Siehe bereits oben Kapitel II 1.

338 Auch wenn es sich beim *Zeit-Wertpapier* (Volkswagen AG) und *zeit-invest* (Deutsche Bank AG) um Wertguthabenmodelle handelt, die auf Betriebsvereinbarungen basieren und damit immer betriebseinheitlich gelten, können hieraus Rückschlüsse gezogen werden. Wären diese freiwilligen Umwandlungsmodelle mit einem unverhältnismäßigen wirtschaftlichen Aufwand für den Arbeitgeber verbunden, hätten sich die Arbeitgeber nicht bereit erklärt, diese durch Betriebsvereinbarungen einzuführen. Die Einführung eines Wertguthabenmodells unterliegt (im Gegensatz zur Ausgestaltung) nicht der zwingenden Mitbestimmung nach § 87 BetrVG, so dass auch kein Initiativrecht des Betriebsrats besteht und die Einführung nicht gegen den Willen des Arbeitgebers erfolgen kann, vgl. Kap. V 2.

cc) Ergebnis

Die Tarifvertragsparteien können im Rahmen ihrer Normsetzungskompetenz nach Art. 9 III GG, § 1 I TVG ein Umwandlungsmodell einführen und ausgestalten.

Die tarifvertragliche Regelung erlangt in personeller Hinsicht nur eine Geltung nach §§ 3 I, 4 I 1 TVG und erfasst somit nur die tarifgebundenen Arbeitnehmer.

c) Die tarifvertragliche Einführung eines verpflichtenden Umwandlungsmodells

Wie bereits erläutert wurde, kann auf Seiten der Arbeitgeber ein betriebswirtschaftliches Interesse daran bestehen, dass in möglichst großem Umfang Ansprüche des Arbeitnehmers aus dem Arbeitsverhältnis umgewandelt und somit zum Aufbau eines Wertguthabens genutzt werden.[339]

Damit stellt sich die Frage, ob die Tarifparteien neben der Ausgestaltung eines freiwilligen Wertguthabenmodells auch in normativ wirkender Weise eine Pflicht des Arbeitnehmers zur Umwandlung von Entgelt- und Freistellungsansprüchen begründen können. Eine derartige Tarifnorm könnte folgenden Wortlaut haben:

> „Von seinem (im Entgelttarifvertrag festgelegten) Gehalt fließt ein Anteil in Höhe von X EUR direkt in das Wertguthaben des Arbeitnehmers. Eine Auszahlung dieses Betrages an den Arbeitnehmer außerhalb der im Umwandlungsmodell vorgesehenen Verwendungsmöglichkeiten ist ausgeschlossen."

Im Bereich von Freistellungsansprüchen:

> „Den Anspruch auf bezahlte Freistellung von der Arbeitsverpflichtung aufgrund .... kann der Arbeitnehmer in Zukunft nur noch im Rahmen des Wertguthabenmodells verwenden. Der Anspruch ist in ein Guthaben umzuwandeln und nur nach den Regelungen des Wertguthabenmodells zu gewähren."

Eine solche tarifvertragliche Bestimmung würde somit nicht nur verbindliche Regelungen über die Vorgehensweise der Umwandlung (das „Wie") enthalten, sondern auch vorgeben, dass Entgelt- oder Freistellungsansprüche des Arbeitnehmers zum Aufbau eines Wertguthabens verwendet werden (das „Ob").

Die Reichweite der Regelungskompetenz der Tarifvertragsparteien nach Art. 9 III GG, § 1 I TVG wird durch die Innen- und Außenschranken bestimmt. Eine wesentliche Innenschranke der Tarifmacht stellt die sog. kollektivfreie Individu-

---

339 Siehe bereits Kapitel II 1.

alsphäre dar. Dieser Begriff erfasst alle Umstände, die nicht zum Arbeits- und Wirtschaftsleben von Arbeitgeber und Arbeitnehmer gemäß Art. 9 III GG gehören, sondern als privater Einsatz der Person und ihrer Rechtsgüter einzustufen sind.[340] Die Tarifparteien sind nicht berechtigt, verbindliche Regelungen im Bereich dieser Individualsphäre zu schaffen.[341] Eine tarifvertragliche Norm, die die Umwandlung von Ansprüchen in ein Wertguthaben vorschreibt, ist somit unzulässig, wenn sie den Bereich der kollektivfreien Individualsphäre des Arbeitnehmers tangiert.

aa) in Bezug auf bereits begründete Vergütungsansprüche

Eine Ausformung der kollektivfreien Individualsphäre im Bereich der Vergütungsansprüche stellt das grundsätzliche Verbot von Lohnverwendungsabreden in Tarifverträgen dar.

Unter Lohnverwendungsabreden versteht man Abreden, die Arbeitsvergütung zu bestimmten Zwecken ganz oder teilweise zu verwenden.[342] Kollektivrechtliche Entgeltverwendungsabreden werden wegen Missachtung der kollektivfreien Individualsphäre grundsätzlich für unzulässig gehalten.[343]

Diese Unzulässigkeit ergibt sich sachlich beschränkt bereits aus § 107 II GewO.[344] [345] Darüber hinaus wird eine generelle Unzulässigkeit von tariflichen Entgeltverwendungsabreden mit dem Schutz der freien Entfaltung der Persönlichkeit begründet.[346] Aus diesem Grund dürfen die Tarifvertragsparteien keine Normen

---

340 Wiedemann – Wiedemann Einl. Rn. 465; Schaub § 200 Rn. 10.

341 Otto ArbR Rn. 469; Junker Rn. 510; Wiedemann – Wiedemann Einl. Rn. 465; Gamillscheg Koll. ArbR I S. 366; Zöllner / Loritz § 38 III 4.

342 Schaub § 87 Rn. 28; Staudinger – Richardi § 611 Rn. 769; ErfK – Preis § 611 BGB Rn. 682.

343 Staudinger – Richardi § 611 Rn. 771; Otto ArbR Rn. 469; Hueck / Nipperdey Band II / 1 S. 407-409; Wiedemann – Wiedemann Einl. Rn. 468; Löwisch / Rieble § 1 Rn. 55; Schaub § 87 Rn. 30.

344 Dieses Truckverbot besagt, dass Arbeitnehmern anstelle von Barzahlung vom Arbeitgeber keine Waren verabreicht oder kreditiert werden dürfen, vgl. ErfK – Preis § 611 BGB Rn. 646. Diese Form der „Vergütung“ dürfte jedoch bei Umwandlungsmodellen keine Rolle spielen. Damit ist das Truckverbot im Bereich der Wertguthaben schon aufgrund seiner sachlichen Beschränkung nicht einschlägig.

345 Beachte zudem das Verbot *de lege ferenda* aus § 41 III ArbVG (= Entwurf eines Arbeitsvertragsgesetzes, BR-Drucksache 293 / 95 S. 28).

346 Wiedemann – Wiedemann Einl. Rn. 468; Däubler Rn. 428; Schaub § 87 Rn. 30; Löwisch / Rieble § 1 Rn. 55; Gamillscheg Koll. ArbR I S. 368; Staudinger – Richardi § 611 Rn. 771; Richardi Kollektivgewalt § 15 II 4.

schaffen, die dem Arbeitnehmer vorschreiben, dass er bestimmte Beträge sparen[347] oder ein bestimmtes Konsumverhalten an den Tag legen muss.[348]

Ausnahmen vom Verbot kollektivrechtlicher Entgeltverwendungsabreden ergeben sich lediglich nach dem 5. Vermögensbildungsgesetz sowie gemäß § 4 II TVG zur Finanzierung Gemeinsamer Einrichtungen. Nach § 10 Abs. I 5. VermBG besitzen die Tarifparteien ausdrücklich die Regelungsbefugnis, den Arbeitnehmer zur Vermögensbildung zu verpflichten. Auf diese Kompetenznorm kann hier jedoch nicht zurückgegriffen werden. § 10 i.V.m. § 1 Abs. I 5.VermBG setzt voraus, dass die Vermögensbildung durch Leistungen des Arbeitgebers erfolgen muss. Tarifverträge können nur dann eine Vermögensbildung der Arbeitnehmer bestimmen, wenn diese Vermögensbildung durch Arbeitgeberzuschüsse in Form eines zweckgebundenen Sonderentgelts erfolgt.[349]

Zur Finanzierung Gemeinsamer Einrichtungen i.S.d. § 4 II TVG können ebenso kollektivrechtliche Entgeltverwendungsabreden getroffen werden. Von der Tarifmacht umfasst sind solche Regelungen, die den Arbeitnehmer zur Leistung von Beiträgen zu Gemeinsamen Einrichtungen wie Sozial- oder Urlaubskassen verpflichten.[350] Voraussetzungen hierfür sind allerdings, dass die Beiträge der Arbeitnehmer einem tariflich regelbaren Ziel dienen, dieses Ziel nach gesetzlicher Wertung nicht im Aufgabenbereich des Arbeitgebers liegt, der einzelne Arbeitnehmer einen konkreten Anspruch auf eine Gegenleistung erwirbt und der tariflichen Lohnverwendungsabrede kein Bestandsschutz entgegensteht.[351] [352]

---

347 Wiedemann – Wiedemann Einleitung Rn. 468; Hueck / Nipperdey Band II / 1 S. 408.

348 Löwisch / Rieble § 1 Rn. 55; Hueck / Nipperdey Band II / 1 S. 407, Fn. 176.

349 Vgl. Gérard / Göbel § 10 5.VermBG A.; Thüsing – Holzheimer § 10 Rn. 2; Löwisch / Rieble § 1 Rn. 642. Die vermögenswirksame Anlage aus dem allgemeinen Arbeitslohn setzt dagegen nach § 11 Abs. I 5.VermBG das schriftliche Verlangen des Arbeitnehmers voraus. Der Arbeitnehmer kann hierzu nicht verpflichtet werden (ErfK – Preis (2. Auflage) § 611 BGB Rn. 682; Staudinger – Richardi § 611 Rn. 772; Schaub § 87 Rn. 30. Insoweit falsch die Ausführungen hierzu bei Wiedemann – Wiedemann Einl. Rn. 468). Diese Norm ist nach § 11 Abs. VI 5.VermBG auch nicht tarifdispositiv.
Darüber hinaus sind in § 2 5.VermBG die Anlageformen, die als vermögenswirksame Leistungen i.S.d. VermBG anerkannt werden, enumerativ aufgezählt, vgl. Thüsing – Hornung-Draus § 2 Rn. 1, 15.

350 BAG vom 5. 12. 1958 AP Nr. 1 zu § 4 TVG Ausgleichskasse (mit Anmerkung Tophoven); Otto / Schwarze ZfA 95, 639, 680; Wiedemann – Wiedemann Einl. Rn. 468; Däubler Rn. 428; Schaub § 87 Rn. 30; Gamillscheg Koll. ArbR I S. 367f.

351 Otto / Schwarze ZfA 95, 639, 681ff.

352 Zur Frage, ob Umwandlungsmodelle auch als Gemeinsame Einrichtungen i.S.d. § 4 II TVG ausgestaltet werden können, vergleiche Kapitel VIII.

Abgesehen von diesen Ausnahmen sind Entgeltverwendungsabreden in Tarifverträgen jedoch grundsätzlich nicht zulässig. Eine tarifvertragliche Norm, die die Umwandlung (von Teilen) bereits begründeter Entgeltansprüche in ein Wertguthaben vorschreibt, könnte eine solche unzulässige Lohnverwendungsabrede darstellen. Bei unterstellter Rechtmäßigkeit einer solchen Klausel könnte der Arbeitnehmer nicht über den gesamten ursprünglich vereinbarten Entgeltanspruch frei verfügen, sondern müsste Teile des Entgelts zum Aufbau eines Wertguthabens umwandeln. Seine Entscheidungsmöglichkeit, die durch Arbeitsleistung verdiente Vergütung entweder im Rahmen des Wertguthabenmodells oder zu einem sonstigen beliebigen Zweck zu verwenden, würde durch eine normative Tarifregelung mit diesem Inhalt beeinträchtigt.

Dennoch bestehen Zweifel, eine tarifvertragliche Norm mit diesem Inhalt als kollektivrechtliche Lohnverwendungsabrede zu qualifizieren. Die Einstufung einer Regelung als Lohnverwendungsabrede setzt schon begriffsnotwendig voraus, dass der Arbeitnehmer zunächst einen unveränderten Lohnanspruch hat. Der Anspruch des Arbeitnehmers, eine bestimmte Summe zu erhalten und über diese Summe verfügen zu können, wird durch eine Verwendungsabrede also nicht verändert. Die Lohnverwendungsabrede schränkt den Arbeitnehmer lediglich insoweit ein, als er nicht frei über seinen Anspruch verfügen kann, sondern die Vorgaben der Abrede einhalten muss.[353] Er ist demnach gezwungen, die ihm zustehende Verfügungsgewalt in bestimmter Weise auszuüben. Dies ändert aber nichts an dem Grundsatz, dass der Arbeitnehmer über den Anspruch verfügen kann.

Es ist jedoch auszuschließen, dass die Tarifvertragsparteien eine Verpflichtung des Arbeitnehmers in der Form begründen, über einen Entgeltanspruch (zum Teil) zum Zwecke des Aufbaus eines Wertguthabens zu verfügen. Eine Verfügung des Arbeitnehmers setzt voraus, dass zunächst ein Anspruch des Arbeitnehmers auf eine Entgeltzahlung des Arbeitgebers zur Fälligkeit gereift ist. Die sozialversicherungs- und steuerrechtlichen Vorteile eines Wertguthabenmodells ergeben sich jedoch gerade (und nur) dann, wenn der Anspruch des Arbeitnehmers nicht fällig wird, sondern bereits vor Fälligkeit durch einen Schuldänderungsvertrag in einen Anspruch aus dem Wertguthaben umgewandelt wird.[354] Nur bei Einhaltung dieser Vorgaben bestimmt sich die Fälligkeit der Sozialversicherungsbeiträge für das angesparte Arbeitsentgelt nach § 23b I SGB IV, so dass die Sozialversicherungsbeiträge für dieses Entgelt erst in der Freistellungsphase zu entrichten sind. Die steuerrechtlichen Vorteile ergeben sich dann aus dem in

353 Ebenso für die Umwandlung von Gehalt in Beiträge zur betrieblichen Altersvorsorge nach § 1 V BetrAVG: Hanau / Arteaga Rz. 28f. B.

354 Siehe Kapitel II 2.

§ 11 I 1 EStG verankerten Zuflussprinzip, nach dem der tatsächliche Zufluss des Arbeitsentgelts die Grundlage für die Steuererhebung darstellt.

Die Einhaltung dieser sozialversicherungs- und steuerrechtlichen Vorgaben ist aus Arbeitnehmersicht jedoch als *conditio sine qua non* für die Teilnahme am Umwandlungsmodell zu bezeichnen. Die Vorzüge der späteren Beitragszahlung und Besteuerung („Brutto-Sparen“) sind ursächlich für die wirtschaftliche Attraktivität dieser Modelle.

Aus diesem Grunde kann ausgeschlossen werden, dass die Tarifpartner in Form einer Lohnverwendungsabrede eine Pflicht des Arbeitnehmers begründen, über einen Entgeltanspruch zugunsten des Wertguthabens zu verfügen. Dieses Vorgehen würde eine Fälligkeit des Entgeltanspruchs voraussetzen und damit die Inanspruchnahme der sozialversicherungs- und steuerrechtlichen Vorteile ausschließen.

Eine tarifliche Norm mit dem Inhalt, dass Bestandteile eines bereits vereinbarten Entgeltanspruchs umgewandelt und zum Aufbau eines Wertguthabens verwendet werden, ist damit jedoch nicht ausgeschlossen. Um dieses Ziel zu erreichen, können die Tarifvertragsparteien die Hauptleistungspflicht des Arbeitgebers neu bestimmen. Schuldete der Arbeitgeber bislang die Zahlung eines Entgelts, so können sie diese Verpflichtung (teilweise) aufheben und durch einen Anspruch des Arbeitnehmers auf (regelmäßige) Erhöhung des Wertguthabens ersetzen. Schuldrechtlich betrachtet stellt die Guthabenbildung dann gar keine Entgeltumwandlung dar, die einen Schuldänderungsvertrag nach § 311 I BGB erfordert. Der Anspruch des Arbeitnehmers ist vielmehr von Anfang an auf eine Erhöhung des Wertguthabens gerichtet. Eine Entgeltumwandlung mit Hilfe eines Schuldänderungsvertrags wird von § 7 Ia SGB IV aber auch nicht vorausgesetzt, so dass ein Wertguthabenmodell mit dieser Regelung im Sinne des Sozialversicherungsrechts als zulässig anzusehen ist.

Aus arbeitsrechtlicher Sicht stellt sich allerdings die Frage, ob der dem Verbot kollektivrechtlicher Lohnverwendungsabreden zugrundeliegende Gedanke, die Individualsphäre des Arbeitnehmers frei von tariflichen Regelungen zu halten, auch auf eine Änderung der Hauptleistungspflicht des Arbeitgebers in der beschriebenen Form anzuwenden ist. Für den Arbeitnehmer ergibt sich – abgesehen von den sozialversicherungs- und steuerrechtlichen Folgen – kein relevanter Unterschied, ob er über einen Teil seines Entgeltanspruchs zugunsten eines vorgegebenen Zwecks verfügen muss oder ob die Tarifvertragsparteien selbst „verfügen“, indem sie durch eine Änderung des Tarifvertrags den Anspruch des Arbeitnehmers auf Entgeltzahlung verringern und die Differenz dem vorgegebenen Zweck zuführen. Für den Arbeitnehmer ergeben sich aus der Verringerung der frei verfügbaren Entgelthöhe in beiden Konstellationen dieselben wirtschaftlichen Auswirkungen für die Gestaltung seines privaten Umfeldes. Daher könnte ein solches Vorgehen der Tarifvertragsparteien unter dem Gesichtspunkt der kollektivfreien Individualsphäre als Innenschranke der Normsetzungsbefugnis nach § 1 I TVG ebenfalls als unzulässig anzusehen sein.

Die Änderung einer bestehenden tariflichen Norm gehört jedoch ebenso wie die erstmalige Vereinbarung oder die endgültige Aufhebung zum Kernbereich der Normsetzungskompetenz der Tarifvertragsparteien. Nach dem Ablösungsprinzip (lex posterior derogat legi priori) können die Tarifvertragsparteien jederzeit den von ihnen selbst früher vereinbarten Tarifvertrag aufheben oder abändern.[355] Dies gilt insbesondere auch, wenn die geänderte tarifliche Norm im Vergleich zur abgelösten Norm für den Arbeitnehmer schlechtere Arbeitsbedingungen festsetzt.

Die kollektivfreie Individualsphäre dient lediglich als Rechtmäßigkeitsmaßstab für den Regelungsgehalt der jeweils vereinbarten Norm, nicht aber für den Vorgang der Normänderung. Diese Innenschranke der Tarifautonomie gibt dem Arbeitnehmer daher keinen Anspruch darauf, dass die Tarifvertragsparteien nicht in die finanzielle Gestaltung seines Privatlebens eingreifen dürfen, indem sie bereits vereinbarte Ansprüche in einer neuen tariflichen Regelung wieder aufheben bzw. ändern. Die Tarifvertragsparteien sind nach Art. 9 III GG lediglich daran gehindert, die Verfügungsgewalt des Arbeitnehmers über die im Tarifvertrag jeweils vereinbarten Ansprüche zu beschränken.

bb) Zwischenergebnis

Die Normsetzungskompetenz der Tarifvertragsparteien nach Art. 9 III GG, § 1 I TVG umfasst auch Vereinbarungen, die den Arbeitnehmer zur Umwandlung von tariflichen Entgeltansprüchen in ein Wertguthaben verpflichten.

Um die sozialversicherungs- und steuerrechtlichen Vorteile des Umwandlungsmodells auszunutzen, scheidet dafür die Vereinbarung einer kollektivrechtlichen Entgeltverwendungsabrede jedoch aus, die zudem nach den Grundsätzen der kollektivfreien Individualsphäre als Innenschranke der Normsetzungskompetenz unzulässig wäre. Stattdessen können die Tarifvertragsparteien die Hauptleistungspflicht des Arbeitgebers im Tarifvertrag neu bestimmen und diesen zu einer regelmäßigen oder einmaligen Leistung in Form einer Erhöhung des Wertguthabens verpflichten. Trotz der vergleichbaren wirtschaftlichen Folgen für den Arbeitnehmer wird ein solches Vorgehen der Tarifvertragsparteien nicht vom Verbot kollektivrechtlicher Lohnverwendungsabreden erfasst.

---

355 Wiedemann – Wank § 4 Rn. 15, 261; ErfK – Schaub § 1 TVG Rn. 76, 77; Löwisch / Rieble § 1 Rn. 358, 359; vgl. auch den Wortlaut von § 6 TVG.

cc) in Bezug auf zusätzliche zweckbezogene Vergütungsansprüche

Von dieser Frage ist die Problematik zu trennen, ob die Tarifvertragsparteien einen neuen zusätzlichen Vergütungsanspruch des Arbeitnehmers begründen können, der über die schon bestehenden Verpflichtungen des Arbeitgebers hinausgeht und ausschließlich dem Aufbau des Wertguthabens dienen soll. Eine solche Tarifklausel könnte folgenden Wortlaut haben:

> „Die Arbeitnehmer erhalten neben ihrem Anspruch auf Entgelt zusätzlich einen Anspruch auf Zahlung von X EUR im Monat. Dieser Anspruch muß in das Wertguthaben eingebracht werden. Eine Verwendung außerhalb der im Wertguthabenmodell vorgesehenen Möglichkeiten, insbesondere die sofortige Auszahlung dieses Betrages, ist nicht möglich.“

Auf diese Weise könnten regelmäßige zusätzliche Leistungen oder auch Einmalleistungen des Arbeitgebers wie Ergebnisbeteiligungen oder sonstige Gratifikationen vereinbart werden.

Eine solche tarifvertragliche Regelung fällt in den Regelungsbereich des § 1 I TVG, da es sich um die Begründung einer Leistungspflicht des Arbeitgebers aus dem Arbeitsverhältnis und somit um eine Inhaltsnorm handelt. Zudem berührt diese Regelung nicht die kollektivfreie Individualsphäre des Arbeitnehmers.

Die Zweckbestimmung, dass die Leistung ausschließlich dem Aufbau des Wertguthabens dienen soll, ist hier von Anfang an Bestandteil der Rechtsgrundlage des Anspruchs. Es liegt somit keine Umwandlung eines Entgeltanspruchs vor. Vielmehr erwirbt der Arbeitnehmer einen Anspruch auf ein Wertguthaben in der bestimmten Höhe. Es handelt sich damit um eine zweckgebundene Leistung, die unmittelbar an das Wertguthabenmodell gebunden ist und ohne das Modell nicht (in dieser Form) vereinbart worden wäre.

Die Regelungskompetenz der Tarifparteien zur Schaffung zusätzlicher zweckgebundener Verpflichtungen des Arbeitgebers ist grundlegend anders zu beurteilen als eine Verpflichtung zur Verwendung eines bereits vereinbarten Entgelts.[356] Die Bindung einer Leistung des Arbeitgebers an einen bestimmten Zweck durch tarifvertragliche Regelung ist im Rahmen der tariflichen Normsetzungskompetenz möglich.[357]

Die kollektivfreie Individualsphäre des Arbeitnehmers kann durch eine solche Zweckbindung nicht verletzt sein. Die anfängliche Bindung eines tariflichen An-

356 Hueck / Nipperdey Band II / 1 S. 408.

357 Beispiele hierfür sind Leistungen der Arbeitgeber zur betrieblichen Altersvorsorge. Werden die Arbeitgeber durch Tarifvertrag verpflichtet, monatlich einen Beitrag zur Vorsorge zu gewähren, so haben die Arbeitnehmer keinen Anspruch darauf, diese Leistungen alternativ monatlich ausgezahlt zu bekommen.

spruchs an einen bestimmten Zweck – hier der Aufbau eines Wertguthabens – tangiert nicht die Individualsphäre des Arbeitnehmers, da durch die Tarifvertragsparteien in keine bereits begründete Rechtsstellung des Arbeitnehmers eingegriffen wird. Die Zweckbindung des Anspruchs ist hier Teil des Anspruchsinhalts und in seiner Rechtsgrundlage festgehalten.

Die Tarifvertragsparteien können im Rahmen ihrer Normsetzungskompetenz demnach auch zusätzliche Verpflichtungen des Arbeitgebers begründen, die ausschließlich in einem Beitrag zum Wertguthaben des Arbeitnehmers liegen.

dd) in Bezug auf Freistellungsansprüche

Die hier untersuchten Umwandlungsmodelle zeichnen sich dadurch aus, dass das Wertguthaben i.S.d. § 7 Ia SGB IV nicht nur durch die Umwandlung von Entgeltansprüchen sondern auch durch die Umwandlung von Freistellungsansprüchen aufgebaut werden kann.[358] Dabei ergeben sich hinsichtlich der Frage, ob die Tarifvertragsparteien den Arbeitnehmer auch zur Umwandlung von Freistellungsansprüchen verpflichten können, keine grundlegenden Abweichungen zu den obigen Ergebnissen.

Grundsätzlich ist es den Tarifvertragsparteien verwehrt, in normativer Weise Einfluss auf die Gestaltung der arbeitsfreien Zeit durch den Arbeitnehmer zu nehmen. Nach allgemeiner Ansicht ist diese Gestaltung dem Privatleben zugeordnet und damit der Tarifmacht gemäß Art. 9 III GG und § 1 I TVG entzogen.[359] Die Gestaltung der Freizeit gehört zum Individualbereich der Arbeitnehmer und zählt somit nicht zu den regelbaren Arbeits- und Wirtschaftsbedingungen. Eine Reglementierung der Freizeit ohne ausreichenden, in der Arbeitsleistung selbst liegenden Grund ist unzulässig.[360] Dem Arbeitnehmer kann somit grundsätzlich durch Tarifvertrag nicht vorgeschrieben werden, wie er seine Freizeit gestaltet.[361]

Die Umwandlung eines Freistellungsanspruchs in ein Wertguthaben ist als „Gestaltung der Freizeit“ anzusehen. Hierdurch wird nicht nur Einfluss auf die individuelle Verwendung der Freizeit genommen. Vielmehr kann der Arbeitnehmer seinen Anspruch auf eine Freistellung ganz verlieren, wenn das Wertguthaben in einem sog. Störfall (z. B. Kündigung des Arbeitsverhältnisses) nicht zum

358 Zum möglichen Wortlaut einer solchen Tarifnorm, vgl, oben Kapitel I 1 c.

359 Hueck / Nipperdey Band II / 1 S. 409; Gamillscheg Koll. ArbR I S. 366f.; Wiedemann – Wiedemann Einl. Rn. 465; GK-BUrlG – Bachmann § 8 Rn. 29.

360 Däubler Rn. 428.

361 Ausnahmen sind nur in sehr begrenztem Umfang zulässig. So können Nebenbeschäftigungsverbote unter engen Voraussetzungen zulässig sein, vgl. Hueck / Nipperdey Band II / 1 S. 409; BAG vom 26. 6. 2001 NZA 02, 98, 99.

Zwecke der Freistellung des Arbeitnehmers verwendet werden kann und in anderer Form an den Arbeitnehmer ausgeschüttet wird. Aus diesem Grund darf eine Tarifnorm keine Verpflichtung zur Umwandlung eines Freistellungsanspruchs in ein Wertguthaben durch Verfügung des Arbeitnehmers enthalten.

Den Tarifvertragsparteien steht es jedoch frei, einen tariflich vereinbarten Anspruch des Arbeitnehmers auf Freistellung durch Beendigung des den Anspruch begründenden Tarifvertrags aufzuheben und durch einen Anspruch auf Erhöhung des Wertguthabens in entsprechender Höhe zu ersetzen.[362] Diese Änderung der tariflichen Verpflichtungen ist von der Normsetzungsbefugnis der Tarifvertragsparteien nach Art. 9 III GG, § 1 I TVG umfasst. Die Tarifpartner können so einen tariflichen Anspruch des Arbeitnehmers auf Freistellung durch einen Anspruch auf eine Erhöhung des Wertguthabens „austauschen".

Ebenso können die Tarifvertragsparteien über die bestehenden Freistellungsansprüche hinaus einen neuen zusätzlichen Anspruch des Arbeitnehmers auf Freistellung von der Arbeitspflicht begründen, der zweckgebunden ausschließlich dem Aufbau des Wertguthabens dient.

d) Ergebnis

Die Tarifvertragsparteien haben nach Art. 9 III GG, § 1 I TVG eine umfangreiche Kompetenz zur normativen Regelung von Umwandlungsmodellen.

Diese Kompetenz umfasst zum einen die Einführung und Ausgestaltung von freiwilligen Guthabenmodellen. Dabei bestimmen die Tarifvertragsparteien lediglich das „Wie" der Umwandlung, indem Vorgaben über Art und Umfang der umwandelbaren Ansprüche, über Einzelheiten des Anspruchs aus dem Wertguthaben sowie über Verpflichtungen des Arbeitgebers während der Laufzeit wie Wertanlage, Insolvenzschutz etc. aufgestellt werden. Die Entscheidung, ob Ansprüche nach diesen Regeln in ein Wertguthaben umgewandelt werden, verbleibt bei den Parteien des Arbeitsverhältnisses.

Die Tarifvertragsparteien sind aber ebenso berechtigt, ein verpflichtendes Guthabenmodell einzuführen, das zusätzlich auch eine normativ wirkende Regelung über das „Ob" der Umwandlung enthält. Bei dieser Variante muss ein Wertguthaben aus den Ansprüchen des Arbeitnehmers aus dem Arbeitsverhältnis aufgebaut werden. Zu diesem Zweck können die Tarifpartner einen zusätzlichen

---

362 Da die hier untersuchten Wertguthaben in Geldeinheiten geführt werden, müssen Freistellungsansprüche bei der Umwandlung in entsprechende Geldwerte umgerechnet werden. Insoweit unterscheiden sich Freistellungsansprüche des Arbeitnehmers, die ausschließlich dem Aufbau eines Wertguthabens dienen, im Ergebnis nicht von Entgeltansprüchen, die ausschließlich demselben Zweck dienen.

zweckgebundenen Anspruch des Arbeitnehmers begründen oder bereits bestehende Ansprüche durch eine neue tarifliche Regelung ändern.

Die Möglichkeit, ein Wertguthabenmodell durch Tarifvertrag einzuführen und auszugestalten, leidet jedoch unter dem begrenzten persönlichen Geltungsbereich der normativen Regelung. Die Anforderungen für die Einstufung des Modells als Betriebsnorm nach § 3 II TVG sind trotz eines Interesses auf Arbeitnehmer- und Arbeitgeberseite an einer weiten Geltung nicht gegeben, so dass lediglich die organisierten Arbeitnehmer nach § 3 I TVG tarifgebunden sind. Um das Wertguthabenmodell einheitlich im gesamten Betrieb einzuführen, muss der Arbeitgeber individualrechtliche Vereinbarungen mit den nicht oder anders organisierten Arbeitnehmern treffen.

Zudem eignet sich lediglich der Haustarifvertrag mit dem Arbeitgeber nach § 3 I 2. Alt TVG, um detaillierte Regelungen für das Guthabenmodell zu vereinbaren. Praktisch alle Einzelheiten des Modells müssen an die betriebsspezifischen Gegebenheiten angepasst werden. Art und Umfang der umwandelbaren Ansprüche können nur unter Berücksichtigung des betrieblichen Entgeltsystems festgelegt werden. Die Frage, welche Ansprüche der Arbeitnehmer aus dem Wertguthaben geltend machen kann, kann wiederum nur hinreichend bestimmt werden, wenn die betrieblich individuelle Altersversorgung entsprechend einbezogen wird. Die Form der Wertanlage und des Insolvenzschutzes können ebenso nur für den einzelnen Betrieb bestimmt werden, da hier die bestehenden wirtschaftlichen Verknüpfungen mit Hausbanken zu berücksichtigen sind.

Der Tarifvertrag eignet sich daher nur bedingt zur detaillierten Einführung und Ausgestaltung eines Wertguthabenmodells.

2. *Die Betriebsvereinbarung als kollektivrechtliche Möglichkeit*

Das kollektivrechtliche Instrument der Betriebsvereinbarung nach § 77 II BetrVG könnte aufgrund des anders ausgestalteten persönlichen Geltungsbereichs zur Einführung eines Umwandlungsmodells besser geeignet sein als der Tarifvertrag. Betriebsvereinbarungen werden zwischen Betriebsrat und Arbeitgeber geschlossen und wirken nach § 77 IV BetrVG normativ. Sie entfalten somit unmittelbar und zwingend Wirkung für alle Arbeitnehmer, die in den persönlichen Geltungsbereich der Betriebsvereinbarung einbezogen sind. Grundsätzlich können dies alle vom Betriebsrat repräsentierten Arbeitnehmer sein.[363]

---

363 § 5 BetrVG bestimmt im einzelnen, wer als Arbeitnehmer im Sinne des Betriebsverfassungsgesetzes einzuordnen ist und demnach vom Betriebsrat repräsentiert wird.

a) Umfang der Betriebsautonomie

Ebenso wie die Tarifpartner besitzen die Betriebspartner keine unbegrenzte Normsetzungsbefugnis. Die Einführung und Ausgestaltung eines Umwandlungsmodells muss daher von der Betriebsautonomie umfasst sein.

Eine ausdrückliche Bestimmung der Normsetzungskompetenz wie in § 1 I TVG für die Tarifvertragsparteien fehlt im Betriebsverfassungsgesetz. Der Umfang der Angelegenheiten, die durch Betriebsvereinbarung geregelt werden können, muss daher durch Interpretation des Betriebsverfassungsgesetzes bestimmt werden.

Eine Betriebsvereinbarung kann grundsätzlich über solche Angelegenheiten geschlossen werden, die nach dem Betriebsverfassungsgesetz der Zuständigkeit des Betriebsrats unterliegen.[364] Damit umfasst die Normsetzungskompetenz der Betriebspartner nach herrschender Meinung die Bereiche sozialer (§§ 87ff. BetrVG), personeller (§§ 92ff. BetrVG) und wirtschaftlicher (§§ 106ff. BetrVG) Angelegenheiten.[365]

In diesen weit gefassten Aufgabenbereich fallen im Grundsatz alle Angelegenheiten, die auch der Normsetzungskompetenz der Tarifparteien nach § 1 I TVG unterliegen.[366] [367] Zu beachten ist allerdings, dass das Betriebsverfassungsgesetz – anders als das Tarifvertragsgesetz – nicht umfassend zur Normsetzung ermächtigt. Aus diesem Grunde muss bei der Rechtmäßigkeitsprüfung einer Betriebsvereinbarung positiv begründet werden, aus welcher Norm des Betriebsver-

---

364 Richardi § 77 Rn. 50; Fitting / Kaiser / Heither / Engels / Schmidt § 77 Rn. 45; Hess / Schlochauer / Glaubitz § 77 Rn. 15.

365 So die herrschende Meinung: Fitting / Kaiser / Heither / Engels / Schmidt § 77 Rn. 45; Galperin / Löwisch § 77 Rn. 24ff.; Hess / Schlochauer / Glaubitz § 77 Rn. 15; MünchArbR – Matthes § 327 Rn. 50f. Anderer Ansicht ist dagegen Kreutz in GK – BetrVG § 77 Rn. 70, der den Umfang der Normsetzungskompetenz der Betriebspartner mittels eines Umkehrschlusses aus § 77 III BetrVG ermittelt. Demnach soll diese Norm nicht nur Sperrwirkung erzeugen, sondern zugleich auch eine gegenstandsabgrenzende Funktion haben, die die Betriebsautonomie auf Arbeitsentgelte und sonstige Arbeitsbedingungen beschränkt.
Wie sich oben bei der Untersuchung der Tarifautonomie gezeigt hat, handelt es sich bei einem Umwandlungsmodell jedoch um die Regelung von Arbeitsbedingungen. Daher kommen hier beide Ansichten zum selben Ergebnis.

366 BAG vom 18. 8. 1987 AP Nr. 23 zu § 77 BetrVG 1972; BAG GS vom 7. 11. 1989 AP Nr. 46 zu § 77 BetrVG 1972; BAG vom 9. 4. 1991 AP Nr. 1 zu § 77 BetrVG 1972 Tarifvorbehalt; Richardi § 77 Rn. 66; Däubler / Kittner / Klebe – Berg § 77 Rn. 37; Fitting / Kaiser / Heither / Engels / Schmidt § 77 Rn. 45.

367 Betrachtet man die Regelungen der Abs. IV und VI von § 77 BetrVG im Vergleich zu § 4 TVG, so teilt offensichtlich auch der Gesetzgeber dieses Verständnis.

fassungsgesetzes sich die Zuständigkeit der Betriebspartner ergibt.[368] Soweit § 87 BetrVG den Betriebspartnern keine ausdrückliche Normsetzungskompetenz zuweist, ist eine solche nach § 88 BetrVG (freiwillige Betriebsvereinbarung) zumindest zur generellen Regelung typischer Arbeitsvertragsinhalte anzunehmen.[369] Möglicher Inhalt einer Betriebsvereinbarung sind damit jedenfalls Inhalts-, Abschluss- und Beendigungsnormen.

Einen grundsätzlichen Rückschluss vom Umfang der Tarifautonomie auf den Umfang der Betriebsautonomie erlaubt auch die Regelungssperre des § 77 III BetrVG, die eine Regelung durch Betriebsvereinbarung immer dann ausschließt, wenn eine tarifliche Regelung tatsächlich oder üblicherweise besteht.[370]

Im Bereich der formellen und materiellen Arbeitsbedingungen (im weitesten Sinne) gehen die Rechtsprechung und die überwiegende Lehre von einer grundsätzlichen Zuständigkeit der Betriebspartner aus.[371]

Bei der Untersuchung des Umfangs der Normsetzungskompetenz der Tarifvertragsparteien hat sich gezeigt, dass die einem Umwandlungsmodell zugrundeliegenden Regelungen Inhaltsnormen i.S.d. § 1 I TVG darstellen. Festgelegt werden Gegenstand und / oder Modalitäten der vom Arbeitgeber zu erbringenden Leistungen. Es handelt sich somit um Rechte und Pflichten der Arbeitsvertragsparteien und damit um Arbeitsbedingungen. Diese Arbeitsbedingungen fallen grundsätzlich in die Normsetzungskompetenz der Betriebspartner nach §§ 87, 88 BetrVG und können somit Inhalt einer Betriebsvereinbarung sein. Ein Umwandlungsmodell kann demnach durch eine Betriebsvereinbarung eingeführt und ausgestaltet werden.

Die Befugnis der Betriebspartner zur normativen Gestaltung des Arbeitsverhältnisses besteht jedoch im Rahmen ihrer Zuständigkeit nicht unbegrenzt. Einschränkungen ergeben sich vor allem aus höherrangigen Normen wie nichtdispositivem staatlichem Recht und möglichen Tarifbestimmungen (§ 77 III BetrVG).[372] Zudem entziehen sich Angelegenheiten einer kollektiven Regelung, wenn sie die außerbetriebliche Lebensgestaltung des Arbeitnehmers betreffen.

Ähnlich wie im Bereich der Tarifverträge ist anerkannt, dass die Regelungskompetenz der Betriebspartner durch einen gebotenen Individualschutz des ein-

---

368 Otto, Anm. zu BAG vom 7. November 1989 EzA Nr. 34 zu § 77 BetrVG 1972, S. 12f..

369 Otto, Anm. zu BAG vom 7. November 1989 EzA Nr. 34 zu § 77 BetrVG 1972, S. 13.

370 BAG GS vom 7. 11. 1989 AP Nr. 46 zu § 77 BetrVG 1972.

371 BAG vom 18. 8. 1987 AP Nr. 23 zu § 77 BetrVG 1972 = BAGE 56, 18, 26 = NZA 87, 779, 780; GK-BetrVG – Wiese vor § 87 Rn. 3; Richardi § 77 Rn. 66 m. w. N.

372 Zu den Einschränkungen, die sich durch tariflich festgelegte Entgelte und Freistellungsansprüche für die Betriebspartner ergeben können, siehe unten Kapitel VI 5.

zelnen Arbeitnehmers eingeschränkt wird.[373] Dies ergibt sich bereits aus der Regelung des § 75 II BetrVG, nach der die Betriebspartner die freie Entfaltung der Persönlichkeit der Arbeitnehmer schützen und fördern müssen.[374] Den Betriebspartnern entzogen ist somit der Bereich der außerbetrieblichen Lebensgestaltung des Arbeitnehmers. Demnach können auch durch Betriebsvereinbarungen keine Lohnverwendungsabreden getroffen werden.[375] Zu welchem Zweck der Arbeitnehmer über seine Arbeitsvergütung verfügt, ist der Regelungsmacht der Betriebspartner entzogen.

Ebenso endet die Regelungskompetenz der Betriebspartner dort, wo die Freizeit- und Urlaubsgestaltung der Arbeitnehmer betroffen ist. Dieser Bereich betrifft die außerbetriebliche Lebensgestaltung der Arbeitnehmer und kann somit nicht durch Betriebsvereinbarung geregelt werden.[376]

Hinsichtlich der Einführung eines verpflichtenden Wertguthabenmodells, das eine Umwandlung von Arbeitnehmeransprüchen verbindlich vorschreibt, ergeben sich für die Betriebspartner somit ähnliche Einschränkungen wie für die Tarifpartner.

Unabhängig von den genannten sozialversicherungs- und steuerrechtlichen Aspekten[377], die eine Verfügung des Arbeitnehmers über seine Entgeltansprüche zugunsten des Wertguthabens bereits aus wirtschaftlichen Gesichtspunkten unattraktiv machen, können auch die Betriebspartner keine derartige Entgeltverwendungsabrede vereinbaren. Eine solche Verpflichtung würde dem Arbeitnehmer die Möglichkeit nehmen, über sein verdientes Entgelt zur Bildung eines Wertguthabens oder in beliebiger anderer Form zu verfügen.

Die Betriebspartner können jedoch – soweit solche Betriebsvereinbarungen aufgrund der Regelungssperre des § 77 III BetrVG überhaupt zulässig sind – bestehende Entgelt-Betriebsvereinbarungen aufheben und in veränderter Form neu beschließen. Durch dieses Vorgehen können die Betriebspartner sicherstellen, dass ein Teil der Vergütung ausschließlich zum Aufbau des Wertguthabens ver-

---

373 Hess / Schlochauer / Glaubitz – Hess § 77 Rn. 20; Fitting / Kaiser / Heither / Engels / Schmidt § 77 Rn. 55; Richardi § 77 Rn. 97ff.

374 BAG vom 20. 12. 1957 AP Nr. 1 zu § 399 BGB.

375 BAG vom 1. 12. 1992 DB 93, 990, 992; vom 20. 12. 1957 AP Nr. 1 zu § 399 BGB; vgl. auch LAG Düsseldorf vom 12. 5. 1999 DB 99, 2219, 2219; MünchArbR – Matthes § 336 Rn. 14; Richardi § 77 Rn. 104; Fitting / Kaiser / Heither / Engels / Schmidt § 77 Rn. 58; GK-BetrVG – Kreutz § 77 Rn. 331f.; Hess / Schlochauer / Glaubitz § 77 Rn. 21 – 24.

376 BAG vom 19. 1. 1999 AP Nr. 28 zu § 87 BetrVG 1972 Ordnung des Betriebes (mit Anm. von Hoyningen-Huene); GK-BetrVG – Kreutz § 77 Rn. 331f.; Hess / Schlochauer / Glaubitz – Hess § 77 Rn. 26; Richardi § 77 Rn. 104; Travlos-Tzanetatos S. 143ff.; Däubler / Kittner / Klebe – Berg § 77 Rn. 38.

377 Siehe Kapitel V 1 c aa) und Kapitel II 2, 3.

wendet wird, ohne dass in die außerbetriebliche Lebensgestaltung der Arbeitnehmer eingegriffen wird.

Die Betriebspartner können zudem zusätzliche zweckgebundene Verpflichtungen des Arbeitgebers begründen, die ausschließlich eine Leistung zur Erhöhung des Wertguthabens vorsehen. Solche zusätzlichen Ansprüche, deren Inhalt von Anfang an durch eine Zweckbindung näher definiert wird, schränken den Arbeitnehmer nicht in der Verwendung dieser Mittel ein. Sie können daher auch durch Betriebsvereinbarungen vereinbart werden.[378]

b) Ergebnis

Die Betriebspartner können aufgrund ihrer gesetzlichen Normsetzungskompetenz nach §§ 87, 88 BetrVG Umwandlungsmodelle im Betrieb einführen und ausgestalten. Dies gilt sowohl für freiwillige wie auch für verpflichtende Wertguthabenmodelle.

Diese Regelungen gelten für alle vom Betriebsrat repräsentierten Arbeitnehmer. Insoweit erweist sich das Instrument der Betriebsvereinbarung dem Tarifvertrag, der nach § 3 I TVG lediglich auf die Arbeitsverhältnisse organisierter Arbeitnehmer Anwendung findet, überlegen.

Diese vom Gesetzgeber eingeräumte Kompetenz kann jedoch durch tarifvertragliche Regelungen, die gegenüber der Betriebsvereinbarung höherrangiges Recht darstellen, eingeschränkt werden. Der Umfang dieser möglichen Einschränkung wird im Kapitel „Schranken für die Umwandlung von Ansprüchen" erörtert.[379]

c) Umfang der Mitbestimmung, §§ 87, 88 BetrVG

Die Feststellung, dass die Betriebspartner nach §§ 87, 88 BetrVG grundsätzlich befugt sind, im Wege einer Betriebsvereinbarung normative Regelungen über ein Umwandlungsmodell zu treffen, lässt jedoch die Frage offen, ob der Arbeitgeber auf die Beteiligung des Betriebsrats bei der Einführung und Ausgestaltung auch tatsächlich angewiesen ist.

Die betriebliche Mitbestimmung nach dem Betriebsverfassungsgesetz ist durch die Unterscheidung nach zwingender und freiwilliger Mitbestimmung geprägt. Nach § 87 I BetrVG besteht in den in Nr. 1 – 13 enumerativ aufgezählten Angelegenheiten ein zwingendes Mitbestimmungsrecht des Betriebsrats. In An-

378 Galperin / Löwisch § 77 Rn. 49; Fitting / Kaiser / Heither / Engels / Schmidt § 77 Rn. 58; GK-BetrVG – Kreutz § 77 Rn. 332.

379 Kapitel VI 4.

gelegenheiten, die von dieser Aufzählung erfasst werden, kann der Arbeitgeber in Betrieben, in denen ein Betriebsrat besteht, nur mit Zustimmung des Betriebsrats handeln und entscheiden.[380] Zudem besteht grundsätzlich in allen Angelegenheiten, die der Mitbestimmung nach § 87 I BetrVG unterliegen, auch ein Initiativrecht des Betriebsrats.[381] Der Betriebsrat kann somit in diesem Bereich bestimmte Regelungen vorschlagen, mit denen sich der Arbeitgeber auseinandersetzen muss. Können sich Arbeitgeber und Betriebsrat nicht über den Vorschlag einigen, so entscheidet die Einigungsstelle verbindlich.

Es ist daher zu prüfen, ob der Betriebsrat bei der Einführung und Ausgestaltung eines Umwandlungsmodells ein zwingendes Mitbestimmungsrecht nach § 87 I BetrVG geltend machen kann. Sofern ein solches Mitbestimmungsrecht besteht, ist weiter zu klären, ob auch ein entsprechendes Initiativrecht besteht, so dass der Betriebsrat den Arbeitgeber zu Verhandlungen und einem Einigungsstellenverfahren zwingen kann.

Soweit ein Mitbestimmungsrecht nach § 87 I BetrVG nicht besteht, kann der Arbeitgeber über die Angelegenheit grundsätzlich allein – wenn auch ohne normative Wirkung – entscheiden. Es verbleibt für den Betriebsrat nur die Möglichkeit des Abschlusses einer freiwilligen Betriebsvereinbarung nach § 88 BetrVG.

aa) Obligatorische Mitbestimmung nach § 87 I BetrVG

In § 87 I BetrVG sind die sozialen Angelegenheiten zusammengefasst, in denen Arbeitgeber und Betriebsrat eine Einigung erzielen müssen.[382] Der Katalog des § 87 I Nr. 1 – 13 BetrVG stellt dabei eine abschließende Aufzählung dar.[383] Insbesondere kann nicht von der umfassenden Zuständigkeit des Betriebsrats zur Regelung sozialer Angelegenheiten auf ein ebenso umfassendes zwingendes Mitbestimmungsrecht im Sinne des § 87 I BetrVG geschlossen werden.[384]

---

380 Soweit Arbeitgeber und Betriebsrat keine Einigung erzielen können, kann eine Regelung nur durch den Spruch der Einigungsstelle nach §§ 87 II, 76 V BetrVG herbeigeführt werden.

381 BAG vom 4. 3. 1986 AP Nr. 3 zu § 87 BetrVG 1972 Kurzarbeit; vom 26. 11. 1989 AP Nr. 4 zu § 87 BetrVG 1972 Initiativrecht; vom 30. 1. 1990 AP Nr. 41 zu § 87 BetrVG 1972 Lohngestaltung.

382 Die Vorschrift regelt damit den Kernbereich der Mitwirkung und Mitbestimmung der Arbeitnehmer, vgl. Fitting / Kaiser / Heither / Engels / Schmidt § 87 Rn. 2; Schaub § 235 Rn. 1.

383 Fitting / Kaiser / Heither / Engels / Schmidt § 87 Rn. 4; Richardi § 87 Rn. 10; Wlotzke § 87 Rn. 1 b).

384 Richardi § 87 Rn. 11; GK-BetrVG – Wiese § 87 Rn. 4 m. w. N.

Um ein zwingendes Mitbestimmungsrecht des Betriebsrats bei der Einführung und Ausgestaltung eines Umwandlungsmodells bejahen zu können, muss dieser Regelungsgegenstand daher vom Katalog des § 87 I BetrVG umfasst sein.

(1) Nr. 2 „Verteilung der Arbeitszeit"

Nach § 87 I Nr. 2 BetrVG hat der Betriebsrat ein umfassendes Mitbestimmungsrecht hinsichtlich der Lage der Arbeitszeit.[385] Von diesem Mitbestimmungsrecht ist regelmäßig auch die Einführung von Arbeitszeitkonten erfasst. Hierbei handelt es sich um Instrumentarien, mit denen zeitliche Abweichungen der tatsächlich geleisteten gegenüber der ursprünglichen, auf einen bestimmten Zeitraum bezogenen Regelarbeitszeit erfasst werden.[386] Diese klassischen Arbeitszeitkonten sind eine notwendige Folge flexibler Arbeitszeitmodelle, die eine Schwankung der tatsächlichen Arbeitsleistung bezogen auf Woche, Monat oder Jahr zulassen.[387] Dies ist der Fall bei schlichten Gleitzeitmodellen[388] wie auch bei den eigentlichen Flexibilisierungsmodellen.[389]

Die Einführung dieser flexiblen Arbeitszeitmodelle unterliegt regelmäßig der Mitbestimmung des Betriebsrats nach § 87 I Nr. 2 BetrVG.[390] Der Anwendungsbereich dieser Norm ist eröffnet, wenn die Regelung die Verteilung der Arbeitszeit auf die einzelnen Wochentage betrifft[391], wenn Beginn und Ende der täglichen Arbeitszeit bestimmt werden[392] sowie bei allen sonstigen Arbeitszeitmodellen wie der Einführung gleitender Arbeitszeit[393] oder der Einführung der kapazitätsorientierten variablen Arbeitszeit (KAPOVAZ).[394]

Da die Einführung dieser flexiblen Arbeitszeitmodelle unter die betriebliche Mitbestimmung nach § 87 I Nr. 2 BetrVG fällt, werden auch die damit verbunde-

---

385 Die Dauer der Arbeitszeit ergibt sich dagegen regelmäßig aus Tarifvertrag oder Individualvereinbarung.

386 Klenner WSI-Mitteilungen 97, 254, 255.

387 Siehe Kapitel III 3 a.

388 Neumann RdA 71, 106, 107; Schmidt DB 71, 46, 46f.; Garbers DB 72, 1871, 1871; Heinze NZA 97, 681, 687.

389 Heinze NZA 97, 681, 688 mit weiteren Nachweisen in Fn. 33.

390 GK-BetrVG – Wiese § 87 Rn. 296.

391 BAG vom 13. 10. 1987 AP Nr. 24 zu § 87 BetrVG 1972 Arbeitszeit; vom 31. 1. 1989 AP Nr. 31 zu § 87 BetrVG 1972 Arbeitszeit; vom 25. 7. 1989 AP Nr. 38 zu § 87 BetrVG 1972 Arbeitszeit.

392 BAG vom 28. 10. 1986 AP Nr. 20 zu § 87 BetrVG 1972 Arbeitszeit; vom 13. 6. 1989 AP Nr. 36 zu § 87 BetrVG 1972 Arbeitszeit; vom 8. 8. 1989 AP Nr. 11 zu § 23 BetrVG 1972.

393 BAG vom 18. 4. 1989 AP Nr. 33 zu § 87 BetrVG 1972 Arbeitszeit.

394 BAG vom 28. 9. 1988 AP Nr. 29 zu § 87 BetrVG 1972 Arbeitszeit.

nen Arbeitszeitkonten als Teil der Arbeitszeitregelungen von diesem Mitbestimmungsrecht erfasst.[395]

Dieses Ergebnis kann jedoch auf die hier untersuchten Lebensarbeits- und Langzeitkonten in Form von Umwandlungsmodellen nicht übertragen werden. Die Umwandlungsmodelle selbst beinhalten gerade keine Arbeitszeitregelungen, die die Hauptleistungspflicht des Arbeitnehmers in der Arbeitsphase berühren. Die Dauer und die Lage der Arbeitszeit ergeben sich ausschließlich aus der entsprechenden individual- oder kollektivrechtlichen Vereinbarung. Umwandlungsmodelle haben somit keinen Einfluss auf die Lage der betrieblichen Arbeitszeit und unterliegen daher nicht der Mitbestimmung des Betriebsrats nach § 87 I Nr. 2 BetrVG.

Ein anderes Ergebnis ergibt sich auch nicht dadurch, dass das Wertguthaben grundsätzlich eine Freistellung des Arbeitnehmers von der Arbeitspflicht bei kontinuierlicher Entgeltzahlung ermöglicht. Die Bestimmungen über diese Freistellungsphase berühren zwar die Lage der Arbeitszeit. Ein Mitbestimmungsrecht über Freistellungen ergibt sich nach § 87 I Nr. 2 BetrVG jedoch nur insoweit, als die Dauer und Lage von Pausen festgelegt werden. Pausen i. S. dieser Norm sind aber nur unbezahlte Ruhepausen innerhalb einer Schicht, die nicht zur Arbeitszeit zu rechnen sind.[396]

Die Einführung und Ausgestaltung von Umwandlungsmodellen stellen somit keine Angelegenheiten dar, die von einem Mitbestimmungsrecht des Betriebsrats nach § 87 I Nr. 2 BetrVG erfasst werden.

Ebenso ergibt sich kein Mitbestimmungsrecht aus anderen Tatbeständen des Katalogs des § 87 I BetrVG, die regelmäßig bei Arbeitszeitregelungen einschlägig sind, wie z. B. § 87 I Nr. 3 BetrVG für die Anordnung von Überstunden oder § 87 I Nr. 6 BetrVG für die Einführung und Anwendung von Geräten zur automatischen Arbeitszeiterfassung.

(2) Nr. 10 „Fragen der betrieblichen Lohngestaltung"

Ein Mitbestimmungsrecht des Betriebsrats besteht nach § 87 I Nr. 10 BetrVG in allen Fragen, die die betriebliche Lohngestaltung betreffen.

Gegenstand der zwingenden Mitbestimmung nach dieser Norm sind die abstrakt-generellen Grundsätze der Lohnfindung, also die normative Festlegung der

395 Heinze NZA 97, 681, 687, 688; Schmidt DB 71, 46, 48, der noch anhand des § 56 I a BetrVG 1952 argumentiert.

396 Richardi § 87 Rn. 277f.; Fitting / Kaiser / Heither / Engels / Schmidt § 87 Rn. 117.

materiellen Gesichtspunkte und des Verfahrens, von dem die Entgeltfindung im Einzelfall abhängt.[397]

Übergeordneter Begriff im Rahmen des § 87 I Nr. 10 BetrVG ist die „Lohngestaltung“. Dieser Begriff umfasst alle generellen Regelungen, nach denen sich die Entlohnung im Betrieb richten soll. Als Beispiele nennt das Gesetz die Aufstellung und Änderung von Entlohnungsgrundsätzen sowie die Einführung, Anwendung und Änderung von Entlohnungsmethoden. Als Entlohnungsgrundsatz wird das System bezeichnet, nach dem das Arbeitsentgelt bemessen werden soll.[398] Der engere Begriff der Entlohungsmethode dagegen beschreibt die Art und Weise, wie der gewählte Entlohnungsgrundsatz technisch durchgeführt wird.[399] Die „Gestaltung des Lohns“ ist somit ein sehr weiter Begriff, der – abgesehen von der Entgelthöhe – umfassend alle Vergütungsregelungen erfasst.

Ebenso weit ist der Begriff des „Lohns“ i.S.d. § 87 I Nr. 10 BetrVG aufzufassen. Hierunter fällt nicht nur das Entgelt, das als unmittelbare synallagmatische Leistung erbracht wird. Vielmehr zählen hierzu alle Formen von Vergütung aus Anlass eines Arbeitsverhältnisses.[400] Der Begriff Lohn ist damit im weitesten Sinne zu verstehen.[401]

Durch diesen sehr weiten Anwendungsbereich stellt § 87 I Nr. 10 BetrVG praktisch eine Generalklausel dar, die dem Betriebsrat bei der Gestaltung des Arbeitsentgelts ein umfassendes Mitbestimmungsrecht einräumt.[402] Um diese Klausel näher auszufüllen, muss der Gesetzeszweck ermittelt und herangezogen werden.[403]

Das BAG sieht den Zweck dieser Mitbestimmungsvorschrift in ständiger Rechtsprechung darin, den Arbeitnehmer vor einer einseitig an den Interessen des

---

397 BAG vom 10. 7. 1979 AP Nr. 2 zu § 87 BetrVG 1972 Lohngestaltung, vom 22. 1. 1980 AP Nr. 3 zu § 87 BetrVG 1972 Lohngestaltung, vom 22. 12. 1981 AP Nr. 7 zu § 87 BetrVG 1972 Lohngestaltung; Schaub § 235 Rn. 56; Richardi § 87 Rn. 749; Wlotzke § 87 S. 279.

398 Richardi § 87 Rn. 752, 757; Weiss / Weyand § 87 Rn. 72.

399 BAG vom 14. 11. 1974 AP Nr. 1 zu § 87 BetrVG 1972 (mit Anmerkung Richardi); vom 10. 7. 1979 AP Nr. 2 zu § 87 BetrVG 1972 Lohngestaltung (mit Anmerkung Schulze-Osterloh); vom 22. 1. 1980 AP Nr. 3 zu § 87 BetrVG 1972 Lohngestaltung (mit Anmerkung Moll); Richardi § 87 Rn. 760 m. w. N.; Weiss / Weyand § 87 Rn. 72.

400 BAG vom 10. 6. 1986 AP Nr. 22 zu § 87 BetrVG 1972 Lohngestaltung = NZA 87, 30, 30; BAG GS vom 16. 9. 1986 AP Nr. 17 zu § 77 BetrVG 1972; Hess / Schlochauer / Glaubitz – Glaubitz § 87 Rn. 464 m.w.N.; Fitting / Kaiser / Heither / Engels / Schmidt § 87 Rn. 412.

401 ErfK – Hanau / Kania § 87 BetrVG Rn. 96.

402 BAG GS vom 3. 12. 1991 AP Nr. 51 und 52 zu § 87 BetrVG Lohngestaltung = NZA 92, 749, 756; Richardi § 87 Rn. 728 m. w. N.

403 Joost ZfA 93, 257, 260; Reichold RdA 95, 147, 153.

Unternehmens orientierten oder willkürlichen Lohngestaltung zu schützen und die Angemessenheit und Durchsichtigkeit des innerbetrieblichen Lohngefüges zu gewährleisten.[404] Es soll ein Ausgleich zwischen den berechtigten unternehmenspolitischen Zielen des Arbeitgebers und den Belangen der Belegschaft bei der Ausgestaltung des Entgeltsystems geschaffen werden.[405] Dieser Ansicht haben sich auch der Große Senat des Bundesarbeitsgerichts[406] sowie die Wissenschaft weitgehend angeschlossen.[407]

Dagegen ist es nicht Zweck des Mitbestimmungsrechts, dass der Betriebsrat auch über die Festlegung der Höhe der Entgelte mitzubestimmen hat, ob also für eine bestimmte Arbeit ein gerechter Lohn gezahlt wird.[408] Ziel ist es vielmehr zu gewährleisten, dass die Interessen der Arbeitnehmer gleichrangig berücksichtigt werden.

(a) Das Umwandlungsmodell als Form der Lohngestaltung?

Um ein Mitbestimmungsrecht des Betriebsrats nach § 87 I Nr. 10 BetrVG begründen zu können, müssen Einführung und Ausgestaltung eines Umwandlungsmodells als Maßnahme der Lohngestaltung eingestuft werden.

Voraussetzung für eine solche Einstufung ist zunächst, dass der Regelungskomplex Umwandlungsmodell einen Bezug zum Lohn i.S.d. § 87 I Nr. 10 BetrVG aufweist. Das Umwandlungsmodell muss gestaltenden Einfluss auf eine Leistungsverpflichtung des Arbeitgebers haben, die als Lohnzahlung, d. h. als Vergütung aus Anlass des Arbeitsverhältnisses, eingestuft werden kann.

Soweit dies der Fall ist, ist weiter zu untersuchen, ob alle weiteren Normen des gesamten Regelungskomplexes, die nicht unmittelbar den Anspruch des Arbeitnehmers auf einen Lohn begründen, ebenfalls noch von einem Mitbestimmungsrecht nach § 87 I Nr. 10 BetrVG umfasst werden.

Als Anknüpfungspunkt für diese Beurteilung sind hier zwei Sachverhalte heranzuziehen. Zum einen kann sich ein Bezug zum Arbeitslohn dadurch ergeben,

---

404 BAG vom 14. 11. 1974 AP Nr. 1 zu § 87 BetrVG 1972; vom 22. 1. 1980 AP Nr. 3 zu § 87 BetrVG 1972 Lohngestaltung; vom 19. 5. 95 AP Nr. 81 zu § 87 BetrVG 1972 Lohngestaltung; weitere Nachweise bei GK-BetrVG – Wiese § 87 Rn. 805.

405 BAG vom 6. 12. 1988 AP Nr. 37 zu § 87 BetrVG 1972 Lohngestaltung (mit Anm. Reuter) Bl. 4 R.

406 BAG GS vom 3. 12. 1991 AP Nr. 51 zu § 87 BetrVG 1972 Lohngestaltung = DB 92, 1579, 1584.

407 von Hoyningen-Huene § 12 II 4 b; Wlotzke § 87 Nr. 10 a; Otto ArbR Rn. 574; Fitting / Kaiser / Heither / Engels / Schmidt § 87 Rn. 408; ErfK – Hanau / Kania § 87 BetrVG Rn. 96 m.w.N.; GK-BetrVG – Wiese § 87 Rn 805; zur Kritik an dieser Formulierung siehe Joost ZfA 93, 257, 260ff.

408 Wlotzke § 87 Nr. 10 a; von Hoyningen-Huene § 12 II 4 b.

dass der Arbeitnehmer sein Guthaben im Regelfall größtenteils durch Umwandlung von Entgeltansprüchen aufbaut.[409] Insoweit ist also auf den Zeitpunkt der Anspruchsumwandlung einzugehen.

Darüber hinaus kann auch darauf abgestellt werden, dass der Arbeitnehmer aus dem angesammelten Guthaben Ansprüche erwirbt. Eine Vergütung aus Anlass eines Arbeitsverhältnisses kann somit vorliegen, sobald der Arbeitgeber das Wertguthaben an den Arbeitnehmer ausschüttet. Wie eingangs geschildert kann ein Wertguthabenmodell nach den sozialversicherungsrechtlichen Vorgaben des § 7 Ia S. 1, 4 SGB IV unterschiedliche Formen der Ausschüttung vorsehen.[410] Während der Arbeitnehmer im Regelfall einen Anspruch auf Freistellung von der Arbeitspflicht bei kontinuierlicher Entgeltzahlung hat, kann für sog. Störfälle eine Pflicht des Arbeitgebers zur Auszahlung des Guthabens bestehen. Fraglich ist, ob in diesen beiden Fällen von einer Vergütung i.S.d. § 87 I Nr. 10 BetrVG ausgegangen werden kann.

(aa) Die Umwandlung als Anknüpfungspunkt

Aufgrund des sehr weitgefassten Lohnbegriffs, der § 87 I Nr. 10 BetrVG zugrunde liegt und alle Formen der Vergütung aufgrund eines Arbeitsverhältnisses erfasst, kann zunächst davon ausgegangen werden, dass es sich bei sämtlichen Vergütungsansprüchen, die der Arbeitnehmer im Rahmen des Wertguthabenmodells umwandeln kann, um Lohnansprüche i. S. dieser Norm handelt. Da die Umwandlung aufgrund der sozialversicherungs- und steuerrechtlichen Vorgaben zudem bereits vor Fälligkeit dieser Ansprüche vorgenommen werden muss, weist der Vorgang des Guthabenaufbaus einen sehr engen Bezug zu diesen Lohnansprüchen auf. Der Arbeitnehmer verwendet nicht nur sein verdientes Entgelt zu einem bestimmten Zweck (in diesem Fall bestünde die einzige Verbindung zum Arbeitslohn darin, dass die Geldsumme aus dem ausgezahlten Arbeitsentgelt resultiert), sondern wandelt unmittelbar seinen schuldrechtlichen Anspruch auf Arbeitslohn in das Guthaben um.

Das Wertguthabenmodell gestaltet also insoweit die Entgeltansprüche des Arbeitnehmers, als es einen Rahmen vorgibt für die Möglichkeit des Arbeitnehmers, diese Ansprüche zugunsten des Wertguthabens umzuwandeln.

Ein solcher Bezug zum Arbeitslohn kann dagegen nicht angenommen werden, wenn der Arbeitnehmer Freistellungsansprüche umwandelt, um ein Wertguthaben

409 Die Möglichkeit, das Guthaben durch Umwandlung von Freistellungsansprüchen aufzubauen, ist aufgrund gesetzlicher Schranken nur in engen Grenzen möglich. Siehe hierzu Kapitel VI.

410 Siehe Kapitel IV 2 b, c.

aufzubauen. Regelungen, die die Freistellung des Arbeitnehmers von der Arbeitspflicht betreffen, unterliegen grundsätzlich nicht der Mitbestimmung des Betriebsrats nach § 87 I Nr. 10 BetrVG.[411] Zwar hat das BAG in verschiedenen Entscheidungen die Ansicht vertreten, dass ein Freistellungsanspruch in bestimmten Fällen einen Vergütungscharakter haben und damit auch ein Mitbestimmungsrecht nach dieser Norm hervorrufen kann.[412] Es kommt dann aber auf eine Einzelfallbetrachtung an, die in dieser Form nicht pauschal für alle erdenklichen umwandelbaren Freistellungsansprüche vorgenommen werden kann. Die Freistellungsansprüche, die der Arbeitnehmer zum Aufbau eines Wertguthabens verwenden kann, sind aber „klassische" Freistellungsansprüche, wie z. B. übergesetzliche Urlaubsansprüche oder bezahlte Freistellung aufgrund von Dienstjubiläen etc.. Diese Ansprüche weisen keinerlei Vergütungscharakter auf, so dass diese Rechtsprechung hier nicht anzuwenden ist.

Als Anknüpfungspunkt für eine umfassende Mitbestimmung nach § 87 I Nr. 10 BetrVG können die Ansprüche, die der Arbeitnehmer zum Aufbau seines Guthabens umwandelt, somit nur bedingt dienen. Soweit Freistellungsansprüche umgewandelt werden, kann kein Bezug zur Lohngestaltung i.S. dieser Norm hergestellt werden. Nach der hier vorgenommenen Betrachtungsweise, die auf den Zeitpunkt der Umwandlung der Arbeitnehmeransprüche abstellt, würden die Regelungen des Wertguthabenmodells nur insoweit einer zwingenden Mitbestimmung des Betriebsrats unterliegen, als sie die Umwandlung von Vergütungsansprüchen zum Gegenstand haben.

Daher ist zu untersuchen, ob der gesamte Regelungskomplex Umwandlungsmodell unter dem Aspekt der Ausschüttung des Guthabens als Lohngestaltung nach § 87 I Nr. 10 BetrVG einzuordnen ist und damit ein Mitbestimmungsrecht begründet.

(bb) Die Ausschüttung des Wertguthabens durch Auszahlung als Anknüpfungspunkt

Im Falle eines Störfalls i.S.d. Sozialversicherungsrechts kann nach § 7 Ia S. 4 SGB IV eine Ausschüttung des Wertguthabens durch Auszahlung des Guthabenbetrages in Betracht kommen, sofern eine Freistellung des Arbeitnehmers von der Arbeitspflicht nicht möglich ist.

Eine derartige Auszahlung des Guthabens an den Arbeitnehmer ist als Lohnzahlung i.S.d. § 87 I Nr. 10 BetrVG einzustufen. Es handelt sich um eine Vergü-

---

411 GK-BetrVG – Wiese § 87 Rn. 827; Hess / Schlochauer / Glaubitz – Glaubitz § 87 Rn. 468.

412 BAG vom 26.8.1997 NZA 98, 441, 444; BAG vom 27.1.1998 BB 98, 419, 420.

tung, die vom Arbeitgeber ausschließlich aufgrund des Arbeitsverhältnisses geleistet wird. Aufgrund des weiten Anwendungsbereiches der Nr. 10, die alle Leistungen des Arbeitgebers mit Entgeltcharakter erfasst, fällt auch diese atypische Leistung unter die Mitbestimmung. Da das Guthaben durch eine Umwandlung anderer Ansprüche aufgebaut wurde, die dem Arbeitnehmer wiederum nur aufgrund seiner Arbeitsleistung zustanden, ist auch der Entgeltcharakter dieser Zahlungen zu bejahen.

Die Einordnung dieser Zahlungen als Lohn i.S.d. § 87 I Nr. 10 BetrVG gilt unabhängig davon, welche Art von Ansprüchen der Arbeitnehmer zum Aufbau des Guthabens umgewandelt hat. Insoweit ist es irrelevant, ob der Arbeitnehmer sein Wertguthaben ausschließlich durch Umwandlung von Entgeltansprüchen oder (auch) durch Umwandlung von Freistellungsansprüchen aufgebaut hat. Der Arbeitnehmer erhält unabhängig von der Art der umgewandelten Ansprüche im Rahmen des Wertguthabenmodells immer nur einen einheitlichen neuen Anspruch, der im Störfall auf die Auszahlung des Guthabens gerichtet ist.

Kommt es somit zu einem Störfall und damit zu einer Auszahlung des Wertguthabens durch den Arbeitgeber, so handelt es sich bei dieser Leistung des Arbeitgebers um eine Lohnzahlung i.S.d. § 87 I Nr. 10 BetrVG. Daher unterliegt die Einführung und Ausgestaltung dieser Regelung dem Mitbestimmungsrecht des Betriebsrats.

(cc) Die Ausschüttung des Guthabens durch Freistellung als Anknüpfungspunkt

Nach den sozialversicherungsrechtlichen Vorgaben soll das Guthaben im Regelfall jedoch durch eine Freistellung des Arbeitnehmers bei kontinuierlicher Entgeltzahlung ausgeschüttet werden. Fraglich ist, ob die Teile des Regelungskomplexes, die diese Leistungspflicht des Arbeitgebers bestimmen, ebenfalls der Mitbestimmung unterliegen.

Nach § 7 Ia 1 Nr. 2 SGB IV muss das Wertguthabenmodell für den Fall der Freistellung des Arbeitnehmers eine kontinuierliche Entgeltzahlung vorsehen. Die Parteien haben bei der Ausgestaltung der Höhe dieses Entgelts jedoch einen weiten Spielraum. Voraussetzung ist nach § 7 Ia 1 Nr. 2 SGB IV lediglich, dass die Höhe des für die Zeit der Freistellung und des für die vorausgegangenen zwölf Kalendermonate monatlich fälligen Arbeitsentgelts nicht unangemessen voneinander abweichen und diese Arbeitsentgelte Euro 325,- (ab 1. April 2003 Euro 400,-) übersteigen. Treffen die Betriebspartner eine Regelung über das während der Freistellung zu zahlende Entgelt, so handelt es sich hierbei um eine Lohngestaltung i.S.d. § 87 I Nr. 10 BetrVG. Ein zwingendes Mitbestimmungsrecht des Betriebsrats ist insoweit anzunehmen.

Die hier untersuchten Umwandlungsmodelle (nach dem Vorbild des *Zeit-Wertpapiers)* zeichnen sich jedoch dadurch aus, dass keine speziellen Regelungen zur Entgeltzahlung während der Freistellungsphase getroffen werden. Die Parteien vereinbaren vielmehr, dass der Arbeitnehmer während der Freistellung Anspruch auf die Entgeltzahlungen hat, die er auch bei Erfüllung der Arbeitspflicht erhalten würde. Insofern nehmen die Parteien also nur Bezug auf die anderweitig vereinbarte Entgeltzahlungspflicht des Arbeitgebers. Eine neue Regelung wird nur hinsichtlich der Befreiung des Arbeitnehmers von der Arbeitsleistung getroffen. Fraglich ist, ob auch diese Regelung einer Mitbestimmung nach § 87 I Nr. 10 BetrVG unterliegt.

Nach wohl überwiegender Ansicht in der Literatur kann die Gewährung einer bezahlten Freistellung von der Arbeitspflicht nicht unter den Begriff des Lohns i.S.d. § 87 I Nr. 10 BetrVG subsumiert werden und damit auch kein Mitbestimmungsrecht gemäß dieser Ziffer nach sich ziehen.[413]

Eine andere Ansicht vertritt dagegen Klebe. Klebe sieht in jeder bezahlten Freistellung von der Arbeit einen geldwerten Vorteil, der Entgeltcharakter hat.[414] Die höhere Vergütung der geleisteten Arbeit habe ein Mitbestimmungsrecht nach § 87 I Nr. 10 BetrVG zur Folge.

Die Ansicht der überwiegenden Meinung hat das Bundesarbeitsgericht in seinem Urteil vom 27. 6. 1985 geteilt.[415] Das Gericht hatte über die Frage zu befinden, ob ein „Jubilar-Zusatzurlaub“ den Charakter einer Gratifikation hat und damit in den Regelungsbereich des § 87 I Nr. 10 BetrVG fällt. Unter Berufung auf die eigene Rechtsprechung, nach der ein Urlaubsanspruch keinen Einheitsanspruch aus Freizeitgewährung und Fortzahlung der Vergütung darstellt, sondern lediglich die Freistellung von der Arbeitspflicht beinhaltet, hat das BAG diese Frage verneint. Das Gericht hat in dieser Entscheidung also eindeutig zwischen der Freistellung von der Arbeitsverpflichtung und der weiter unverändert geschuldeten Vergütung aufgrund des Arbeitsvertrages getrennt.

In späteren Entscheidungen ist das BAG von dieser konsequenten Sichtweise jedoch abgerückt. Mit Beschluss vom 26. 8. 1997 hat das BAG festgestellt, dass die Frage, ob der Arbeitgeber einen Ausgleich für Nachtarbeit nach § 6 V ArbZG in Form von Freistellung oder Entgeltzuschlag gewährt, in den Regelungsbereich

---

413 GK-BetrVG – Wiese § 87 Rn. 827; Hess / Schlochauer / Glaubitz – Glaubitz § 87 Rn. 468. Eine eingehende Auseinandersetzung mit dieser Frage nehmen diese Autoren allerdings nicht vor.

414 Däubler / Kittner / Klebe – Klebe § 87 Rn. 243.

415 BAG vom 27. 6. 1985 AP Nr. 14 zu § 77 BetrVG 1972 = EzA Nr. 16 zu § 77 BetrVG 1972 = DB 86, 596, 597.

von § 87 I Nr. 10 BetrVG fällt.[416] Nach den Ausführungen des Gerichts ist auch in dem Fall, dass die Auswahlentscheidung zu mehr bezahlter Freizeit führt, aus wirtschaftlicher Sicht die Lohngestaltung betroffen, da sich das Entgelt für die tatsächlich geleistete Arbeitszeit verändert.

Bemerkenswert an dieser Entscheidung ist die sog. wirtschaftliche Betrachtungsweise, die das Gericht anwendet. Trennt man konsequent zwischen der Freistellung und der Entgeltzahlungspflicht, so werden die Durchsichtigkeit des innerbetrieblichen Lohngefüges und die innerbetriebliche Lohngestaltung durch die bloße Gewährung von zusätzlichen Freistellungsansprüchen eigentlich nicht berührt. Der Anspruch des Arbeitnehmers auf Entgeltzahlung durch den Arbeitgeber bleibt unverändert. Einen Einfluss auf die Lohngestaltung konnte das Gericht nur bejahen, indem es den Entgelt- und den Freistellungsanspruch gemeinsam und in ihrem Verhältnis zueinander betrachtete. Eine solche Sichtweise hatte das BAG in seinem Urteil vom 27. 6. 1985 noch abgelehnt.

Diese veränderte neue Sichtweise hat das BAG in einem Beschluss vom 27. 1. 1998 bestätigt. Hier hat das Gericht entschieden, dass eine Freistellung zum Zweck eines Betriebsausfluges Vergütungscharakter haben und damit der Mitbestimmung nach § 87 I Nr. 10 BetrVG unterliegen kann.[417] Dabei hat es darauf abgestellt, dass im zu entscheidenden Fall der Zweck der Freistellung dem einer Erfolgsprämie entsprach. Nach Ansicht des BAG hatte der Freistellungsanspruch damit den Charakter eines geldwerten Vorteils und löste somit – zur Sicherung der Verteilungsgerechtigkeit – das Mitbestimmungsrecht nach § 87 I Nr. 10 BetrVG aus.

Die genannten Ansichten aus Wissenschaft und Rechtsprechung lassen sich - da sie ausnahmslos die Frage der Mitbestimmung bei zusätzlichen Freistellungsversprechen des Arbeitgebers beantworten – nicht unmittelbar auf die vorliegende Untersuchung übertragen. Im Rahmen des Wertguthabenmodells stellt sich vielmehr die Frage, ob eine Freistellung von der Arbeitspflicht als alternative Leistung des Arbeitgebers (anstatt der umgewandelten Ansprüche) eine Mitbestimmung nach § 87 I Nr. 10 BetrVG nach sich ziehen kann.

Dennoch lassen sich aus der neueren Rechtsprechung Anhaltspunkte für die Beantwortung dieser Frage gewinnen. Auch wenn es sich bei Freistellung und Entgeltzahlung um zwei grundlegend verschiedene Ansprüche handelt, so hat das BAG doch festgestellt, dass die Gewährung einer Freistellung einen Einfluss auf

---

416 BAG vom 26. 8. 1997 NZA 98, 441, 444 = ArbuR 98, 338, 339 (mit Anm. Ulber). Das Mitbestimmungsrecht nach § 87 Abs. I Nr. 10 BetrVG in dieser Frage wird auch von Zmarzlik / Anzinger – ArbZG § 6 Rn. 68 und ErfK – Wank § 6 ArbZG Rn. 30 bejaht.

417 BAG vom 27. 1. 1998 BB 98, 419, 420; vgl. auch LAG München NZA 99, 525, 525.

die Vergütung haben kann. Daher schließt es die Rechtsprechung nicht mehr aus, dass Freistellungsansprüche ein Mitbestimmungsrecht gemäß § 87 I Nr. 10 BetrVG nach sich ziehen. Vielmehr vergleicht das BAG unter den besonderen Bedingungen des Einzelfalls, ob der Freistellungsanspruch einen Vergütungscharakter hat und damit der Mitbestimmung nach Nr. 10 zu unterstellen ist.

Unter diesem Gesichtpunkt sind bei der Untersuchung des Freistellungsanspruchs aus dem Wertguthaben mehrere Punkte zu beachten.

Aus schuldrechtlicher Sicht hat der Arbeitnehmer aus dem Umwandlungsmodell im Regelfall einen Anspruch auf Freistellung von der Arbeitsverpflichtung bei kontinuierlicher Entgeltzahlung. Die Modalitäten des Entgeltanspruchs werden dabei nicht gesondert vereinbart. Vielmehr wird nur Bezug genommen auf die anderweitig vereinbarte Zahlungsverpflichtung des Arbeitgebers.

Die Tatsache, dass das Arbeitsverhältnis während dieser Freistellungsphase unverändert fortbesteht, resultiert letztlich nur aus den sozialversicherungsrechtlichen Vorgaben des § 7 Ia SGB IV. Das Schuldverhältnis zwischen Arbeitgeber und Arbeitnehmer muss in dieser Phase fortbestehen, damit nach sozialversicherungsrechtlicher Fiktion in diesem Zeitraum eine „Beschäftigung" i.S.d. § 7 SGB IV besteht. Durch diese Regelung soll sichergestellt werden, dass der Arbeitnehmer während der Freistellungsphase den Schutz der verschiedenen Zweige der Sozialversicherung nicht verliert. Fraglich ist jedoch, ob diese Einordnung auch für die arbeitsrechtliche Frage der Mitbestimmung als Maßstab heranzuziehen ist. Die Einordnung von Wertguthabenmodellen in das System des § 87 I BetrVG gestaltet sich vor allem deshalb so schwierig, weil die Umwandlung von Vergütungsansprüchen in Freistellungsansprüche bei der Schaffung der Tatbestände des § 87 I BetrVG noch keine Beachtung gefunden hat.

Betrachtet man abstrakt das Interesse der Arbeitnehmer am Umwandlungsmodell, so liegt dieses Interesse darin, dass der Wert des Guthabens nach einer Sparphase durch den Arbeitgeber wieder ausgeschüttet wird. In der Zwischenzeit kann der Arbeitnehmer „brutto" statt „netto" sparen und zum Zeitpunkt der Ausschüttung dann eine Auszahlung durch den Arbeitgeber verlangen, ohne dafür eine Arbeitsleistung erbringen zu müssen. Verengt man den Blickwinkel allein auf diese Ausschüttung, dann spielt es für den Arbeitnehmer keine gewichtige Rolle, ob der Arbeitgeber diese Leistung während eines fortbestehenden Arbeitsverhältnisses erbringt oder ob das Arbeitsverhältnis beendet wird. Mit anderen Worten: Für den Arbeitnehmer hat die Leistung des Arbeitgebers, d.h. Zahlung des entsprechenden Geldbetrages, den gleichen Wert, ob er während dieser Leistungen des Arbeitgebers von der Arbeit freigestellt ist oder ob das Arbeitsverhältnis gar nicht mehr besteht. Dabei wird hier keineswegs übersehen, dass es in arbeits-, sozialversicherungs- und steuerrechtlicher Hinsicht sehr relevant ist, ob das Arbeitsverhältnis unverändert weiter besteht.

Zur Beantwortung der Frage, ob das Umwandlungsmodell unter die Tatbestände des § 87 I Nr. 1 – 13 BetrVG subsumiert werden kann, erscheint jedoch eine solch abstrakte Betrachtung unumgänglich. Die Leistung des Arbeitgebers stellt keine Freistellung von der Arbeitspflicht dar, die mit den bislang von Rechtsprechung und Wissenschaft untersuchten und von der Mitbestimmung nach Nr. 10 ausgeschlossenen Freistellungsansprüchen vergleichbar ist. In diesen Fällen bestanden diese Ansprüche von Anfang an nur als Freistellungsansprüche. Bei den hier untersuchten Freistellungsansprüchen dagegen besteht ein sehr enger Zusammenhang zwischen der Freistellung und den zum Guthabenaufbau umgewandelten Vergütungsansprüchen des Arbeitnehmers. Dieser Zusammenhang geht durch die Umwandlung nicht vollständig verloren. Der Stand des Guthabens spiegelt den Wert der erbrachten und angesparten Arbeitsleistung permanent wider. Die Umrechung dieses Guthabens in eine Freistellungsphase wird nur vorgenommen, um den sozialversicherungsrechtlichen Vorgaben der §§ 7 Ia, 23b I SGB IV zu genügen, die die bloße Ausschüttung des Guthabens grundsätzlich als Störfall einstufen.

Berücksichtigt man zudem, dass das Guthaben weitestgehend durch Umwandlung von Entgeltansprüchen und nur zu einem geringen Teil durch Umwandlung von Freistellungsansprüchen aufgebaut wird, so besteht ein sehr enger Zusammenhang zwischen der Verpflichtung des Arbeitgebers, den Arbeitnehmer von der Arbeitsleistung freizustellen, und den Entgeltregelungen des Arbeitsverhältnisses.

Fasst man diese Ergebnisse zusammen, so ist aus streng-schuldrechtlicher Sicht nicht zu bestreiten, dass die hier untersuchten Umwandlungsmodelle, die während der Freistellungsphase ein unverändertes Entgelt vorsehen, keine Regelungen zur Lohngestaltung treffen. Der aus dem Umwandlungsmodell resultierende Freistellungsanspruch des Arbeitnehmers hebt sich jedoch unverkennbar von anderen Ansprüchen dieser Art ab. Er wird nicht von Anfang an in dieser Form durch den Arbeitgeber geschuldet, sondern entsteht erst durch Umwandlung eines Entgeltsanspruchs. Während der gesamten Laufzeit des Guthabenmodells steht die Freistellung des Arbeitnehmers zudem unter dem Vorbehalt, dass kein Störfall eintritt und eine Freistellung damit gar nicht geleistet werden kann.

Aus diesen Gründen kann das gesamte Wertguthabenmodell einschließlich der Regelungen über die Freistellung des Arbeitnehmers als Entgeltregelung eingestuft werden und zieht somit eine Mitbestimmung des Betriebsrats gemäß § 87 I Nr. 10 BetrVG nach sich. Dabei wird hier nicht übersehen, dass die Aufzählung der Tatbestände in § 87 I BetrVG abschließender Natur ist. Nach den oben geführten Überlegungen ist eine Subsumtion des Wertguthabenmodells unter die

führten Überlegungen ist eine Subsumtion des Wertguthabenmodells unter die Nr. 10 im Wege der Auslegung möglich.[418]

(dd) Zwischenergebnis

Umwandlungsmodelle sind insgesamt als Entgeltregelungen einzustufen und ziehen somit eine Mitbestimmung gemäß § 87 I Nr. 10 BetrVG nach sich. Dies gilt sowohl für die Bestimmungen, die eine Freistellung des Arbeitnehmers aus dem Guthaben vorsehen, wie für die Bestimmungen, nach denen das Guthaben bei einem sozialversicherungsrechtlichen Störfall ausgezahlt wird.

(b) Reichweite der Mitbestimmung

Bei der Einräumung eines so weit gehenden Mitbestimmungsrechts muss jedoch beachtet werden, dass die Einführung eines Umwandlungsmodells eine Entscheidung ist, die einen nicht unwesentlichen administrativen Aufwand für den Arbeitgeber nach sich zieht.[419] Die Frage, ob ein solches Modell im jeweiligen Betrieb überhaupt sinnvoll angewendet werden kann, kann nur unter Einbeziehung der betriebsspezifischen Gegebenheiten beantwortet werden. Der Gesetzgeber hat daher die Einführung eines Wertguthabenmodells auch nicht verbindlich vorgeschrieben, sondern lediglich die Rahmenbedingungen für diese Modelle verbessert. Eine Pflicht zur Einführung eines Wertguthabenmodells würde das Ziel der Gesetzesreform, mehr Flexibilität zu ermöglichen, zudem grundlegend konterkarieren.[420]

Bei der Einführung eines Umwandlungsmodells handelt es sich somit um eine zusätzliche Leistung des Arbeitgebers. Dieser Tatbestand bietet einige Parallelen zu den sog. freiwilligen Leistungen des Arbeitgebers, für die ein eigener Umfang der Mitbestimmungsrechte festgelegt wurde.

(aa) Die Rechtslage bei freiwilligen Leistungen des Arbeitgebers

Unter freiwilligen Leistungen sind solche Leistungen des Arbeitgebers zu verstehen, zu denen er weder kraft Gesetzes noch durch Tarifvertrag verpflichtet ist, sich aber selbst durch Gesamtzusage oder betriebliche Übung verpflichtet haben

---

418 Zur Methodik der Auslegung im Rahmen des § 87 I BetrVG vgl. Schlachter, S. 113ff.

419 Siehe insoweit auch Kap. VIII.

420 Zu diesem Ziel des Gesetzgebers: BT-Drucksache 13/9818 S.10f.

kann.[421] Es handelt sich also um Leistungen, die der einzelne Arbeitgeber – unbeschadet seines Beweggrundes - aus Anlass eines bestehenden Arbeitsverhältnisses seinen Arbeitnehmern zukommen lassen will. Hierzu können z. B. Gratifikationen oder Leistungen zur betrieblichen Altersversorgung zählen.[422] Aufgrund der weiten Definition des Lohns in § 87 I Nr. 10 BetrVG fallen diese Leistungen grundsätzlich in den Anwendungsbereich dieser Norm.

Verpflichtet sich der Arbeitgeber zu solchen freiwilligen Leistungen, so kann sich die Rechtslage der Arbeitnehmer durch diese Verpflichtung nicht verschlechtern. Dies gilt selbst dann, wenn einzelne Arbeitnehmer von der Leistung ausgeschlossen werden. Zweck des Mitbestimmungsrechts ist aber gerade der Schutz vor einer einseitig orientierten oder willkürlichen Lohngestaltung. Der Betriebsrat ist somit auch bei freiwilligen Leistungen des Arbeitgebers berufen, durch seine Mitbestimmung eine gerechte Verteilung innerhalb der Belegschaft herbeizuführen. Daher besteht auch bei freiwilligen Leistungen des Arbeitgebers ein Mitbestimmungsrecht nach § 87 I Nr. 10 BetrVG, das jedoch erheblichen Beschränkungen unterliegt.[423] Mitbestimmungspflichtig sind alle Fragen, die nicht unmittelbar mit der Entscheidung über den finanziellen Aufwand der Leistung zusammenhängen. Im wesentlichen geht es dabei um die Frage der gerechten Ausgestaltung der Leistungen.[424] Der Betriebsrat hat bei der Ausgestaltung, besonders der Verteilung der Gesamtmittel und der näheren Leistungsvoraussetzungen, mitzubestimmen. Mitbestimmungsfrei bleibt dagegen die Entscheidung des Arbeitgebers, ob und in welchem Umfang er die Leistung erbringen will.[425] Hierbei handelt es sich nicht um eine Frage der Lohngestaltung sondern vielmehr um eine Frage der Lohnpolitik des Arbeitgebers.[426]

Aus diesem Grund steht dem Betriebsrat in dieser Frage auch kein Initiativrecht zu. Grundsätzlich schließt ein Mitbestimmungsrecht zwar auch ein Initiativ-

---

421 BAG GS vom 16. 9. 1986 AP Nr. 17 zu § 77 BetrVG 1972; ErfK – Hanau/Kania § 87 BetrVG Rn. 107.

422 Fitting / Kaiser / Heither / Engels / Schmidt § 87 Rn. 443.

423 BAG vom 12. 6. 1975 AP Nr. 3 zu § 87 BetrVG 1972 Altersversorgung; vom 10. 7. 1979 AP Nr. 2 zu § 87 BetrVG 1972 Lohngestaltung; vom 17. 12. 1980 AP Nr. 4 zu § 87 BetrVG 1972 Lohngestaltung; BAG GS vom 3. 12. 1991 AP Nr. 51 zu § 87 BetrVG 1972 Lohngestaltung = DB 92, 1579, 1586, 1588; BAG vom 26. 5. 1998 AP Nr. 98 zu § 87 BetrVG 1972 Lohngestaltung; MünchArbR – Matthes § 341 Rn. 21; Richardi ZfA 76, 1, 14f.; Fitting / Kaiser / Heither / Engels / Schmidt § 87 Rn. 444.

424 Fitting / Kaiser / Heither / Engels / Schmidt § 97 Rn. 453f.; Otto ArbR Rn. 575.

425 BAG vom 14. 6. 1994 AP Nr. 69 zu § 87 BetrVG 1972 Lohngestaltung; ErfK – Hanau/Kania § 87 Rn. 108.

426 ErfK – Hanau / Kania § 87 Rn. 107.

recht ein[427], um eine Chancengleichheit beider Parteien zu gewährleisten.[428] Da jedoch hinsichtlich der Entscheidung, ob und in welchem Rahmen eine freiwillige Leistung durch den Arbeitgeber erbracht wird, kein Mitbestimmungsrecht besteht, ist es konsequent, insoweit auch ein Initiativrecht auszuschließen.[429]

Des weiteren kann der Arbeitgeber bei freiwilligen Leistungen frei entscheiden, welchem Zweck die Leistung dienen soll. Auch die Beendigung der Leistung steht in seinem Ermessen.

(bb) Das Wertguthaben als alternative Lohnform

Die Einführung eines Umwandlungsmodells kann weitgehend mit freiwilligen Leistungen des Arbeitgebers verglichen werden.

Verspricht der Arbeitgeber dem Arbeitnehmer eine zusätzliche Leistung zur Erhöhung des Guthabens, so handelt es sich hierbei um eine freiwillige Leistung des Arbeitgebers, auf die die oben genannten Grundsätze anzuwenden sind. Ein Mitbestimmungsrecht des Betriebsrats besteht somit nur hinsichtlich der Ausgestaltung dieses Anspruchs.

Führt der Arbeitgeber dagegen ein Umwandlungsmodell ein, das den Aufbau eines Guthabens nur durch Umwandlung von Arbeitnehmeransprüchen zulässt, so besteht die „Leistung" des Arbeitgebers lediglich darin, den Arbeitnehmern die Möglichkeit der Umwandlung anzubieten. Der Arbeitgeber verspricht somit nicht eine freiwillige zusätzliche Leistung, sondern freiwillig eine alternative Leistung.

Auf diesen Fall sind die genannten Grundsätze der Mitbestimmung bei freiwilligen Leistungen des Arbeitgebers ebenso anzuwenden. Das Mitbestimmungsrecht des Betriebsrats soll die Lohngerechtigkeit der Arbeitnehmer untereinander sicherstellen, nicht aber für ein gerechtes Verhältnis zwischen Arbeitgeber und Arbeitnehmer sorgen.[430] Eine Frage der Lohngerechtigkeit stellt zwar die Frage dar, ob alle Arbeitnehmer die Möglichkeit erhalten, ein alternatives Lohnsystem zu wählen bzw. welche begründeten Ausnahmen geregelt werden. Ebenso ist es eine Frage der Lohngerechtigkeit, ob das alternative Lohnsystem für alle teil-

427 Fitting / Kaiser / Heither / Engels / Schmidt § 87 Rn. 489.

428 BAG vom 14. 11. 1974 AP Nr. 1 zu § 87 BetrVG 1972, vom 28. 4. 1981 AP Nr. 1 zu § 87 BetrVG 1972 Vorschlagswesen, vom 31. 8. 1982 AP Nr. 8 zu § 87 BetrVG 1972 Arbeitszeit, vom 4. 3. 1986 AP Nr. 3 zu § 87 BetrVG 1972 Kurzarbeit, vom 8. 8. 1989 AP Nr. 3 zu § 87 BetrVG 1972 Initiativrecht; Brox / Rüthers Rn. 367.

429 Fitting / Kaiser / Heither / Engels / Schmidt § 87 Rn. 443, 489; GK-BetrVG – Wiese § 87 Rn. 838.

430 Anm. Reuter zu BAG vom 6. 12. 1988 AP Nr. 37 zu § 87 BetrVG 1972 Lohngestaltung.

nahmeberechtigten Arbeitnehmer gleich ausgestaltet ist oder ob hier begründete Unterscheidungen für eine Gerechtigkeit sorgen. Die Entscheidung, ob überhaupt ein Umwandlungsmodell angeboten wird, betrifft aber nicht die Lohngerechtigkeit. Diese Problematik kann vielmehr mit der (mitbestimmungsfreien) Frage verglichen werden, ob der Arbeitgeber überhaupt eine freiwillige Leistung erbringen will. Diese Entscheidung, die das Austauschverhältnis der Leistungen im weitesten Sinne betrifft, stellt keine Frage der Lohngerechtigkeit dar.

Der Umfang des Mitbestimmungsrechts ist daher bei einem Umwandlungsmodell genau so wie bei freiwilligen Leistungen des Arbeitgebers einzuschränken. Der Betriebsrat kann sich nur im Hinblick auf eine gerechte Ausgestaltung dieses Lohnsystems auf das Recht aus § 87 I Nr. 10 BetrVG berufen. Dagegen bleibt es alleine dem Arbeitgeber überlassen, ob er ein Umwandlungsmodell einführt und welchen Zweck er damit verfolgt. Ebenso obliegt ihm allein die Entscheidung, das alternative Lohnsystem wieder einzustellen, d.h. die weitere Umwandlung von Ansprüchen durch die Arbeitnehmer abzulehnen.

(c) Ergebnis

Die Ausgestaltung eines Umwandlungsmodells stellt eine Lohngestaltung i.S.d. § 87 I Nr. 10 BetrVG dar und zieht ein entsprechendes Mitbestimmungsrecht des Betriebsrats nach sich.

Inhalt dieses Mitbestimmungsrechts sind alle Fragen, die zur Herbeiführung einer Lohngerechtigkeit in Abstimmung mit dem Betriebsrat geregelt werden müssen. Grundsätzlich ist der Betriebsrat berufen, mitzubestimmen über die Frage, welche Entgeltformen im Betrieb und für welche Arbeitnehmergruppen angewendet werden.[431] Für den Bereich des Umwandlungsmodells, das lediglich eine alternative Vergütung darstellt, bedeutet dies, dass der Betriebsrat ein Mitbestimmungsrecht hat, welchen Arbeitnehmern die Teilnahme an diesem Modell ermöglicht wird. Zudem hat der Betriebsrat ein Mitbestimmungsrecht hinsichtlich der Ausgestaltung dieses Modells, also bei allen Fragen, die zur Gestaltung dieses Lohnsystems gehören. Aufgrund des weiten Anwendungsbereichs des § 87 I Nr. 10 BetrVG, der umfassend die gesamte Lohngestaltung mit Ausnahme der Lohnhöhe betrifft, sind dazu zu zählen: Art und Umfang der umwandelbaren Ansprüche, Formeln zur Umrechnung von Geldeinheiten in Zeiteinheiten, Insolvenzschutzbestimmungen, Bestimmungen über die Ausschüttung des Guthabens etc.

431 Wlotzke § 87 Nr. 10 b; So unterliegt der Mitbestimmung nach Nr. 10 z.B. die Einführung eines Naturallohns neben dem Barlohn und die Frage, wie dieser Naturallohn auf den Barlohn anzurechnen ist, vgl. Richardi § 87 Rn. 757.

Dieses Mitbestimmungsrecht erstreckt sich – analog zur Rechtslage bei freiwilligen Leistungen des Arbeitgebers – lediglich auf die Ausgestaltung des Modells, nicht aber auf dessen Einführung.

Darüber hinaus können sich weitere Mitbestimmungsrechte ergeben, die ausschließlich die Modalitäten der Ausschüttung des Guthabens betreffen.

(3) Nr. 4 „Zeit, Ort und Art der Auszahlung der Arbeitsentgelte"

Nach § 87 I Nr. 4 BetrVG besteht ein Mitbestimmungsrecht des Betriebsrats hinsichtlich der Umstände bei der Auszahlung des Arbeitsentgelts. Damit betrifft dieses Mitbestimmungsrecht nur den kleinen Ausschnitt der Modalitäten der Entgeltzahlung.[432]

Hierunter fallen die Zeiträume, für die das Entgelt auszuzahlen ist, also wöchentliche oder monatliche Auszahlung, sowie der genaue Zeitpunkt der Auszahlung, also Tag und Stunde der Entgeltzahlung.[433] Ebenfalls unterliegt der Ort der Zahlung der Mitbestimmung. Unter die Art der Entgeltzahlung fallen alle sonstigen Modalitäten der Entgeltleistung, also des technischen Vorgangs als solchem.[434] Insbesondere geht es um die Frage, ob die Auszahlung in bar oder bargeldlos durch Überweisung geschehen soll.[435]

Unter Arbeitsentgelt i.S. dieser Vorschrift sind die dem Arbeitnehmer geschuldete Vergütung sowie sämtliche Sozialleistungen, die aufgrund des Arbeitsverhältnisses erbracht werden, zu verstehen.[436]

Kommt es zu einem Störfall im sozialversicherungsrechtlichen Sinn und wird das angesparte Wertguthaben durch Auszahlung ausgeschüttet, so handelt es sich hierbei um eine Vergütung, die der Arbeitnehmer durch seine Arbeitsleistung verdient hat und die aufgrund des Arbeitsverhältnisses geleistet wird. Diese Geldsumme stellt somit ein Arbeitsentgelt i.S.d. Nr. 4 dar. Damit besteht ein Mitbestimmungsrecht des Betriebrats hinsichtlich der Modalitäten der Auszahlung.

Die Bestimmungen des Umwandlungsmodells, die für den Fall der Auszahlung des Guthabens die Modalitäten dieses Vorgehens regeln, unterliegen somit der Mitbestimmung nach § 87 I Nr. 4 BetrVG.

---

432 Hess / Schlochauer / Glaubitz – Glaubitz § 87 Rn. 243.
433 GK-BetrVG – Wiese § 87 Rn. 427; Däubler / Kittner / Klebe – Klebe § 87 Rn. 106.
434 GK-BetrVG – Wiese § 87 Rn. 430.
435 Fitting / Kaiser / Heither / Engels / Schmidt § 87 Rn. 185.
436 GK-BetrVG – Wiese § 87 Rn. 425; Wlotzke § 87 II 4 S. 267f.

(4) Nr. 5 „Aufstellung allgemeiner Urlaubsgrundsätze"

Nach § 87 I Nr. 5 BetrVG besteht ein Mitbestimmungsrecht des Betriebsrats u.a. bei der Aufstellung allgemeiner Urlaubsgrundsätze. Hierbei handelt es sich um allgemeine Richtlinien, nach denen dem Arbeitnehmer vom Arbeitgeber im Einzelfall Urlaub zu gewähren ist.[437] Das Mitbestimmungsrecht erfasst damit die Festsetzung der zeitlichen Lage des Urlaubs.[438] Dazu gehören auch Regelungen über einen geteilten oder ungeteilten Urlaub oder eine Urlaubssperre zu bestimmten Terminen wegen erhöhten Arbeitsanfalls.[439]

Nach § 7 Ia SGB IV sollen die Wertguthaben grundsätzlich zur Freistellung von der Arbeitspflicht verwendet werden. Für den Fall dieser Freistellung enthalten die in der Wirtschaft praktizierten Umwandlungsmodelle häufig Bestimmungen, die den Freistellungsanspruch Beschränkungen unterwerfen. Diese Bestimmungen unterliegen der Mitbestimmung nach § 87 I Nr. 5 BetrVG, wenn die Freistellung von der Arbeitspflicht aufgrund des Wertguthabenmodells unter den Begriff des „Urlaubs" im Sinne dieser Norm subsumiert werden kann.

Legt man den Begriff „Urlaub" allerdings eng als Erholungsurlaub nach § 1 BUrlG aus, so wäre eine Mitbestimmung des Betriebsrats ausgeschlossen. Die Freistellung aufgrund eines Wertguthabenmodells stellt keinen Erholungsurlaub i.S.d. BUrlG dar.[440] Die herrschende Ansicht legt den Begriff des Urlaubs i.S.d. § 87 I Nr. 5 BetrVG jedoch erheblich weiter aus. Demnach fällt hierunter nicht nur der Erholungsurlaub, sondern jede Form des Urlaubs, also jede bezahlte oder unbezahlte Freistellung von der Arbeit.[441]

Eine so weite Interpretation des Begriffs „Urlaub" ist gerechtfertigt, wenn man den Zweck der Mitbestimmung beachtet. Dieser Zweck besteht darin, einen

---

437 BAG vom 18. 6. 1974 BAGE 26, 193, 197 = AP Nr. 1 zu § 87 BetrVG 1972 Urlaub.

438 Hess / Schlochauer / Glaubitz – Glaubitz § 87 Rn. 265.

439 Fitting / Kaiser / Heither / Engels / Schmidt § 87 Rn. 199.

440 Siehe dazu auch Kapitel IV.

441 BAG vom 18. 6. 1974 in BAGE 26, 193, 197 = AP Nr. 1 zu § 87 BetrVG 1972 Urlaub; BAG vom 17. 11. 1977 AP Nr. 8 zu § 9 BUrlG; GK-BetrVG – Wiese § 87 Rn. 444; MünchArbR – Matthes § 337 Rn. 14ff; Fitting / Kaiser / Heither / Engels / Schmidt § 87 Rn. 193; Däubler / Kittner / Klebe – Klebe § 87 Rn. 111.
Anderer Ansicht ist dagegen Glaubitz in Hess / Schlochauer / Glaubitz § 87 Rn. 259-264, wonach das Mitbestimmungsrecht nur den Urlaub i.S.d. §§ 1, 13 BUrlG sowie den Zusatzurlaub nach § 47 SchwbG erfasst. Glaubitz stützt diese Ansicht vor allem darauf, dass der Arbeitnehmer auf alle anderen Freistellungen keinen Anspruch hat, so dass der Arbeitgeber über die Frage der Freistellung allein entscheiden kann. Diese Annahme ist jedoch im Falle eines Wertguthabens falsch, da der Arbeitnehmer einen solchen Anspruch gegen den Arbeitgeber hat. Ebenso ablehnend für Fälle unbezahlter Freistellung Faßhauer in NZA 86, 453, 457.

sinnvollen Ausgleich zwischen den Urlaubswünschen der Arbeitnehmer und dem betrieblichen Interesse am Betriebsablauf zu finden.[442] Ein solcher Interessenausgleich zwischen Arbeitnehmer und Betrieb bzw. zwischen mehreren Arbeitnehmern untereinander ist bei jeder Freistellung von der Arbeitspflicht erforderlich, unabhängig von deren Rechtsgrund. Insbesondere bei der Freistellung aufgrund von Umwandlungsmodellen ist ein solcher Ausgleich wichtig, da diese Modelle grundsätzlich darauf angelegt sind, lange Freistellungszeiten zu ermöglichen. Diese langen Freistellungen können – abhängig von den jeweiligen betrieblichen Gegebenheiten - zu einer besonderen Belastung für den Betriebsablauf führen, wenn z. B. wichtige Arbeitnehmer in Schlüsselpositionen solche Freistellungen in Anspruch nehmen. Auch kann ein längerer Ausfall eines Arbeitnehmers durch andere Arbeitnehmer nicht in gleicher Form durch Mehrarbeit kompensiert werden wie ein kurzfristiger Ausfall. Andererseits erscheint es fraglich, ob es sich bei Freistellungszeiträumen, die einige Monate betragen, bereits lohnt, ein „job-rotation-Karussell" mit befristeten Versetzungen in Gang zu setzen.[443]

Der Arbeitgeber muss also in die Lage versetzt werden, frühzeitig den Betriebsablauf auf lange Freistellungsphasen einzelner Arbeitnehmer vorzubereiten. Ebenso benötigen die Arbeitnehmer eine gewisse Planungssicherheit, wann und in welchem Umfang sie die Freistellung in Anspruch nehmen können.

Damit unterliegen die Regelungen des Umwandlungsmodells, die die Freistellung des Arbeitnehmers von der Arbeitspflicht betreffen, der Mitbestimmung nach § 87 I Nr. 5 BetrVG.

Diese Feststellung beinhaltet keinen Widerspruch zu der oben getroffenen Aussage, dass das gesamte Umwandlungsmodell als Lohngestaltung einer Mitbestimmung nach § 87 I Nr. 10 BetrVG unterliegt. Wie bereits oben bemerkt, hat der Arbeitnehmer im Rahmen dieses Modells grundsätzlich einen Anspruch auf eine Freistellung von der Arbeitsverpflichtung. Aufgrund der besonders engen Verknüpfung dieser Freistellung mit dem Entgeltanspruch des Arbeitnehmers wurde das Modell dennoch als Lohngestaltung i.S.d. Nr. 10 einer Mitbestimmung unterstellt. Bei der Beurteilung, ob auch die Modalitäten der Freistellung einer Mitbestimmung unterliegen, ist diese Sichtweise jedoch nicht erforderlich. § 87 I Nr. 5 BetrVG enthält eine Regelung über die Mitbestimmung bei Urlaubsgrundsätzen, die hier anwendbar ist.

---

442 BAG vom 18. 6. 1974 in BAGE 26, 193, 197 = AP Nr. 1 zu § 87 BetrVG 1972 Urlaub; vom 26. 11. 1964 AP Nr. 1 zu § 10 BUrlG Schonzeit; GK-BetrVG – Wiese § 87 Rn. 443; Fitting / Kaiser / Heither / Engels / Schmidt § 87 Rn. 191.

443 Glaubrecht / Wagner / Zander Kap. E II 2 d.

Damit ergibt sich nach § 87 I Nr. 5 BetrVG ein zwingendes Mitbestimmungsrecht des Betriebsrats bei der Ausgestaltung von Grundsätzen für die Freistellung aus dem Wertguthaben.

bb) Freiwillige Betriebsvereinbarungen nach § 88 BetrVG

Soweit dem Betriebsrat kein zwingendes Mitbestimmungsrecht nach § 87 I BetrVG zusteht, kann nach § 88 BetrVG eine freiwillige Betriebsvereinbarung geschlossen werden. § 88 BetrVG enthält in den Nr. 1 bis 3 keine abschließende Aufzählung.[444] Zulässig sind somit alle Betriebsvereinbarungen, die die Schranken der Gesetze beachten und nicht ausschließlich die Rechtsstellung des Arbeitnehmers verschlechtern.[445]

Relevant dürfte damit eine freiwillige Betriebsvereinbarung insbesondere hinsichtlich der Einführung eines Wertguthabenmodells sein, da in diesem Bereich kein zwingendes Mitbestimmungsrecht besteht.[446]

d) Leitende Angestellte / Sprecherausschussgesetz

Nach § 5 III findet das Betriebsverfassungsgesetz keine Anwendung auf die sog. leitenden Angestellten. Unter diesen Begriff fallen alle Arbeitnehmer, die unter-

---

444 Fitting / Kaiser / Heither / Engels / Schmidt / Schmidt § 88 Rn. 2.

445 BAG vom 5. 3. 1989 AP Nr. 26 zu § 611 BGB Fürsorgepflicht; mit weiteren Nachweisen Fitting / Kaiser / Heither / Engels / Schmidt / Schmidt § 88 Rn. 6, 7.

446 Zuständiges Organ auf Seiten der Arbeitnehmer für zwingende wie für freiwillige Betriebsvereinbarungen ist der Betriebsrat, dem insoweit eine Primärzuständigkeit zukommt, vgl. zu dieser Primärzuständigkeit BAG vom 21. 3. 1996 EzA § 102 BetrVG 1972 Nr. 91 S.3; BAG vom 18. 10. 1994 EzA § 87 BetrVG 1972 Betriebliche Lohngestaltung Nr. 47 S. 7; LAG Düsseldorf vom 5. 7. 1991 LAGE § 50 BetrVG 1972 Nr. 6 S. 2, 3; Fitting / Kaiser / Heither / Engels / Schmidt § 50 Rn. 9; Weiss / Weyand § 50 Rn. 2.
Der Gesamtbetriebsrat ist dagegen nur in den in § 50 I, II BetrVG aufgezählten Fällen zuständig. Nach § 50 I BetrVG ist erforderlich, dass es sich um eine überbetriebliche Angelegenheit handelt und keine betriebliche Regelungsmöglichkeit besteht. Eine betriebliche Regelungsmöglichkeit fehlt u.a., wenn bei vernünftiger Würdigung eine zwingende sachliche Notwendigkeit für eine einheitliche Regelung besteht, sog. subjektive Unmöglichkeit, vgl. BAG vom 26.1.1993 AP Nr. 102 zu § 99 BetrVG 1972. Bei der Regelung eines Wertguthabenmodells kann sich eine solche sachliche Notwendigkeit für eine einheitliche Lösung insbesondere für die Bereiche der Vermögensanlage und des Insolvenzschutzes ergeben.
Nach § 50 II BetrVG kann sich eine Zuständigkeit des Gesamtbetriebsrats ergeben, wenn dieser vom Betriebsrat beauftragt wird, eine Angelegenheit für ihn zu behandeln.

nehmens- oder betriebsleitende Aufgaben wahrnehmen.[447] Damit soll die Interessenpolarität des Arbeitgebers (Unternehmers) und der Arbeitnehmerschaft (Betriebsrat) in der Weise beachtet werden, dass die zur Unternehmensseite gehörenden Angestellten der Repräsentation durch den Betriebsrat entzogen werden.[448] Eine Vertretung finden die leitenden Angestellten nach § 1 SprAuG vielmehr durch die Sprecherausschüsse.

Aus der mangelnden Repräsentation durch die Betriebsräte folgt, dass Betriebsvereinbarungen nicht für die leitenden Angestellten gelten.[449] Eine Betriebsvereinbarung über Einführung und Ausgestaltung eines Umwandlungsmodells findet damit grundsätzlich keine Anwendung auf leitende Angestellte. Nach § 28 SprAuG können zwischen Arbeitgeber und Sprecherausschuss aber einvernehmliche Regelungen in Form von Richtlinien[450] über den Inhalt, den Abschluss oder die Beendigung von Arbeitsverhältnissen getroffen werden. Diese Inhaltsrichtlinien können sich auf alle Gegenstände beziehen, die denkbarer Inhalt eines Arbeitsverhältnisses eines leitenden Angestellten sein können.[451] § 28 I SprAuG enthält damit eine Generalermächtigung für Arbeitgeber und Sprecherausschuss, die – unter der Geltung des Freiwilligkeitsprinzips – einen umfassenderen Anwendungsbereich für die Mitbestimmung als das Betriebsverfassungsrecht eröffnet.[452]

Die Regelungen eines Umwandlungsmodells, die sich auf Fragen der Entgeltzahlung und der Freistellung des Arbeitnehmers beziehen, können somit für die leitenden Angestellten zwischen Arbeitgeber und Sprecherausschuss in Form einer Richtlinie nach § 28 I SprAuG getroffen werden.

3. Die Individualabrede

Als dritte Möglichkeit, die Regelungen eines Umwandlungsmodells in ein Arbeitsverhältnis zu integrieren, besteht die Individualabrede zwischen Arbeitgeber und Arbeitnehmer.

---

447 Wlotzke § 5 II 1 a; Däubler / Kittner / Klebe – Trümmer § 5 Rn. 169.

448 BAG AP Nr. 1, 12 zu § 5 BetrVG 1972; Richardi AuR 91, 33, 34f.; MünchArbR – Joost § 322 Rn. 1.

449 BAG vom 31. 1. 1979 AP Nr. 8 zu § 112 BetrVG 1972; Fitting / Kaiser / Heither / Engels / Schmidt § 77 Rn. 36; GK-BetrVG – Kreutz § 77 Rn. 174; Däubler / Kittner / Klebe – Berg § 77 Rn. 35.

450 In der Literatur werden die Begriffe Richtlinie oder Vereinbarung nicht immer einheitlich verwendet, vgl. MünchArbR – Joost § 324 Rn. 4; Hromadka / Maschmann ArbR II § 16 Rn. 699 ff..

451 Schaub § 250 Rn. 1; Löwisch SprAuG § 28 Rn. 6.

452 MünchArbR – J oost § 324 Rn. 17.

Die Möglichkeit der Arbeitsvertragsparteien Individualvereinbarungen zu treffen, beruht auf dem Grundsatz der Vertragsfreiheit.[453] Diese verfassungsrechtlich gewährleistete[454] Freiheit erlaubt den Rechtssubjekten, ihre Lebensverhältnisse eigenverantwortlich zu gestalten und sich somit frei zu einer Leistung im Rahmen der Gesetze zu verpflichten.

Daraus folgt, dass Arbeitnehmer und Arbeitgeber grundsätzlich befugt sind, Ansprüche des Arbeitnehmers aus dem Arbeitsverhältnis zu begründen, aufzuheben und neu zu gestalten. Die Parteien können somit Verpflichtungen des Arbeitgebers zur Zahlung von Vergütungen oder zur Freistellung des Arbeitnehmers von der Arbeitspflicht grundsätzlich aufheben und neue Verpflichtungen begründen.

Im Wege einer Individualvereinbarung zwischen Arbeitgeber und Arbeitnehmer können die Parteien somit grundsätzlich eine dem Zeit-Wertpapier entsprechende Vereinbarung treffen.

Der Grundsatz der Vertragsfreiheit wird allerdings eingeschränkt durch zwingende gesetzliche Regelungen. Im Arbeitsrecht sind dabei neben den formellen Gesetzen vor allem auch die (materiellen) Gesetze in Form normativer Regelungen in Tarifverträgen und Betriebsvereinbarungen zu beachten. Nach § 4 I TVG und § 77 IV BetrVG gelten diese Normen grundsätzlich unmittelbar und zwingend für die Arbeitsvertragsparteien und können somit die Vertragsfreiheit wirksam einschränken. Zur Frage, inwieweit die Möglichkeit der Arbeitsvertragsparteien zur Umwandlung von Arbeitnehmeransprüchen durch solche normativ wirkenden Kollektivregelungen eingeschränkt sein kann, vgl. Kapitel VI.

4. Ergebnis

Ein Umwandlungsmodell kann somit sowohl durch Tarifvertrag oder Betriebsvereinbarung wie auch durch Individualabrede ausgestaltet werden.

Die Vertragspartner der kollektivrechtlichen Möglichkeiten können sich auf Rahmenregelungen beschränken, die lediglich Vorgaben für die Anspruchsumwandlung der Arbeitsvertragsparteien enthalten, oder selbst bestimmen, dass Ansprüche in ein Guthaben umgewandelt werden.

---

453 Staudinger – Löwisch § 305 Rn. 1f; MüKO – BGB – Thode § 305 Rn.1f.; Die Vertragsfreiheit ist die Haupterscheinungsform der Privatautonomie. Diese Autonomie ist Teil der allgemeinen Selbstbestimmung des Menschen und wird zumindest in ihrem Kern von Art. 1 und 2 GG geschützt, BVerfGE vom 4. 6. 1985 BVerfGE 70, 115, 123; vom 13. 5. 1986 BVerfGE 72, 155, 170.

454 BVerfG vom 12. 11 1958 BVerfGE 8, 274, 328; BVerwG vom 18. 2. 1955 BVerwGE 1, 321, 323.

Als effizienteste Lösung zur Einführung und Ausgestaltung eines Umwandlungsmodells ist die Betriebsvereinbarung anzusehen. Gegenüber dem Tarifvertrag und der Individualvereinbarung sticht sie durch ihren persönlichen Anwendungsbereich hervor, der mit Ausnahme der leitenden Angestellten grundsätzlich alle Arbeitnehmer eines Betriebs umfasst. Aufgrund der Regelungen der §§ 5, 77 IV BetrVG ist die Betriebsvereinbarung das einzige Gestaltungsmittel, um für alle Betriebsangehörigen mit normativer Wirkung einheitliche Arbeitsbedingungen zu schaffen.[455]

VI. Schranken für die Umwandlung von Ansprüchen

Die Betriebsvereinbarung *Zeit-Werte* der Volkswagen AG gestattet den Arbeitnehmern die Umwandlung verschiedener Entgelt- und Freistellungsansprüche zum Aufbau eines Wertguthabens. Bereits oben wurde festgestellt, dass die Parteien eines Umwandlungsmodells einen sehr weiten Spielraum bei der Frage haben, welche Arbeitnehmeransprüche hierzu genutzt werden können.[456] Zum Ansparen eines Wertguthabens können grundsätzlich alle Ansprüche verwendet werden, denen ein konkreter Geldwert zugewiesen werden kann.

Zu beachten sind insoweit jedoch gesetzliche wie auch kollektivrechtliche Schranken, die das Ansparen von Ansprüche entweder ganz oder zumindest dem Umfang nach begrenzen.

1. §§ 1, 7 III Bundesurlaubsgesetz

In verschiedenen Veröffentlichungen über Umwandlungsmodelle wird immer wieder der Anspruch des Arbeitnehmers auf Urlaub pauschal als möglicher umwandelbarer Anspruch genannt.[457]

Zur Beantwortung der Frage, ob der Arbeitnehmer einen solchen Anspruch tatsächlich in ein Wertguthaben umwandeln kann, ist zwischen dem gesetzlichen Mindesturlaub nach §§ 1, 3 I BUrlG und darüber hinausgehenden Urlaubsansprüchen zu differenzieren. Hat der Arbeitnehmer aus kollektiv- oder individualrechtlicher Vereinbarung einen weitergehenden Urlaubsanspruch, so steht das Bundesurlaubsgesetz der Umwandlung dieser weitergehenden Ansprüche nicht

---

455 Richardi § 77 Rn. 18.

456 Siehe oben Kapitel IV 1.

457 Marburger PersV 6 / 99 S. 249, 251; Rombach RdA 99, 194, 196; Gemeinsame Verlautbarung der Spitzenorganisationen der Sozialversicherung vom 7. Februar 2001, S. 22 (abzurufen unter www.vdak.de/arbeitgeber/flexi_rs_070201.pdf).

entgegen. Das BUrlG entfaltet keine Wirkung für Urlaubsansprüche, die über den gesetzlichen Mindestanspruch hinausgehen.[458] Ob sich in diesem Bereich Einschränkungen aus anderen Gesetzen oder kollektivrechtlichen Vereinbarungen ergeben können, wird später erörtert.[459]

Soweit der gesetzliche Mindesterholungsurlaub betroffen ist, dienen jedoch die Vorschriften des Bundesurlaubsgesetzes[460] als Bewertungsmaßstab für diese Aussage.

Nach §§ 1, 3 I BUrlG hat jeder Arbeitnehmer pro Kalenderjahr einen Anspruch auf mindestens 24 Werktage bezahlten Erholungsurlaub.[461] Urlaub wird definiert als bezahlte Befreiung des Arbeitnehmers von der Verpflichtung, die Arbeitspflicht zu erfüllen.[462] Durch diese zwingende Verpflichtung des Arbeitgebers soll dem Arbeitnehmer die Gelegenheit zur selbstbestimmten Erholung gegeben werden.[463] § 13 I 1, 3 BUrlG bestimmt, dass grundsätzlich weder durch Tarifvertrag noch durch sonstige Vereinbarung von den Regelungen der §§ 1 - 3 I BUrlG abgewichen werden kann. Diese Normen stellen Verbotsgesetze im Sinne des § 134 BGB dar.[464]

Im Hinblick auf die Umwandlung von gesetzlichen Urlaubsansprüchen sind Guthabenmodelle somit auf ihre Vereinbarkeit mit dem Bundesurlaubsgesetz zu untersuchen. Nach § 7 III 1 BUrlG muss der Urlaub grundsätzlich im laufenden Kalenderjahr gewährt und genommen werden. Das Bundesurlaubsgesetz bestimmt damit nicht nur in § 3 BUrlG den Mindestumfang des Urlaubsanspruchs, sondern legt in § 7 BUrlG auch fest, dass der Urlaub grundsätzlich an das Urlaubsjahr gebunden ist.[465] Durch diese Regelung soll der Zweck der Erholung

---

458 Leinemann / Linck § 13 Rn. 4; BAG vom 2. 12. 1965 AP Nr. 1 zu § 10 BUrlG Kur; BAG vom 10. 2. 1966 BAGE 18, 129ff. = AP Nr. 1 zu § 13 BUrlG Unabdingbarkeit; BAG vom 21. 6. 1968 BAGE 21, 63, 63 = AP Nr. 1 zu § 9 BUrlG; BAG vom 25. 8. 1992 EzA § 4 TVG Ausschlussfristen Nr. 101.

459 Siehe unten Kap. VI 2ff.

460 Mindesturlaubsgesetz für Arbeitnehmer vom 8. Januar 1963 (BGBl. I S 2ff.), zuletzt geändert durch Gesetz vom 19. Dezember 1998 (BGBl. I S. 3843ff.).

461 Mit der Erhöhung des Mindesturlaubs von 18 auf 24 Werktage durch das Arbeitszeitgesetz vom 6. 6. 1994 (BGBl. I, 94, 1170) hat der Gesetzgeber die EG-Richtlinie 93 / 104 vom 23. 11. 1993 (ABl EG Nr. L 307 / 18) in nationales Recht umgesetzt.

462 MünchArbR – Leinemann § 86 Rn. 1; Leinemann / Linck § 1 Rn. 33; GK-BUrlG – Bleistein § 1 Rn. 7.

463 BAG vom 8. 3. 1984 AP BUrlG § 3 Rechtsmißbrauch Nr. 14; Leinemann / Linck § 1 Rn. 3.

464 ErfK – Dörner § 13 BUrlG Rn. 7.

465 So bereits BAG vom 26. 6. 1969 BAGE 22, 85ff.; ständige Rechtsprechung seit BAG vom 13. 5. 1982 BAGE 39, 53, 53 = AP Nr. 4 zu § 7 BUrlG Übertragung; BAG vom 24. 11. 1987 BAGE 56, 340, 342; BAG vom 28. 11. 1990 BAGE 66, 288, 288 = AP Nr. 18 zu § 7 BUrlG Übertragung; BAG vom 23. 6. 1992 AP Nr. 22

auch in zeitlicher Hinsicht sichergestellt werden. Jeder Arbeitnehmer soll in einem einigermaßen regelmäßigen Rhythmus eine gewisse Zeit der Erholung auch tatsächlich erhalten.[466] Bei mehrjähriger pausenloser Arbeit kann selbst durch anschließend erfolgende Gewährung eines doppelt so langen Urlaubs der Erholungszweck nicht so gut erfüllt werden.[467]

Ein Umwandlungsmodell, in dessen Rahmen ein Anspruch auf Erholungsurlaub angespart und damit der zeitnahen Geltendmachung durch den Arbeitnehmer entzogen wird, widerspricht dieser Zielsetzung jedoch. Entgegen § 7 III 1 BUrlG wäre eine regelmäßige Erholung des Arbeitnehmers nicht gewährleistet.

Damit ist zu prüfen, ob das Bundesurlaubsgesetz Ausnahmen von der zeitlichen Bindung des Urlaubsanspruchs an das Kalenderjahr zulässt, die die Umwandlung des Urlaubsanspruchs in ein Wertguthaben ermöglichen.

a) Möglichkeit der Übertragung nach § 7 III 2 BUrlG

Nach § 7 III 2, 3 BUrlG besteht die Möglichkeit, den Urlaub auf die ersten drei Monate des nächsten Kalenderjahres zu übertragen, wenn dringende betriebliche oder in der Person des Arbeitnehmers liegende Gründe dies rechtfertigen.

Die Berufung auf diese Ausnahmevorschrift zum Aufbau eines Wertguthabens wird in aller Regel schon deshalb nicht in Frage kommen, da der zulässige Übertragungszeitraum (erste drei Monate des Folgejahres) zu kurz bemessen ist. Diese kurze Zeitspanne eignet sich nicht zum Ansparen eines längeren Freistellungsanspruchs, durch den ein früherer Ausstieg aus dem Arbeitsleben ermöglicht wird.

Darüber hinaus ist zu beachten, dass § 7 III 2 BUrlG für die Übertragung des Urlaubsanspruchs einen wichtigen betrieblichen oder in der Person des Arbeitnehmers liegenden Grund voraussetzt. Aufgrund des Zwecks des Bundesurlaubsgesetzes, eine zeitnahe Erholung des Arbeitnehmers zu gewährleisten, sind diese Gründe entsprechend eng auszulegen.

Dringende betriebliche Gründe sind dann gegeben, wenn betrieblich-organisatorische Erwägungen die Gewährung des Urlaubs im laufenden Kalenderjahr unmöglich machen. Diese Gründe haben zur Folge, dass der Arbeitneh-

---

zu § 1 BUrlG = EzA § 7 BUrlG Nr. 85; BAG vom 7. 12. 1993 EzA § 7 BUrlG Nr. 91.

466 BAG vom 26. 6. 1969 BAGE 22, 85, 87f. = AP Nr. 1 zu § 7 BUrlG Urlaubsjahr = EzA § 1 BUrlG Nr. 6 = SAE 1970, 149 (mit Anm. Meisel); BAG vom 17. 1. 1974 AP Nr. 3 zu § 1 BUrlG = EzA § 1 BUrlG Nr. 17 = SAE 1975, 123; Blomeyer SAE 1975, 125; Schlüter ZfA 1975, 437, 488; GK-Urlaub – Bachmann § 7 Rn. 105 m. w. N..

467 Dersch / Neumann § 7 Rn. 82.

mer im Betrieb gebraucht wird, um einen ordnungsgemäßen Betriebsablauf sicherzustellen.[468] Anerkannt sind in diesem Zusammenhang beispielsweise die Erfüllung termingebundener Aufträge oder die Kompensation krankheitsbedingter Ausfälle anderer Arbeitnehmer.[469] Der Aufbau eines Wertguthabens ist jedoch kein solcher betrieblicher Zwang. Das individuelle Ansparen von Freistellungs- oder Zahlungsansprüchen liegt vielmehr im Interesse des einzelnen Arbeitnehmers. Der ordnungsgemäße Betriebsablauf ist davon nicht abhängig.

In der Person des Arbeitnehmers liegende Gründe im Sinne des § 7 III 2 BUrlG liegen vor, wenn dem Arbeitnehmer aus Gründen, die ihn unmittelbar selbst betreffen, die Abwicklung des Urlaubs unmöglich gemacht wird. Ein Beispiel hierfür ist die eigene Erkrankung und damit verbundene Arbeitsunfähigkeit, so dass der Urlaubsanspruch bis zum Jahresende nicht wahrgenommen werden kann.[470]

Der Aufbau eines individuellen Wertguthabens stellt jedoch – anders als eine Krankheit – nicht einen unbeeinflussbaren Zwang dar, der die Geltendmachung des Urlaubsanspruchs schlechthin unmöglich macht. Vielmehr handelt es sich um den Wunsch des Arbeitnehmers, den ihm zustehenden Anspruch im Rahmen des Umwandlungsmodells anzusparen. In der Wissenschaft ist umstritten, ob der bloße Wunsch des Arbeitnehmers zur Verschiebung des gesetzlichen Urlaubs einen in der Person liegenden Grund i. S. d. § 7 III 2 BUrlG darstellen kann.

Als Argument für eine Berücksichtigung dieses Wunsches wird angebracht, dass sich das Merkmal „dringend“ in § 7 III 2 BUrlG aufgrund des gewählten Satzbaus nur auf die betrieblichen, nicht aber auf die in der Person des Arbeitnehmers liegenden Gründe bezieht.[471] Der Rahmen der zu berücksichtigenden, in der Person des Arbeitnehmers liegenden Gründe sei daher weiter zu spannen als der Rahmen der betrieblichen Gründe. Mit dieser Begründung wird der Begriff der „in der Person des Arbeitnehmers liegenden Gründe“ dementsprechend weit ausgelegt. Neben einer engeren physischen Sphäre (wie z.B. Krankheiten) soll auch die persönliche Interessensphäre des Arbeitnehmers davon umfasst sein.[472] Ein zu beachtender Grund in der Person sei somit schon der alleinige Wunsch des Arbeitnehmers nach Übertragung.[473]

468 Schaub § 102 Rn. 75.
469 Leinemann / Linck § 7 Rn. 119.
470 BAG vom 13. 5. 1982 DB 82, 2193, 2194; BAG vom 5. 12. 1995 AP Nr. 70 zu § 7 BUrlG Abgeltung = NZA 96, 594, 595 = AiB 97, 182, 183 (mit Anm. Hinrichs).
471 Dersch / Neumann § 7 Rn. 83; GK-Urlaub – Bachmann § 7 Rn. 128.
472 Sturn, BB 63, 478, 478.
473 Witting DB 64, 806, 807, 808.

Für diese Ansicht spricht, dass bei der Einführung des Bundesurlaubsgesetzes[474] ausdrücklich auf das Erfordernis eines *dringenden*, in der Person des Arbeitnehmers liegenden Grundes verzichtet wurde, obwohl ähnliche Formulierungen zuvor in einigen landesrechtlichen Gesetzen gewählt worden waren.[475] [476] Dies könnte den Schluss zulassen, dass der Gesetzgeber den Arbeitnehmern hier einen weiten Spielraum für die Übertragung des Urlaubsanspruchs zugestehen wollte.[477]

Die herrschende Meinung hält den bloßen Wunsch des Arbeitnehmers dagegen nicht für ausreichend, um eine Übertragung des Urlaubsanspruchs im Rahmen des § 7 III 2 BUrlG zuzulassen.[478] Dem sprachlichen Argument der Gegenmeinung, dass bereits das Fehlen des Begriffs „dringend" eine so weite Interpretation der „in der Person des Arbeitnehmers liegenden Gründe" gestattet, wird nicht gefolgt. Das Erfordernis, unabhängig vom exakten Wortlaut des Gesetzes eine enge Auslegung der Übertragungsgründe i.S.d. § 7 III 2 BUrlG vorzunehmen, ergibt sich schon aus der grundsätzlichen Bindung des Urlaubs an das Kalenderjahr und dem Ausnahmecharakter der Urlaubsübertragung.[479]

Dieser herrschenden Ansicht ist zu folgen. Eine derart weite Interpretation des Wortlauts würde dem Zweck des § 7 III 2 BUrlG widersprechen. Der Arbeitnehmer wäre – wenn man den bloßen Wunsch zur Urlaubsübertragung als ausreichend anerkennen würde – in der Lage, die Schutzvorschrift des § 7 III 1 BUrlG ohne äußere Zwänge nach Belieben zu umgehen. Damit bestünde die Gefahr, dass der Ausnahmecharakter der Urlaubsübertragung nach § 7 III 2 BUrlG verloren ginge. Der bloße Wunsch des Arbeitnehmers zur Urlaubsübertragung kann

---

474 Das Bundesurlaubsgesetz vom 8. Januar 1963 (BGBl. I S. 2ff.) löste die Landesurlaubsgesetze mit Wirkung vom 1. Januar 1963 ab.

475 Vergleiche z. B. § 6 II 2 Urlaubsgesetz Hamburg vom 27. Januar 1951 (GVBl. I S. 11ff.): „aus ... *zwingenden persönlichen Gründen*" und § 4 III Urlaubsgesetz der Freien Hansestadt Bremen vom 4. Mai 1948 (GBl. S. 67) i. d. F. des zweiten Änderungsgesetzes vom 21. Januar 1950 (GBl. S. 23): *„aus zwingenden in der Person des Arbeitnehmers liegenden Gründen"*.

476 § 6 II Urlaubsgesetz Nordrhein-Westfalen ließ eine Urlaubsübertragung insgesamt nur aus „außergewöhnlichen" Gründen zu.

477 In der Gesetzesbegründung des Bundesgesetzgebers werden derartige Erwägungen jedoch nicht genannt, vgl. Gesetzentwurf der SPD-Fraktion (BT-Drucks. IV / 142, abgedr. in RdA 62, 142f.) sowie Gesetzentwurf der CDU/CSU-Fraktion (BT-Drucks. IV / 207, abgedr. in RdA 62, 143f.) sowie Bericht des Ausschusses für Arbeit (BT-Drucks. IV / 785).

478 GK-BUrlG – Bachmann § 7 Rn. 128; Boldt / Röhsler § 7 Rn. 57; Leinemann / Linck § 7 Rn. 121; MünchArbR – Leinemann § 87 Rn. 43; Natzel § 7 Rn. 117; Dersch / Neumann § 7 Rn. 83.

479 Dersch / Neumann § 7 Rn. 83.

daher nicht als „in der Person des Arbeitnehmers liegender Grund“ im Sinne des § 7 III 2 BUrlG angesehen werden.

Eine Übertragung des gesetzlichen Anspruchs auf Erholungsurlaub auf die ersten drei Monate des Folgejahres zum Zwecke der Bildung eines Wertguthabens ist somit nach § 7 III BUrlG nicht zulässig.

Damit ist zu prüfen, ob durch Tarifvertrag, Betriebs- oder Individualvereinbarung von den gesetzlichen Regelungen insoweit abgewichen werden kann, dass zum einen der Übertragungszeitraum über den Rahmen des § 7 III 3 BUrlG hinaus erweitert wird und zum anderen der bloße Wunsch des Arbeitnehmers zur Übertragung als ausreichender Grund anzusehen ist.

b) Möglichkeit der Übertragung durch TV nach § 13 I 1 BUrlG

Nach § 13 I 1 BUrlG sind die Tarifvertragsparteien berechtigt, von den Vorgaben des Bundesurlaubsgesetzes abzuweichen. Die **§§ 3 II ff. BUrlG** sind grundsätzlich tarifdispositiv. Die Tarifvertragsparteien können sowohl für den Arbeitnehmer günstigere wie auch ungünstigere[480] Abweichungen von der gesetzlichen Regelung vereinbaren, sog. tarifvertragliches Vorrangprinzip.[481]

Die Vorschriften der **§§ 1 – 3 I BUrlG** dagegen erklärt § 13 I 1 BUrlG als nicht tarifdispositiv. Es handelt sich in diesem Bereich um ein einseitig zwingendes Gesetz.[482] Ein Abweichen von diesen Regelungen ist somit nur nach den Grundsätzen des Günstigkeitsprinzips zulässig. Nach diesem umfassenden arbeitsrechtlichen Grundsatz kann das rangniedrigere vom ranghöheren Recht abweichen, wenn die abweichende Regelung für den Arbeitnehmer günstiger ist.[483]

Da die Norm des § 7 III BUrlG nach § 13 I 1 BUrlG tarifdispositiv ist, sind die Tarifvertragsparteien berechtigt, von dieser Vorschrift sowohl zugunsten als auch zuungunsten der Arbeitnehmer abzuweichen.

Ein tarifvertraglich normiertes Wertguthabenmodell, das dem Arbeitnehmer die Umwandlung des gesetzlichen Erholungsurlaubs gestattet, muss in zweifacher

---

480 Die Berechtigung der Tarifvertragsparteien, auch ungünstigere Regelungen zu treffen, ergibt sich auch aus einem Vergleich mit § 13 I 3 BUrlG, der anderweitige Abweichungen vom Gesetzestext ausdrücklich nur zulässt, soweit sie nicht zuungunsten des Arbeitnehmers getroffen werden.

481 BAG vom 9. 7. 1964 BAGE 16, 155, 155 = AP Nr.2 zu § 13 BUrlG; Dersch / Neumann § 13 Rn. 2, 11.

482 Ein einseitig zwingendes Gesetz lässt ein Abweichen von der gesetzlichen Regelung nur zugunsten des Arbeitnehmers zu. Dagegen lassen zweiseitig zwingende Gesetze überhaupt keine abweichenden Vereinbarungen zu, vgl. Wiedemann – Wiedemann Einl. Rn. 357.

483 BAG GS vom 16. 9. 1986 BAGE 53, 42, 42 = AP Nr. 17 zu § 77 BetrVG 1972; BAG vom 17. 10. 1990 BAGE 66, 106ff. = AP Nr. 9 zu § 611 BGB Lohnzuschläge.

Hinsicht von den Vorgaben des § 7 III BUrlG abweichen. Zum einen muss die tarifvertragliche Regelung den Übertragungszeitraum, der nach § 7 III 3 BUrlG auf die ersten drei Monate des folgenden Kalenderjahres beschränkt ist, deutlich ausdehnen. Des weiteren muss die tarifvertragliche Regelung den Katalog der Gründe, die zur Übertragung des Anspruchs berechtigen, über den gesetzlich gezogenen Rahmen ausdehnen und auch den bloßen Wunsch des Arbeitnehmers zur Übertragung berücksichtigen.

Fraglich ist jedoch, ob eine derart weitgehende Abweichung von der gesetzlichen Regelung nicht schon einen mittelbaren Eingriff in § 1 BUrlG darstellt.[484] Das Verbot, von den Bestimmungen der §§ 1 – 3 I BUrlG (nicht zuungunsten des Arbeitnehmers) abzuweichen, wird sehr weit interpretiert. Weder ein unmittelbarer noch ein mittelbarer Eingriff in diese Vorschriften ist zulässig.[485]

§ 1 BUrlG bestimmt zum einen, dass jeder Arbeitnehmer (im Sinne des § 2 BUrlG) Anspruch auf bezahlten Erholungsurlaub hat. Darüber hinaus bestimmt § 1 BUrlG die grundsätzliche Bindung dieses Urlaubsanspruchs an das Kalenderjahr. Der gesetzliche Urlaubsanspruch ist demnach auf die Dauer des Urlaubsjahres befristet.[486] Das Gesetz lässt keinen Zweifel, dass der Urlaub grundsätzlich im laufenden Urlaubsjahr gewährt und genommen werden muss.[487] Geschieht dies nicht und besteht kein Grund zur Übertragung des Anspruchs auf einen späteren Zeitpunkt, so erlischt der am Ende des Urlaubsjahres nicht genommene Urlaub.[488] Durch § 7 III 1 BUrlG wird insoweit festgestellt, dass der Urlaub innerhalb der von § 1 BUrlG bestimmten Befristung gewährt und genommen werden

---

484 Eine Verletzung des § 2 BUrlG ist auszuschließen. Diese Norm bestimmt lediglich den Begriff des Arbeitnehmers im Sinne des Bundesurlaubsgesetzes. In diese Bestimmung greifen die Tarifvertragsparteien bei der Ausgestaltung eines Umwandlungsmodells nicht ein. Ebenso scheidet eine Verletzung von § 3 I BUrlG aus. Die hier besprochenen Modelle betreffen nur die Verwendung der arbeitsvertraglichen Ansprüche. Insoweit wird hier vorausgesetzt, dass die kollektiv- oder individualrechtlichen Vereinbarungen, die die Grundsätze des Arbeitsverhältnisses regeln, die gesetzlichen Mindestbestimmungen einhalten.

485 Leinemann / Linck § 13 Rn. 2.

486 BAG vom 26. 6. 1969 AP Nr. 1 zu § 7 BUrlG Urlaubsjahr; vom 13. 5. 1982 AP Nr. 4 zu § 7 BUrlG Übertragung = DB 82, 2193, 2194; vom 19. 4. 1994 AP Nr. 3 zu § 1 BUrlG Treueurlaub = NZA 95, 86, 87. Auch ganz herrschende Ansicht in der Literatur. Vergleiche mit weiteren Nachweisen: Leinemann / Linck § 1 Rn. 131.

487 Dersch / Neumann § 7 Rn. 65; GK-BUrlG – Bachmann § 7 Rn. 104 mit weiteren Nachweisen; Leinemann / Linck § 7 Rn. 117.

488 BAG vom 26. 6. 1969 AP Nr. 1 zu § 7 BUrlG Urlaubsjahr = BAGE 22, 85, 85; ständige Rspr. seit BAG vom 13. 5. 1982 AP Nr. 4 zu § 7 BUrlG Übertragung (mit Anm. Boldt); vom 24. 11. 1987 AP Nr. 41 zu § 7 BUrlG Abgeltung; vom 28. 11. 1990 AP Nr. 18 zu § 7 BUrlG Übertragung; Leinemann / Linck § 7 Rn. 109 m. w. N.

muss. Eine Erfüllung außerhalb des Kalenderjahres ist damit grundsätzlich ausgeschlossen.[489]

Allerdings kann die Bindung des Urlaubsanspruchs an das Kalenderjahr nach § 1 BUrlG nicht als so feststehend angesehen werden, dass jede Übertragung dieses Anspruchs auf spätere Zeiträume ausgeschlossen ist. Dies ergibt sich bereits aus der im Bundesurlaubsgesetz enthaltenen Ausnahmeregelung des § 7 III 2, 3 BUrlG. Aus dem Wesen des Urlaubs ergibt sich zwangsläufig der allgemein gültige Rechtssatz, dass in Ausnahmefällen der Urlaub auf das nächste Urlaubsjahr übertragen wird.[490] Daher ist zu prüfen, ob eine tarifvertragliche Abweichung von den Regelungen des Bundesurlaubsgesetzes den Grundsatz des § 1 BUrlG verletzt oder noch als begründete Ausnahme einzustufen ist.

aa) Kompetenz der Tarifpartner hinsichtlich der Übertragungsgründe

Nach allgemeiner Ansicht besitzen die Tarifparteien die Kompetenz zur Setzung von Normen, die die Übertragung des gesetzlichen Mindesturlaubsanspruchs auf das Folgejahr auch ohne Vorliegen besonderer Gründe zulassen.[491] Die durch § 1 BUrlG grundsätzlich festgelegte Bindung des Urlaubs an das Kalenderjahr wird nicht als so definitiv angesehen, dass den Tarifparteien jegliche Erweiterung untersagt ist.[492]

Wenn die Tarifparteien bestimmen dürfen, dass der Urlaubsanspruch eines Jahres ohne Vorliegen von Gründen bis zum 31. März des Folgejahres erfüllt werden darf, dann umfasst dies zwangsläufig auch die Befugnis, den Wunsch des Arbeitnehmers zur Übertragung explizit als Grund festzuhalten.

bb) Kompetenz der Tarifpartner hinsichtlich des Übertragungszeitraums

Nach einer älteren ablehnenden Meinung sind die Tarifparteien nicht berechtigt, den Übertragungszeitraum über die ersten drei Monate des folgenden Kalenderjahres hinaus festzulegen, weil damit die Bindung an das Kalenderjahr gemäß § 1 BUrlG in zu starkem Maße verloren ginge.[493] Dabei beruft sich diese Meinung

489 Leinemann / Linck § 7 Rn. 110; Dersch / Neumann § 7 Rn. 65.
490 Dersch / Neumann § 7 Rn. 67f.
491 BAG vom 13. 2. 1979 AP Nr. 10 zu § 7 BUrlG Abgeltung = EzA § 7 BUrlG Nr. 22; vom 9. 5. 1995 AP Nr. 22 zu § 7 BUrlG Übertragung = NZA 96, 149, 150; ErfK – Dörner § 7 BUrlG Rn. 82; GK-BUrlG – Bachmann § 7 Rn. 134; Dersch / Neumann § 7 Rn. 97; Leinemann / Linck § 13 Rn. 76; Widera DB 88, 756, 758; Schaub § 102 Rn. 74; Gaul BB 63, 1496, 1496; Sturn BB 63, 478, 479.
492 BAG vom 7. 11. 1985 DB 86, 757, 757; BAG vom 7. 11. 1985 DB 86, 973, 974.
493 GK-BUrlG – Bachmann (4. Auflage) § 7 Rn.134; Blomeyer SAE 75, 123, 126.

auf Urteile des Bundesarbeitsgerichts, in denen dieses (wenn auch in anderem Zusammenhang) die Bindung des Urlaubsanspruchs an das Kalenderjahr betont.[494]

Das Bundesarbeitsgericht hat jedoch inzwischen auch zu dieser Frage ausdrücklich Stellung bezogen. Die höchstrichterliche Rechtsprechung negiert eine so enge Bindung des Urlaubsanspruchs an das Kalenderjahr. Der Ablauf des Kalenderjahres stelle keine „unüberwindliche zeitliche Schranke" dar, eine „strenge" Bindung an das Kalenderjahr könne dem Bundesurlaubsgesetz nicht entnommen werden.[495] Die grundsätzlich vorgesehene Bindung des gesetzlichen Urlaubs an das Kalenderjahr ändere nichts an der Tarifdispositivität der dafür maßgeblichen gesetzlichen Bestimmung in § 7 III BUrlG.[496] Dementsprechend hat das Bundesarbeitsgericht in verschiedenen Entscheidungen unter Berufung auf § 13 I 1 BUrlG die Befugnis der Tarifvertragsparteien, den Übertragungszeitraum zu erweitern[497] oder auch eine mehrfache Übertragung zuzulassen[498], ausdrücklich bestätigt.

Dieser Rechtsprechung schließt sich auch die heute herrschende Meinung in der Wissenschaft an. Eine Erweiterung des Übertragungszeitraums nach § 13 I BUrlG wird für zulässig und mit § 1 BUrlG vereinbar befunden.[499]

Die Tarifvertragsparteien sind somit nach § 13 I 1 BUrlG befugt, von den Regelungen des § 7 III BUrlG sowohl hinsichtlich der Übertragungsgründe als auch hinsichtlich des Übertragungszeitraums abzuweichen.

cc) Anwendung auf das Umwandlungsmodell

Diese Grundsätze können jedoch auf die Umwandlung des gesetzlichen Urlaubsanspruchs im Rahmen eines Wertguthabenmodells nicht ohne weiteres übertragen

---

494 BAG vom 26. 6. 1969 AP Nr. 1 zu § 7 BUrlG Urlaubsjahr = EzA § 1 BUrlG Nr. 6 = SAE 1970, 149.

495 BAG vom 7. 11. 1985 DB 86, 757, 757; BAG vom 7. 11. 1985 DB 86, 973, 974.

496 BAG vom 7. 11. 1985 DB 86, 973, 974.

497 BAG vom 20. 8. 1996 DB 97, 830, 831 zu § 12 Nr. 7 MTV Metallindustrie NRW, der bestimmt, dass wegen Krankheit bis zum 31. 3. des Folgejahres nicht genommener Urlaub dem Anspruch des dann laufenden Urlaubsjahres hinzutritt; BAG vom 7. 11. 1985 DB 86, 757 (zur Vorgängervorschrift § 10 Nr. 8 MTV-Metall NRW); BAG vom 31. 5. 1990 AP Nr. 12 zu § 9 BUrlG; BAG vom 19. 1. 1993 AP Nr. 1 zu § 51 SeemG (mit Anm. Zeuner); LAG Düsseldorf vom 6. 5. 1977 BB 77, 1549, 1549.

498 BAG vom 20. 8. 1996 DB 97, 830, 831; BAG vom 20. 6. 1996 AP Nr. 144 zu § 1 TVG Tarifverträge: Metallindustrie = NZA 97, 839ff.

499 ErfK-Dörner § 7 BUrlG Rn. 83; Widera DB 88, 756, 758; Dersch / Neumann § 7 Rn. 96f. m.w.N.; Boldt-Röhsler § 7 Rn. 107; Fette S. 83.

werden. Die Umwandlung von Ansprüchen zum Aufbau eines Wertguthabens, das dem Arbeitnehmer keine zeitnahe Freistellung gestattet, kann je nach Alter des Arbeitnehmers zur Folge haben, dass eine Freistellung von der Arbeitspflicht unter Umständen erst viele Jahre oder Jahrzehnte später verlangt werden kann. Die Bindung des Urlaubsanspruchs an das Kalenderjahr wird daher bei einem Umwandlungsmodell in einem so starken Maße aufgehoben, das von den zitierten Ansichten aus Rechtsprechung und Wissenschaft ersichtlich nicht in Betracht gezogen wurde.[500]

Zwar hat das Bundesarbeitsgericht – wie beschrieben - in seinen Entscheidungen Tarifklauseln für rechtmäßig befunden, die den Übertragungszeitraum über den in § 7 III 3 BUrlG vorgesehenen Zeitraum erweitern. Diese Tarifnormen ermöglichen die Übertragung jedoch nur in solchen Fällen, in denen der Urlaubsanspruch aufgrund langwieriger Erkrankungen nicht innerhalb des gesetzlichen Übertragungszeitraums geltend gemacht werden konnte.[501]

Diese Tarifbestimmungen können daher nur in Ausnahmefällen zu einer Anhäufung von Urlaubsansprüchen über mehrere Jahre führen (der Arbeitnehmer müsste über einen Zeitraum von mehreren Jahren arbeitsunfähig erkrankt sein, und die Urlaubsansprüche müssten weiter übertragen werden). Ein Wertguthabenmodell, das die Umwandlung des gesetzlichen Mindesturlaubsanspruchs zulässt, kehrt dieses Regel- /Ausnahmeverhältnis jedoch um. Hier soll die Übertragung des Urlaubsanspruchs über einen weiten Zeitraum gerade die Regel darstellen.

Die in Rechtsprechung und Literatur besprochenen und als zulässig angesehenen tarifvertraglichen Regelungen haben zudem gemeinsam, dass die Verlängerung des Übertragungszeitraums gerade bestimmt wird, um den Bezug zum Urlaubsjahr aufrecht zu erhalten. Der Urlaubanspruch wird für solche Fälle als übertragbar erklärt, in denen der Arbeitnehmer seinen Anspruch (unverschuldet) weder innerhalb des Kalenderjahrs noch innerhalb des gesetzlich vorgesehenen Übertragungszeitraums geltend machen kann und somit die Gefahr besteht, dass

---

500 So hielt es Voß (S. 125) im Jahre 1966, als Umwandlungsmodelle in der Diskussion noch keine Rolle spielten, für kaum denkbar, dass es in der Praxis aufgrund überlanger Übertragungszeiträume zu einem Verstoß gegen § 1 BUrlG kommen könnte.

501 So z.B. BAG vom 9. 5. 1995 AP Nr. 22 zu § 7 BUrlG Übertragung = NZA 96, 149, 150. In dieser Entscheidung hat das BAG die Regelung des § 16 I Nr. 9 MTV Hohlglasindustrie für rechtmäßig befunden. Nach dieser Norm kann der Jahresurlaub zunächst ohne nähere Gründe bis zum 31. 3. des folgenden Kalenderjahres übertragen werden. Eine *weitere* Übertragung auf einen *weiteren, nicht näher bestimmten Zeitraum* kann vorgenommen werden, wenn der Urlaub bis zum 31. 3. des Folgejahres geltend gemacht worden ist und ein besonderer begründeter Ausnahmefall vorliegt. Ähnlich BAG vom 20. 8. 1996 DB 97, 830, 831 zu § 12 Nr. 7 NTV Metallindustrie NRW.

der Urlaub verfällt.[502] Sie setzen voraus, dass der „angehäufte“ Urlaub so früh wie möglich, also im ersten Kalenderjahr der Wiedergenesung geltend gemacht wird. Eine solche tarifvertragliche Regelung ist die einzige Möglichkeit, dem Arbeitnehmer eine zeitnahe Erholung – die zu Zeiten der Erkrankung nicht möglich war – mit größtmöglichem Bezug zum Kalenderjahr zu ermöglichen und so die Bindung des Urlaubs an das Kalenderjahr aufrechtzuerhalten. Der vom Bundesarbeitsgericht geforderte einigermaßen regelmäßige Rhythmus der Erholung[503] wird so weit wie möglich gewährleistet.

Diese Argumentation kann aber auf eine Tarifklausel, die die Umwandlung des Urlaubsanspruchs im Rahmen eines Wertguthabenmodells gestattet, nicht übertragen werden. Aus der Kombination von extrem ausgeweitetem Übertragungszeitraum und dem bloßen Wunsch des Arbeitnehmers zur Übertragung ergibt sich eine Autonomie des Anspruchs vom Kalenderjahr, die mit dem Grundgedanken des § 1 BUrlG nicht mehr vereinbar ist.

Die Übertragung des Anspruchs erfolgt hier nicht, um den Arbeitnehmer vor dem etwaigen Verlust seines Mindesturlaubsanspruches zu schützen. Der Arbeitnehmer umgeht vielmehr den vom Bundesurlaubsgesetz vorgesehenen Schutz, der ihm eine zeitnahe Erholung sichern soll. Damit wird die Bindung des Urlaubsanspruchs an das Kalenderjahr im Sinne des § 1 BUrlG ohne zwingenden, von den Parteien nicht beeinflussbaren äußeren Zwang vollständig aufgehoben.

Gestattet der Gesetzgeber den Tarifparteien, auch zuungunsten des Arbeitnehmers von den gesetzlichen Regelungen abzuweichen (sog. tarifvertragsdipositive Gesetze), so geht er davon aus, dass die Tarifpartner eine Abweichung nur aus wohlerwogenen Gründen und in tragbarem Umfang konzedieren werden.[504] Eine Verkehrung einer Norm in ihr genaues Gegenteil kann jedoch nicht mehr als „tragbarer Umfang“ angesehen werden.[505]

dd) Zwischenergebnis

Der Ansicht von Rechtsprechung und herrschender Wissenschaft, dass § 13 I 1 BUrlG grundsätzlich eine tarifvertragliche Abweichung von den Regelungen des

---

502 Eine weitere Übertragung wird in diesen Fällen, in denen die Gefahr des Verlustes des Urlaubsanspruchs besteht, für zulässig gehalten, vgl. BAG vom 20. 8. 1996 AP Nr. 144 zu § 1 TVG Tarifverträge: Metallindustrie; LAG Köln vom 18. 9. 1986 BB 86, 2336, 2337.

503 BAG vom 26. 6. 1969 BAGE 22, 85 = § 1 BUrlG Nr. 6 = AP Nr. 1 zu § 7 BUrlG Urlaubsjahr.

504 Zöllner / Loritz § 6 I 2.

505 Vergleiche insgesamt zur Zulässigkeit und Zweckmäßigkeit gesetzlicher Öffnungsklauseln Hromadka in FS Kissel S. 417, 418ff.

§ 7 III BUrlG zulässt, ist zu folgen. In den von der Rechtsprechung entschiedenen Fällen verletzen die Tarifklauseln nicht die Regelung des § 1 BUrlG.

Für den Fall der Umwandlung des gesetzlichen Mindesturlaubs in ein Wertguthaben kann dieser Ansicht aber nicht gefolgt werden. Eine solche Tarifklausel stünde in krassem Widerspruch zu der in § 1 BUrlG festgelegten Bindung des Urlaubs an das Kalenderjahr. Die Abweichung von der gesetzlichen Regelung springt quasi ins Auge.[506]

ee) Günstigkeitsprinzip

Die Feststellung, dass eine tarifvertragliche Regelung gegen § 1 BUrlG verstößt, hat jedoch nicht zwangsläufig ihre Unwirksamkeit zur Folge.[507] Die §§ 1 - 3 I BUrlG stellen lediglich einseitig bindendes Recht dar. Die Tarifparteien können somit auch von diesen Normen abweichen, solange dieses für den Arbeitnehmer als günstig einzustufen ist.[508] [509] Für den Günstigkeitsvergleich zwischen formellem Gesetz und Tarifrecht sind dieselben Grundsätze heranzuziehen, die für den Vergleich zwischen Tarifvertrag und Einzelarbeitsvertrag nach § 4 III 2. Alt TVG entwickelt wurden.[510]

(1) Gegenstand des Vergleichs

In diesen Günstigkeitsvergleich sind nach herrschender Meinung[511] alle Normen einzubeziehen, die in einem inneren Zusammenhang stehen, sog. Sachgruppen-

---

506 Fette, S. 84, beschreibt allgemein krasse und ins Auge springende tarifliche Abweichungen von den §§ 1 – 3 I BUrlG für nicht mit dem Gesetz vereinbar.

507 Fette S. 83.

508 GK-BUrlG – Stahlhacke § 13 Rn. 13; Dersch / Neumann § 13 Rn. 13; Leinemann / Linck § 13 Rn. 30.

509 Wenn das Günstigkeitsprinzip wie hier auf das Verhältnis von Gesetz und Tarifvertrag angewendet wird, handelt es sich um eine einseitige Geltungsbeschränkung der gesetzlichen Norm, vgl. Belling, S. 168.

510 Gamillscheg Koll. ArbR I S. 835; Nikisch ArbR II § 82 I 2 und ArbR I § 39 I 4; Wlotzke S.14; Auch die höchstrichterliche Rechtsprechung verwendet insoweit dieselben Grundsätze, vgl. BAG vom 25. 11. 1958 AP Nr. 1 zu § 10 UrlaubsG Hamburg (mit zustimmender Anmerkung Dersch); BAG vom 8. 10. 1958 AP Nr. 1 zu § 7 UrlaubsG Bayern (mit zustimmender Anmerkung Dersch).

511 Nach anderer Ansicht ist ein Einzelvergleich durchzuführen, vgl. Däubler Rn. 206; Belling S. 188. Einhellig abgelehnt wird dagegen ein Gesamtvergleich, da hier das Risiko eines Vergleiches zwischen „Äpfeln“ und „Birnen“ besteht, vgl. Gamillscheg Koll. ArbR I S. 852f.; Wiedemann – Wank § 4 Rn. 470; Belling, S. 178f.; Däubler Rn. 204.

vergleich.[512] Mangels gesetzlicher Definition dieses inneren Zusammenhangs ist diese Frage jedoch im Einzelfall zu entscheiden.[513]

Die Regelung des § 1 BUrlG und eine tarifvertraglichen Norm, die dem Arbeitnehmer die Umwandlung des gesetzlichen Mindesturlaubsanspruchs gestattet, stehen nicht in einem inneren Zusammenhang. Der Zweck des § 1 BUrlG besteht darin, dem Arbeitnehmer eine nach medizinischen Erkenntnissen erforderliche Erholung durch Freistellung von der Arbeitsverpflichtung zu garantieren.[514] Vorrangiger Zweck des Umwandlungsmodells ist zwar ebenso die Freistellung von der Arbeitsverpflichtung.[515] Es handelt sich hierbei aber nicht um eine unter medizinischen Gesichtspunkten erforderliche und deshalb durch ein Schutzgesetz gesicherte Erholung[516], sondern vielmehr um eine Freistellung zum Zweck einer individuellen Lebensgestaltung nach rein privaten Gesichtspunkten.

Aus diesem Blickwinkel ist ein innerer Zusammenhang zwischen der gesetzlichen Regelung des § 1 BUrlG und dem Gesamtkomplex Wertguthabenmodell abzulehnen mit der Folge, dass keine Gesamtschau vorzunehmen ist, sondern die einzelnen Bestimmungen beider Regelungen (wie beim isolierten Vergleich) zu vergleichen sind.[517] Zu diesem Zweck muss der Gesamtkomplex Umwandlungsmodell aufgeteilt werden. Auf der einen Seite steht die konkrete Tarifklausel, die die Umwandlung und damit die Verringerung des jährlichen Urlaubsanspruchs gestattet, und auf der anderen Seite stehen alle weiteren Klauseln des Wertguthabenmodells, die keinen direkten Bezug zum umgewandelten Anspruch haben. Der Günstigkeitsvergleich ergibt dann ein eindeutiges Ergebnis: Die gesetzliche Regelung garantiert dem Arbeitnehmer einen jährlichen Mindesturlaub von 24 Werktagen, während die einzelne Tarifklausel (aus dem Gesamtkomplex Umwandlungsmodell) einen geringeren jährlichen Erholungsurlaub erlaubt. Die Frage der Günstigkeit ist hier zu Gunsten der gesetzlichen Regelung zu beantworten.

---

512 BAG vom 20. 4. 1999 AP Nr. 89 zu Art. 9 GG = NZA 99, 887, 892f. = NJW 99, 3281, 3286; vom 19. 12. 1958 AP Nr. 1 zu § 4 TVG Sozialzulagen (mit Anm. Tophoven) = DB 59, 350, 350; vom 23. 5. 1984 AP Nr. 9 zu § 339 BGB = NJW 85, 91, 92 = NZA 84, 255, 256; LAG München vom 4. 5. 1990 LAGE Nr. 3 zu § 4 TVG Günstigkeitsprinzip; Gamillscheg Koll. ArbR I S. 852f.; Löwisch / Rieble § 4 Rn. 196-202; Wiedemann – Wank § 4 Rn. 470.

513 Otto ArbR Rn. 468; vgl. auch Gamillscheg Koll. ArbR I S. 854, der die entsprechenden gesetzlichen Definitionen aus der Schweiz und Frankreich zitiert.

514 GK-BUrlG – Bachmann § 7 Rn. 106 m. w. N.

515 Siehe § 7 Ia SGB IV.

516 Andernfalls hätte Gesetzgeber ebenfalls entsprechende Freistellungszeiträume in das Bundesurlaubsgesetz, das die medizinische notwendige Erholung des Arbeitnehmers garantieren soll, aufgenommen.

517 Gamillscheg Koll. ArbR I S. 855; Wiedemann – Wank § 4 Rn. 473; Hagemeier / Kempen / Zachert / Zilius § 4 Rn. 188.

Die Tarifklausel, die die Umwandlung in Abweichung zu § 1 BUrlG gestatten würde, wäre demnach ungünstiger und damit unwirksam.

Allerdings ergibt sich bei dieser isolierten Sichtweise das Problem, dass sich (die für den Arbeitnehmer möglicherweise günstigen) Bestimmungen des Wertguthabenmodells, die den Anspruch des Arbeitnehmers aus dem Guthaben regeln, einer Beurteilung bereits aus logischen Gründen entziehen. Wenn schon die Tarifklausel, die die Umwandlung des gesetzlichen Mindesturlaubsanspruchs gestattet, als unwirksam einzustufen ist, kann der Arbeitnehmer (durch Umwandlung dieses Anspruchs) gar kein Guthaben aufbauen und somit keinen Anspruch aus dem Modell erlangen.[518]

Diese isolierte Betrachtung führt somit dazu, dass ein Großteil der Regelungen des Umwandlungsmodells bei einem Günstigkeitsvergleich außer Betracht bleiben müssen, obwohl ihre Einbeziehung zu einem anderen Ergebnis führen könnte.

Zur Absicherung des Ergebnisses ist daher ein (Gesamt-)Günstigkeitsvergleich vorzunehmen, indem ein innerer Zusammenhang zwischen der Regelung des § 1 BUrlG und dem tariflich geregelten Umwandlungsmodell unter dem Gesichtspunkt angenommen wird, dass der Gesamtkomplex Umwandlungsmodell nur als Einheit entsprechend gewürdigt werden kann und somit nicht in einzelne Bestandteile aufzugliedern ist.

(2) Maßstab des Vergleichs

Subjektiv aus Sicht des Arbeitnehmers ist die Möglichkeit, den gesetzlichen Mindesturlaubsanspruch in ein Wertguthaben umwandeln und damit über diesen Anspruch verfügen zu können, als günstiger zu bezeichnen. Andererseits verfolgt der Gesetzgeber mit den Regelungen des Bundesurlaubsgesetzes das Ziel, die Arbeitskraft und Gesundheit des Arbeitnehmers durch Gewährung eines regelmäßigen Erholungszeitraums sicherzustellen.[519] Dabei legt das Gesetz besonderen Wert auf eine sich periodisch wiederholende Erholung, da das Ziel der Erhaltung der Gesundheit nach gesicherten medizinischen Erkenntnissen nur so er-

518 Insoweit unterscheidet sich dieser Fall von den „klassischen Problemfällen" des Sachgruppenvergleichs, bei denen z.B. ein höheres Entgelt mit einer längeren Kündigungsfrist verglichen wird. In diesem Beispiel ist die individualrechtlich vereinbarte längere Kündigungsfrist für den Arbeitnehmer ungünstiger als die tariflich vorgesehene Frist und damit unwirksam. Diese Erkenntnis schließt aber einen weiteren isolierten Vergleich der unterschiedlichen Entgelthöhen nicht aus. Dagegen fehlt es im vorliegenden Fall an einer Vergleichsmöglichkeit für die übrigen Klauseln des Gesamtkomplexes Umwandlungsmodell.

519 Siehe oben Kapitel VI 1.

reicht werden kann.[520] Aus objektiver Sicht ist die gesetzlich gesicherte Erhaltung der Gesundheit als günstiger zu bezeichnen.

Für die Bewertung der Günstigkeit ist grundsätzlich ein objektiver Maßstab anzuwenden.[521] Die subjektiven Anschauungen der betroffenen Arbeitnehmer sind zwar das wichtigste Instrument zur Bewertung der Günstigkeit.[522] Dabei kommt es jedoch nicht auf spezifische Wünsche des einzelnen Arbeitnehmers, sondern darauf an, wie ein verständiger Arbeitnehmer unter Berücksichtigung der Verkehrsanschauung und der Grundsätze und Wertungen der Arbeitsrechtsordnung den Arbeitsvertrag einschätzt.[523] Durch diesen objektiven Maßstab wird sichergestellt, dass der Arbeitnehmer vor nur scheinbar günstigeren Bedingungen geschützt wird, die er unter Umständen nur durch mangelnde Einsicht oder durch Nachgiebigkeit dem Arbeitgeber gegenüber akzeptiert.[524] Zudem wäre bei Zugrundelegung eines subjektiven Maßstabs eine unparteiische Beurteilung durch den Richter im Streitfall nur schwerlich möglich.[525]

Entscheidend für die Beurteilung der Günstigkeit ist somit die Sicht eines verständigen Arbeitnehmers unter Berücksichtigung der arbeitsrechtlichen Grundsätze und Wertungen. Ein verständiger Arbeitnehmer wird den Schutzzweck des Bundesurlaubsgesetzes in den Vordergrund stellen. Die Erhaltung der eigenen Arbeitskraft und Gesundheit ist auf Dauer nur möglich, wenn dem Arbeitnehmer regelmäßig die Möglichkeit zur Erholung eingeräumt wird. Arbeitnehmer, die dies nicht einsehen und bereit wären, ihren gesetzlichen Mindesturlaubsanspruch in ein Guthaben umzuwandeln, müssen (aus objektiver Sicht) in ihrem eigenem Interesse daran gehindert werden. Zudem könnte eine solche Tarifklausel die Gefahr in sich bergen, dass der Arbeitgeber in Zeiten erhöhter Produktionsauslastung den Arbeitnehmer drängt, seinen Urlaubsanspruch in ein Guthaben umzuwandeln, um auf diesem Wege eine Freistellung des Arbeitnehmers und die Einstellung weiterer Arbeitnehmer vermeiden zu können. Der Arbeitge-

---

520 BAG vom 26. 6. 1969 AP Nr. 1 zu § 7 BUrlG Urlaubsjahr = EzA § 1 BUrlG Nr. 6 = SAE 1970, 149; BAG vom 17. 1. 1974 AP Nr. 3 zu § 1 BUrlG = EzA § 1 BUrlG Nr. 17 = SAE 1975, 123.

521 Richardi Kollektivgewalt § 27 VII 1; Hagemeier / Kempen / Zachert / Zilius § 4 Rn. 187; Etzel NZA 87 Beilage 1, 19, 24; Nikisch ArbR II § 82 IV 4; Wlotzke S. 78f.; Wiedemann – Wank § 4 Rn. 451; Zöllner / Loritz § 36 III 2; Hromadka / Maschmann ArbR II § 13 Rn. 291ff.

522 Däubler Rn. 202; Hagemeier / Kempen / Zachert / Zilius § 4 Rn. 187.

523 MünchArbR – Löwisch / Rieble § 272 Rn. 46; Richardi Kollektivgewalt § 27 VII 1; Hagemeier / Kempen / Zachert / Zilius § 4 Rn. 187; Löwisch / Rieble § 4 Rn. 203; Däubler Rn. 209; aus der Rspr. vgl. LAG München vom 14. 5. 1990 LAGE § 4 TVG Günstigkeitsprinzip Nr. 3.

524 Nikisch ArbR II § 82 I 2; Wiedemann – Wank § 4 Rn. 451; Belling S. 175.

525 Belling S. 176 m. w. N.

ber könnte „durch sanften Druck“ mit Hilfe des Wertguthabenmodells versuchen, die Verteilung der Arbeitszeiten der Arbeitnehmer an die Schwankungen der Konjunktur anzupassen.

Die Erhaltung von Gesundheit und Arbeitskraft der Arbeitnehmer sind Belange von allgemeinem Interesse. Daher bilden sie den Kern des Bundesurlaubsgesetzes, das sich als Schutzgesetz darstellt. Bei Abweichungen von solchen zwingenden arbeitsrechtlichen Schutzvorschriften tritt die ansonsten größtmögliche Beachtung des Parteiwillens zurück.[526] Der Schutz von Gesundheit und Persönlichkeit kann bei einem Günstigkeitsvergleich nicht zur Disposition stehen.[527]

ff) Ergebnis

Die Tarifparteien besitzen nach § 13 I 3 BUrlG nicht die Kompetenz zur Normierung einer tarifvertraglichen Regelung, die dem Arbeitnehmer in Abweichung von §§ 1, 7 III BUrlG gestatten würde, seinen gesetzlichen Urlaubsanspruch in ein Wertguthaben umzuwandeln. Eine solche tarifliche Klausel verstößt zuungunsten des Arbeitnehmers gegen die in § 1 BUrlG bestimmte Bindung des Urlaubsanspruchs an das Kalenderjahr.

c) Möglichkeit der Übertragung durch BV nach § 13 I 3 BUrlG

§ 13 I 3 BUrlG eröffnet auch den Betriebspartnern die Möglichkeit, von den Regelungen des Bundesurlaubsgesetzes abzuweichen. Die Gestaltungsmöglichkeiten sind jedoch enger umgrenzt als die der Tarifpartner. Aus der Formulierung „im übrigen“ (§ 13 I 3 BUrlG) geht hervor, dass auch durch eine Betriebsvereinbarung nicht gegen die Grundsätze der §§ 1 - 3 I BUrlG verstoßen werden darf. Darüber hinaus darf durch eine Betriebsvereinbarung auch von den sonstigen Vorschriften des BUrlG nicht zuungunsten des Arbeitnehmers abgewichen werden.[528] [529]

---

526 BAG vom 25. 11. 1958 AP Nr. 1 zu § 10 UrlaubsG Hamburg (mit zustimmender Anmerkung Dersch); Hagemeier / Kempen / Zachert / Zilius § 4 Rn. 187.

527 Däubler Rn. 210; Löwisch / Rieble § 4 Rn. 209.

528 Die einzige Möglichkeit, auch durch Betriebsvereinbarung zuungunsten des Arbeitnehmers abzuweichen, liegt nach § 13 I 3 BUrlG im Bereich des § 7 II 2 BUrlG (Aufteilung des Urlaubs im Urlaubsjahr).

529 Das im Arbeitsrecht allgemein gültige Günstigkeitsprinzip wird durch die besondere Formulierung des § 13 I 3 BUrlG („nicht zu ungunsten des Arbeitnehmers abgewichen werden) insoweit modifiziert, als diese Norm alle abweichenden Regelungen zulässt, die nicht ungünstiger sind als die des Bundesurlaubsgesetzes. Nach den allgemeinen Grundsätzen dürfen rangniedrigere Regelungen nur dann von rang-

Hinsichtlich der Abweichung von § 1 BUrlG gelten somit für die Betriebspartner die gleichen Grundsätze wie für die Tarifpartner. Auf das obige Ergebnis kann daher verwiesen werden.

Das gleiche Ergebnis zeigt sich für entsprechende Individualabreden zwischen Arbeitnehmer und Arbeitgeber. Nach § 13 I 3 BUrlG können die Arbeitsvertragsparteien nur in gleichem Rahmen von der gesetzlichen Regelung abweichen wie die Betriebspartner.

d) Möglichkeit der Übertragung nach § 13 II, III BUrlG

Nach den Vorschriften des § 13 II, III BUrlG sind die Tarifparteien befugt, in bestimmten Wirtschaftszweigen über den in § 13 I 1 BUrlG vorgegebenen Rahmen von den gesetzlichen Regelungen abzuweichen.

Nach § 13 II 1 BUrlG kann in ausgewählten Wirtschaftszweigen wie der Bauwirtschaft, in denen aufgrund der Eigenart der zu leistenden Arbeit häufige Ortswechsel erforderlich sind, auch zuungunsten des Arbeitnehmers von den Bestimmungen der §§ 1 – 3 I BUrlG abgewichen werden. Damit könnte sich den Tarifpartnern zumindest im Bereich dieser Wirtschaftszweige die Möglichkeit bieten, eine Tarifklausel zur Umwandlung des gesetzlichen Mindesturlaubs in ein Wertguthaben zu vereinbaren.

Die Tarifparteien dürfen von dieser erweiterten Normsetzungskompetenz gemäß § 13 II 1 BUrlG nur dann Gebrauch machen, soweit dies zur Sicherung eines zusammenhängenden Jahresurlaubs für alle Arbeitnehmer erforderlich ist. Mit dieser Vorschrift soll sichergestellt werden, dass auch solche Arbeitnehmer, die aufgrund häufiger Arbeitsplatzwechsel die Wartezeit des § 4 BUrlG nicht erfüllen, einen zusammenhängenden Jahresurlaub nehmen können.[530] [531] Jeder Arbeitnehmer soll die Möglichkeit haben, in jedem Jahr zum Zwecke der Erholung einen zusammenhängenden Urlaub zu erhalten.

---

höheren abweichen, wenn sie günstiger sind. § 13 I 3 BUrlG gestattet dagegen auch neutrale abweichende Regelungen.

530 Leinemann / Linck § 13 Rn. 118.

531 Dementsprechend wurde in § 8.1.4 Bundesrahmentarifvertrag für das Baugewerbe vereinbart: „*Die Urlaubsdauer richtet sich nach den <u>in Betrieben des Baugewerbes</u> zurückgelegten Beschäftigungstagen.*" Auf diese Weise wird erreicht, dass der Urlaubsanspruch nicht auf das Arbeitsverhältnis mit einem Arbeitgeber ausgerichtet ist, sondern sich auf die Tätigkeit des Arbeitnehmers in der gesamten Bauwirtschaft bezieht. Der Arbeitnehmer nimmt also bei einem Arbeitsplatzwechsel seinen Anspruch mit. Der jeweilige Arbeitgeber ist verpflichtet, Urlaubsansprüche zu erfüllen, als sei der Arbeitnehmer dauerhaft bei ihm beschäftigt und habe diese Ansprüche gegen ihn erworben. Der Ausgleich unter den Arbeitgebern wird durch eine Urlaubskassenregelung organisiert.

Eine Tarifklausel, die es dem Arbeitnehmer ermöglicht, seinen Anspruch auf den gesetzlichen Mindesturlaub umzuwandeln, konterkariert dieses Ziel jedoch. Eine solche Klausel hätte zur Folge, dass der Arbeitnehmer – wenn er sich zu einer Umwandlung entschließt - gar keinen oder nur einen verringerten Urlaubsanspruch hätte. Das Ziel der Regelung, einen zusammenhängenden Urlaub in jedem Jahr zu gewährleisten, wäre damit eher gefährdet als gefördert. Ein Tarifvertrag, der die Umwandlung des Mindesturlaubsanspruchs in ein Wertguthaben gestatten würde, widerspräche damit gerade der Absicht des § 13 II BUrlG.

Nach § 13 III BUrlG haben die Tarifparteien die Kompetenz, im Bereich der Deutschen Bahn AG und der Nachfolgeunternehmen der Deutschen Bundespost von der Vorschrift des § 1 BUrlG, wonach das Kalenderjahr als Urlaubsjahr festgeschrieben ist, abzuweichen.[532] Während das Kalenderjahr ansonsten durch § 1 BUrlG auch als Urlaubsjahr festgeschrieben ist[533], können die Tarifparteien in diesen Wirtschaftszweigen einen anderen Zeitraum als den vom 1. Januar bis 31. Dezember als Urlaubsjahr definieren. Durch die Regelung des § 13 III BUrlG sollen die besonderen Verhältnisse dieser Arbeitszweige berücksichtigt werden, indem die Angleichung des Urlaubsjahres an den zeitlichen Ablauf der Verwaltung ermöglicht wird.[534]

Diese Kompetenzerweiterung beinhaltet jedoch kein Recht der Tarifparteien, die Entscheidung des Gesetzes für eine Befristung des Urlaubsanspruchs aufzuheben. Sie sind nach § 13 III BUrlG lediglich berechtigt, die Lage (nicht aber die Länge) des Zeitraums, auf den der Anspruch befristet ist, abweichend von der gesetzlichen Regelung zu bestimmen.

Damit ergibt sich weder aus § 13 II BUrlG noch aus § 13 III BUrlG eine Kompetenz der Tarifpartner, dem Arbeitnehmer die Umwandlung seines gesetzlichen Urlaubsanspruchs in ein Guthaben im Rahmen eines langfristig angelegten Umwandlungsmodells zu gestatten.

e) Ergebnis

Der gesetzliche Mindesturlaubsanspruch nach § 1 BUrlG kann nicht zum Zwecke eines Guthabenaufbaus umgewandelt werden, da eine solche schuldrechtliche Änderung des Anspruchs die gesetzlich vorgeschriebene Bindung des Mindestur-

532 VErgleiche hierzu für die Bundespost § 43 I TV Ang. vom 21. 3. 1961 i.d.F. vom 24. 4. 1991, § 23 I TV Arb. vom 6. 1. 1955 i.d.F. vom 24. 4. 1991 und § 14 I TV-Azb vom 12. 1. 1976 i.d.F. vom 30. 6. 1992 sowie für die Deutsche Bahn AG § 25 AngTV vom 6. 6. 1961 i.d.F. vom 30. 6. 1992 und § 28 LohnTV vom 1. 11. 1960 i.d.F. vom 30. 6. 1992.

533 Dersch / Neumann § 1 Rn. 12.

534 Boldt / Röhsler § 13 Rn. 73.

laubs an das Kalenderjahr verletzen würde. Die Umwandlung kann auch nicht unter Berufung auf die Vorschrift des § 7 III BUrlG vorgenommen werden. Zudem können weder die Tarifpartner noch die Betriebspartner die Umwandlung durch kollektivrechtliche Vereinbarungen gestatten.

2. §§ 125 Sozialgesetzbuch IX, 19 Jugendarbeitsschutzgesetz

Nach den §§ 125 SGB IX[535], 19 JArbSchG[536] haben die besonders schutzbedürftigen Gruppen der Schwerbehinderten und Jugendlichen einen gesetzlichen Anspruch auf zusätzlichen Erholungsurlaub.

Der Vorschrift des § 125 SGB IX, die die Arbeitskraft des Schwerbehinderten sichern und erhalten soll, liegt der Gedanke zugrunde, dass ein behinderter Arbeitnehmer seine Arbeitskraft schneller verbraucht als ein nicht behinderter.[537] Der Zusatzurlaub von fünf Arbeitstagen pro Jahr tritt zu dem Anspruch auf Erholungsurlaub hinzu und unterliegt den allgemeinen Regeln des Urlaubsrechts, soweit nicht § 125 SGB IX etwas anderes vorsieht.[538] Das Bundesarbeitsgericht hat dementsprechend ausdrücklich festgestellt, dass auch die urlaubsrechtliche Vorschrift des § 7 BUrlG für den Zusatzurlaub nach § 47 SchwbG (jetzt § 125 SGB IX) gilt.[539]

Da § 125 SGB IX somit für die Übertragung von Urlaubsansprüchen keine eigenen Regelungen enthält, ist auf die obigen Ergebnisse zu verweisen. Eine Übertragung dieses zusätzlichen Anspruchs auf das Folgejahr ist nur in den engen Grenzen des § 7 III 2, 3 BUrlG zulässig. Eine Abweichung von dieser Vorschrift durch Tarifvertrag nach § 13 I 1 BUrlG ist ebenfalls nicht möglich, da

535 Neuntes Buch des Sozialgesetzbuchs – Rehabilitation und Teilhabe behinderter Menschen – vom 19. Juni 2001, BGBl. I S. 1046ff.. Das Schwerbehindertenrecht, das vormals durch das Schwerbehindertengesetz geregelt war, wurde als Teil 2 (§§ 68-160) in das SGB IX eingefügt. Rechtsprechung und Literatur beziehen sich daher zum Teil noch auf die wortgleiche Vorschrift des § 47 Schwerbehindertengesetz.

536 Gesetz zum Schutze der arbeitenden Jugend – Jugendarbeitsschutzgesetz vom 12. April 1976, BGBl. I S. 965, zuletzt geändert durch Gesetz vom 26. Januar 1998, BGBl. I S. 164.

537 BAG vom 10. 2. 1956 AP Nr. 1 zu § 33 SchwbG; BAG vom 18. 10. 1957 AP Nr. 2 zu § 33 SchwbG; Neumann / Pahlen / Majerski-Pahlen § 125 Rn. 6; GK-SchwbG – Großmann § 47 Rn. 11; ErfK – Rolfs § 125 SGB IX Rn. 1.

538 BAG vom 10. 2. 1956 AP Nr. 1 zu § 33 SchwbG; BAG vom 18. 10. 1957 AP Nr. 2 zu § 33 SchwbG; Neumann / Pahlen / Majerski-Pahlen § 125 Rn. 10; GK-SchwbG – Großmann § 47 Rn. 38; ErfK – Rolfs § 125 SGB IX Rn. 2.

539 BAG vom 14. 5. 1986 AP Nr. 26 zu § 7 BUrlG Abgeltung = BAGE 52, 67, 69; BAG vom 25. 6. 1996 AP Nr. 11 zu § 47 SchwbG.

dies eine Verletzung des § 1 BUrlG darstellen würde. Ebenso scheitert eine abweichende Regelung nach § 13 I 3 BUrlG durch Betriebsvereinbarung oder Individualabrede.

Der gesetzliche Anspruch des Schwerbehinderten auf Zusatzurlaub nach § 47 SchwbG (jetzt § 125 SGB IX) kann somit nicht in ein Wertguthaben umgewandelt werden.

Nach § 19 JArbSchG haben Jugendliche einen Anspruch auf einen weitergehenden Mindesterholungsurlaub, der nach dem Alter des Jugendlichen gestaffelt ist und zwischen 25 und 30 Werktagen im Jahr beträgt.[540] Diese Regelung bezweckt, auf die höhere Schutzbedürftigkeit des Jugendlichen Rücksicht zu nehmen und ihn nicht zu überlasten.[541]

§ 19 JArbSchG trifft somit als lex specialis eine abweichende Regelung hinsichtlich der Dauer des Urlaubs. Im übrigen gelten nach § 19 IV 1 JArbSchG auch für den Urlaub der Jugendlichen die §§ 3 II, 4 - 12 und 13 III BUrlG.

Damit stellt sich auch hier die Frage nach der Möglichkeit, diesen Anspruch auf zusätzlichen Urlaub zugunsten eines Wertguthabens umzuwandeln. Aufgrund der besonderen Formulierung des § 19 I JArbSchG können bereits Zweifel bestehen, ob der Urlaubsanspruch des Jugendlichen überhaupt an das Kalenderjahr gebunden ist. Während § 1 BUrlG bestimmt, dass der Urlaub **in** jedem Kalenderjahr zu gewähren ist, ist dem Jugendlichen nach § 19 I JArbSchG **für** jedes Kalenderjahr Urlaub zu gewähren. Nach allgemeiner Ansicht kann aus dieser Formulierung aber nicht gefolgert werden, dass der Anspruch nicht grundsätzlich an das Kalenderjahr gebunden ist und damit am Jahresende verfällt.[542] Dieser Ansicht ist zuzustimmen, da andernfalls die ausdrückliche Verweisung (§ 19 IV 1 JArbSchG) des Gesetzgebers auf die Übertragungsregeln des § 7 III BUrlG überflüssig wäre. Somit muss auch der Jugendliche seinen (zusätzlichen) Urlaubsanspruch grundsätzlich in jedem Kalenderjahr geltend machen, da dieser Anspruch ansonsten verfällt.

Aufgrund der Verweisung des § 19 IV JArbSchG ist auch bei Jugendlichen eine Übertragung des Urlaubs nur entsprechend den Vorgaben des § 7 III BUrlG möglich. Es besteht – wie oben geprüft – keine Möglichkeit, unter Berufung auf diese Norm ein Wertguthaben aufzubauen.

Daher bleibt zu prüfen, welche Möglichkeiten bestehen, von § 19 IV JArbSchG iVm. § 7 III BUrlG abweichende Regelungen zu treffen. Die Rege-

540 Nach § 19 II 2 JArbSchG erhöht sich diese Zahl nochmals um drei Werktage, wenn der Jugendliche im Bergbau unter Tage arbeitet.

541 Zmarzlik / Anzinger – JArbSchG § 19 Rn. 2; Molitor / Volmer / Germelmann § 19 Rn. 3; ErfK – Schlachter § 19 JArbSchG Rn. 1.

542 Zmarzlik / Anzinger – JArbSchG § 19 Rn. 10; ErfK – Schlachter § 19 JArbSchG Rn. 15.

lungen des § 19 JArbSchG sind grundsätzlich zwingendes Recht.[543] Da § 19 JArbSchG selbst keine Öffnungsklausel enthält, ist über § 19 IV JArbSchG wiederum auf die Normen des Bundesurlaubsgesetzes zurückzugreifen. § 19 IV JArbSchG erklärt jedoch ausdrücklich nur § 13 III BUrlG für anwendbar. Auf § 13 I BUrlG, der Ausnahmeregelungen durch Tarifverträge (S.1) oder allgemein Ausnahmeregelungen zugunsten der Arbeitnehmer (S.3) gestattet, wird nicht verwiesen. Damit sind Abweichungen von der gesetzlichen Regelung nach dieser Norm ausdrücklich ausgeschlossen.[544] Für die in § 13 III BUrlG benannten Wirtschaftszweige ist auf die obigen Ergebnisse zu verweisen.

Auch im Bereich des Jugendarbeitsschutzgesetzes kann das Günstigkeitsprinzip zur Rechtfertigung von Abweichungen herangezogen werden.[545] Demnach sind alle Abweichungen von der gesetzlichen Regelung zulässig, die für den Jugendlichen als günstiger einzustufen sind. Betrachtet man jedoch den Zweck des Jugendarbeitsschutzgesetzes, der die im Vergleich zu Erwachsenen noch erhöhte Schutzbedürftigkeit der Jugendlichen berücksichtigt, so muss auch hier der oben gefundene Maßstab herangezogen werden. Günstiger ist für den Jugendlichen die Regelung, die ihm unter allen Umständen einen regelmäßigen Erholungsurlaub gewährleistet. Ein Günstigkeitsvergleich zwischen Gesetz und abweichender Regelung, die die Umwandlung des Mindesturlaubsanspruchs in ein Wertguthaben zulässt, geht somit zugunsten des Jugendarbeitsschutzgesetzes aus.

Eine kollektiv- oder individualrechtliche Vereinbarung, die die Umwandlung des gesetzlichen Mindesturlaubs des Jugendlichen aus § 19 JArbSchG in ein Wertguthaben zum Gegenstand hat, ist somit nicht zulässig.

3. § 7 Ia Sozialgesetzbuch IV

Formelle Gesetze stellen jedoch nicht nur Schranken für die Umwandlung von Freistellungsansprüchen dar. Ebensolche Beschränkungen müssen auch bei der Umwandlung von Vergütungsansprüchen zum Aufbau eines Wertguthabens beachtet werden.

Das Sozialversicherungsrecht enthält in § 7 Ia 1 Nr. 2 SGB IV zwei Bestimmungen, die als Vorgaben bei der Ausgestaltung von Wertguthabenmodellen zu beachten sind. Diese Bestimmungen stellen zwar keine Verbotsgesetze dar, so dass ein Verstoß gegen diese Vorgaben nicht die Unzulässigkeit der individual-

---

543 Zmarzlik / Anzinger – JArbSchG § 19 Rn. 67; Molitor / Volmer / Germelmann § 19 Rn. 4.

544 Zmarzlik / Anzinger – JArbSchG § 19 Rn. 67; Molitor / Volmer / Germelmann § 19 Rn. 4, 29.

545 ErfK – Schlachter § 19 JArbSchG Rn. 18.

rechtlichen Vereinbarung zur Folge hat. Als Rechtsfolge ergibt sich lediglich, dass das Wertguthabenmodell bei einem Verstoß gegen diese Vorgaben keine Vereinbarung i.S.d. § 7 Ia SGB IV darstellt und sich die Fälligkeit der Beiträge damit nicht nach der Sonderregelung des § 23b SGB IV bestimmt.[546]

§ 7 Ia 1 Nr. 2 SGB IV setzt der Umwandlung von Vergütungsansprüchen folgende Grenzen: Das Entgelt, das in der Phase der Freistellung fällig wird, darf nicht unangemessen von dem Entgelt abweichen, das in den vorausgegangenen zwölf Kalendermonaten fällig war. Der Beschäftigte muss somit ein Entgelt erhalten, mit dem sein Lebensstandard im Vergleich zur Zeit der Arbeitsleistung in etwa gewahrt bleibt.[547] Genauere Kriterien für diese variable Voraussetzung wurden im Hinblick auf mögliche langjährige Vereinbarungen mit dynamischen Entwicklungen nicht getroffen.[548] Ein Absinken der Einkommenssituation auf das Niveau der Sozialhilfebedürftigkeit dürfte jedenfalls unangemessen sein.[549]

Zudem müssen diese Arbeitsentgelte den Betrag von Euro 325,- (ab 1. April 2003 Euro 400,-) monatlich überschreiten.[550]

Der Gesetzgeber will mit diesen Vorgaben verhindern, dass der Sozialversicherungsschutz in der Freistellungsphase mit sog. Minibeiträgen begründet werden kann. [551] Auf diese Weise sollen Manipulationen zu Lasten der Sozialversicherung ausgeschlossen werden.[552] Außerdem will der Gesetzgeber sicherstellen, dass der Lebensstandard des Arbeitnehmers auch in der Freistellungsphase in etwa gewahrt bleibt.[553] Folge einer unangemessenen Verteilung der Arbeitsentgelte oder der Unterschreitung der Geringfügigkeitsgrenze ist die sofortige Fälligkeit des Gesamtsozialversicherungsbetrags nach § 23 SGB IV.[554]

Um die Anerkennung des Umwandlungsmodells durch die Sozialversicherungsträger sicherzustellen, kann der Arbeitnehmer also nur einen Teil seiner Ar-

---

546 Siehe hierzu ausführlich Kap. II 2.

547 Kasseler Kommentar – Seewald § 7 Ia SGB IV Rn. 145g.

548 Hauck / Noftz – Sehnert § 7 Rn. 32; Kasseler Kommentar – Seewald § 7 Ia SGB IV Rn. 145g.

549 Kasseler Kommentar – Seewald § 7 Ia SGB IV Rn. 145g.

550 Dieser Betrag spiegelt die Geringfügigkeitsgrenze aus § 8 I Nr.1 SGB IV wider. Daher wurden durch Art.1 Nr.1 Gesetz zur Neuregelung der geringfügigen Beschäftigungsverhältnisse (vom 24. März 1999, BGBl. I, S. 388ff.) als Folgeänderung zur Änderung des § 8 SGB IV die Wörter „ein Siebtel der monatlichen Bezugsgröße" durch „630 Deutsche Mark" ersetzt. Durch Art. 5 Nr. 2 4.Euro-Einführungsgesetz (vom 21. Dezember 2000, BGBl. I 1983ff.) wurde die Angabe „630 Deutsche Mark" durch die Angabe „325 Euro" ersetzt.

551 BT-Drucksache 13/9818 S. 10.

552 BT-Drucksache 13/9818 S. 10.

553 Vergleiche ausführlich zum Zweck dieser Vorgaben Norpoth, S. 70-72 sowie Schmalor WzS 98, 289, 292.

554 Rombach RdA 99, 194, 197.

beitsvergütung in ein Wertguthaben umwandeln. Der reduzierte Betrag, der ihm während der Arbeitsphase ausgezahlt wird, darf nicht geringer als Euro 325,- (ab 1. April 2003 Euro 400,-) sein.

Eine weitere Einschränkung bei der Umwandlung von Vergütungsansprüchen ergibt sich daraus, dass nur solche Entgeltbestandteile in ein Wertguthaben umgewandelt werden können, die als Arbeitsentgelt i.S.d. § 14 SGB IV zu qualifizieren sind.[555] Nach § 14 SGB IV bilden zwar alle laufenden und einmaligen Einnahmen aus einer Beschäftigung das Arbeitsentgelt. Die Bundesregierung hat jedoch von ihrer Verordnungsermächtigung nach § 17 I Nr. 1 SGB IV Gebrauch gemacht und die Arbeitsentgeltverordnung (ArEV) erlassen.[556] Nach § 1 ArEV sind einmalige Einnahmen sowie laufende Zulagen, Zuschläge und Zuschüsse nicht dem Arbeitsentgelt zuzurechnen, soweit sie lohnsteuerfrei sind.[557] Von der Lohnsteuer befreit sind nach § 3b I EStG zum Beispiel Zuschläge für tatsächlich geleistete Sonntags-, Feiertags- oder Nachtarbeit, die neben dem Grundlohn i.S.d. § 3b II EStG gezahlt werden. Diese Entgeltbestandteile können nicht zum Zwecke des Guthabenaufbaus umgewandelt werden. Diese Einschränkung ergibt sich aus der Tatsache, dass die steuerfreien und steuerpflichtigen Entgeltbestandteile im (einheitlichen) Wertguthaben nicht mehr unterschieden werden können. Eine korrekte Steuer- und Beitragserhebung ist damit nur möglich, wenn die Entgeltbestandteile von Anfang an getrennt werden. Zu diesem Zweck bleibt es den Arbeitsvertragsparteien aber unbenommen, ein separates Wertguthaben zu bilden, das sich lediglich aus den steuer- und beitragsfreien Entgeltbestandteilen speist und während der Freistellungsphase ausgeschüttet werden kann.[558]

4. Einschränkungen durch Tarifvertrag

Nach der im Arbeitsrecht zu beachtenden Normenhierarchie können neben formellen Gesetzen auch zwingende Tarifnormen die Vertragsautonomie der Ar-

555 Rombach RdA 99, 194, 197; Gemeinsame Verlautbarung der Spitzenorganisationen der Sozialversicherung vom 7. Februar 2001, S. 22 (abzurufen unter www.vdak.de/arbeitgeber/flexi_rs_070201.pdf).

556 Verordnung über die Bestimmung des Arbeitsentgelts in der Sozialversicherung – Arbeitsentgeltverordnung (ArEV) vom 18. Dezember 1984 (BGBl. I S. 1642), zuletzt geändert durch die Verordnung zur Änderung von gemeinsamen Vorschriften für die Sozialversicherung vom 13. August 2001 (BGBl. I S. 2165).

557 Vergleiche zur Ausnahme hinsichtlich der gesetzlichen Unfallversicherung § 1 i.V.m. § 3 ArEV.

558 Vergleiche Gemeinsame Verlautbarung der Spitzenorganisationen der Sozialversicherung vom 7. Februar 2001, S. 22 (abzurufen unter www.vdak.de/arbeitgeber/flexi_rs_070201.pdf).

beitsvertragsparteien bzw. die Betriebsautonomie einschränken.[559] Probleme können sich daher ergeben, wenn ein tariflich festgelegter Anspruch des Arbeitnehmers durch eine unterrangige Vereinbarung umgewandelt werden soll, ohne dass der Tarifvertrag selbst eine solche Umwandlung vorsieht.

Fraglich ist also die Rechtslage in den Fällen, in denen die Tarifvertragsparteien selbst keine Regelungen getroffen haben, in welchem Umfang und zu welchen Konditionen eine Umwandlung tariflicher Ansprüche zulässig sein soll.[560]

a) Verhältnis Tarifvertrag / Individualvereinbarung

Soweit Arbeitnehmer und Arbeitgeber nach § 3 TVG tarifgebunden sind, gelten die Normen des Tarifvertrages gemäß § 4 I 1 TVG unmittelbar und zwingend zwischen diesen Parteien. Folge dieser normativen Wirkung der Tarifvertragsklauseln ist, dass tariflich festgelegte Vergütungsansprüche ausgezahlt werden müssen. Ebenso müssen tariflich festgelegte Freistellungsansprüche erfüllt werden.

Die individualvertragliche Umwandlung eines tariflich festgelegten Anspruchs könnte mit dieser normativen Wirkung unvereinbar und somit unzulässig sein.

aa) Verzicht auf tarifliche Rechte nach § 4 IV TVG

Nach § 4 IV 1 TVG ist die Vertragsfreiheit der Arbeitsvertragsparteien insoweit eingeschränkt, als ein Verzicht des Arbeitnehmers auf entstandene tarifliche Rechte nur in einem von den Tarifvertragsparteien gebilligten Vergleich zulässig ist. [561] Jeder nicht gebilligte Vergleich ist gemäß § 134 BGB nichtig.[562] Die Einordnung der Anspruchsumwandlung im Rahmen eines Wertguthabenmodells als Verzicht i.S. dieser Norm hätte damit zur Folge, dass diese individualrechtliche Vereinbarung nur mit entsprechender Zustimmung der Tarifvertragsparteien Wirksamkeit erlangen könnte.[563]

---

559 Brox / Rüthers Rn. 45a.

560 Sofern sich als Ergebnis dieser Untersuchung ergibt, dass die zwingende Wirkung der Tarifnormen nicht automatisch zur Unwirksamkeit unterrangiger Umwandlungsvereinbarungen führt, wäre in einem weiteren Schritt zu prüfen, ob die Tarifvertragsparteien ein solches Vorgehen ausdrücklich verbieten können, vgl. Löwisch / Rieble § 4 Rn. 4.

561 Wiedemann – Wank § 4 Rn. 654.

562 Hagemeier / Kempen / Zachert / Zilius § 4 Rn. 245; Däubler Rn. 1312.

563 Die Billigung des Vergleichs erfolgt durch Zustimmung beider Tarifvertragsparteien nach §§ 182ff. BGB, vgl. ErfK – Schaub § 4 TVG Rn. 91.

Der Begriff des Verzichtes i.S.d. § 4 IV 1 TVG ist weit auszulegen. Er umfasst neben dem Erlass und dem negativen Schuldanerkenntnis nach § 397 I, II BGB auch sämtliche Verträge, die – wie das pactum de non petendo oder die Stundung – der Forderung des Arbeitnehmers die Durchsetzbarkeit nehmen.[564]

Dieses Verzichtsverbot nach § 4 IV 1 TVG ist jedoch im Falle einer Anspruchsumwandlung im Rahmen eines Wertguthabenmodells nicht einschlägig. Das Verbot erfasst nur solche Ansprüche des Arbeitnehmers, die bereits entstanden sind. Es ergänzt insoweit den zwingenden Charakter der Tarifverträge, indem es auch die einmal entstandenen Ansprüche des Arbeitnehmers schützt, die nicht mehr vom normativen Charakter des § 4 I TVG erfasst werden.[565] Wie oben dargestellt werden Wertguthaben aus sozialversicherungs- und steuerrechtlichen Gründen jedoch nicht durch eine zweckgerichtete Verwendung der Ansprüche aufgebaut, sondern durch eine Vertragsänderung vor Fälligkeit gebildet. Die (umzuwandelnden) Ansprüche sind somit im Moment der Umwandlung noch nicht fällig und fallen daher nicht in den Anwendungsbereich des § 4 IV 1 TVG.

Ein Verzicht auf zukünftig erst erwachsende Tarifrechte ist nicht nach § 4 IV 1 TVG zu beurteilen. Diese Fallgestaltung ist vielmehr – ohne dass § 4 IV 1 TVG zur Anwendung kommt – nach dem Grundsatz der unmittelbaren und zwingenden Wirkung des Tarifvertrags nach § 4 I TVG zu beurteilen.[566]

Des weiteren erfasst § 4 IV 1 TVG nur solche Rechtsgeschäfte, bei denen der Arbeitnehmer im Gegenzug für seinen Verzicht keinen äquivalenten wirtschaftlichen Gegenwert erhält.[567] Dies trifft jedoch auf die Umwandlung von Ansprüchen im Rahmen eines Wertguthabenmodells nicht zu. Der Arbeitnehmer verzichtet nicht ersatzlos auf seine tariflich festgelegten Ansprüche, sondern erhält einen Anspruch in entsprechender Höhe nach den Regelungen des Guthabenmodells.[568]

---

564 Löwisch / Rieble § 4 Rn. 258; ErfK – Schaub § 4 TVG Rn. 87; Hagemeier / Kempen / Zachert / Zilius § 4 TVG Rn. 241; Wiedemann – Wank § 4 Rn. 655; Schaub § 204 Rn. 64. Umstritten ist dagegen die Frage, ob das Verzichtsverbot auch solche Verträge erfasst, die einen Austausch des Schuldners (privative Schuldübernahme) oder des Schuldgegenstandes (z. B. durch eine Leistung an Erfüllungs Statt, § 364 BGB) vorsehen. Diese Frage bejahen Löwisch / Rieble § 4 Rn. 259; ErfK – Schaub § 4 TVG Rn. 87; a.A. dagegen Wiedemann – Wank § 4 Rn. 655.

565 ErfK – Schaub § 4 TVG Rn. 85; Löwisch / Rieble § 4 Rn. 250.

566 Schaub § 204 Rn. 63; Anders noch Wiedemann / Stumpf Tarifvertraggesetz, 5. Auflage § 4 Rn. 326.

567 Bode DB 97, 1769, 1770; Blomeyer DB 94, 882, 883; Schmid BB 77, 700, 703; Metz / Paschek DB 87, 1938; 1939.

568 Etwas anderes kann sich zwar ergeben, wenn das Guthaben des Arbeitnehmers am Kapitalmarkt angelegt wird und diese Anlage an Wert verliert. In diesem Fall stellt der Anspruch aus dem Wertguthabenmodell keinen äquivalenten Gegenwert mehr

Die Umwandlung tarifvertraglich festgelegter Ansprüche durch eine Individualvereinbarung stellt somit keinen Verzicht i.S.d. § 4 IV 1 TVG dar.

bb) Abweichende Abmachung nach § 4 III TVG

Die Zulässigkeit individualrechtlicher Umwandlungsvereinbarungen ist somit nach § 4 III TVG zu beurteilen. Nach dieser Vorschrift sind Abmachungen, die von der tarifvertraglichen Regelung abweichen, nur zulässig, soweit sie durch eine Öffnungsklausel im Tarifvertrag gestattet sind oder eine Änderung der Regelungen zugunsten des Arbeitnehmers enthalten.

Ein individualrechtlicher Umwandlungsvertrag zwischen den Arbeitsvertragsparteien weicht dahingehend von einer tarifvertraglichen Regelung ab, als Arbeitnehmer und Arbeitgeber in Art und Umfang der tariflich bestimmten Arbeitnehmeransprüche rechtsgestaltend eingreifen. Die von den Tarifparteien ausgehandelten Leistungen des Arbeitgebers werden somit nicht erfüllt. Damit handelt es sich bei der individualrechtlichen Umwandlungsvereinbarung um eine abweichende Abmachung i.S.d. § 4 III TVG.

Unproblematisch und damit zulässig ist eine solche Abweichung, soweit die Tarifpartner diese durch eine Öffnungsklausel gestatten, § 4 III 1. Alt TVG. Dabei können die Tarifvertragsparteien selbst den Umfang der erlaubten Abweichung bestimmen.[569] Es steht ihnen somit offen, den Arbeitsvertragsparteien eine weitreichende Abweichung zu gestatten (d. h. einen weiten Spielraum hinsichtlich Art und Umfang der umwandelbaren Ansprüche einzuräumen) oder bestimmte Voraussetzungen oder Grenzen für die Abweichung festzuschreiben.[570]

---

zum tariflich festgelegten Anspruch dar. Diese mögliche Entwicklung ist hier jedoch außer Betracht zu lassen. Zum einen ist ein solcher Verlust hypothetisch und kann durch entsprechend sichere Anlageformen sicher vermieden werden. Zum anderen hängt dieser Verlust nicht kausal mit dem Rechtsgeschäft der Umwandlung zusammen. Durch dieses Rechtsgeschäft erhält der Arbeitnehmer zunächst einen äquivalenten Gegenwert.

569 Löwisch / Rieble § 4 Rn. 135; Vergleiche ausführlich zu den möglichen Ausgestaltungen von Öffnungsklauseln Kapitel V 1 b aa) (1).

570 Im Regelfall werden die Tarifvertragsparteien den Arbeitsvertragsparteien bestimmte Vorgaben für die abweichende Regelung machen, um ihre Gestaltungsmacht nicht vollständig aus der Hand zu geben und die Umwandlung von Ansprüchen – wenn sie schon selbst keine umfassende Regelung vornehmen – doch zumindest durch flankierende Regelungen zu steuern. Vgl. zum Beispiel die Rahmenregelung zu Langzeitkonten im Manteltarifvertrag Bankgewerbe (in der ab 1. September 2001 geltenden Fassung), nach § 19 MTV. Zu den Möglichkeiten, Öffnungsklauseln durch Korridor-, Options- und Menülösungen einzuschränken, siehe Kapitel V 1 b aa) (1) sowie Zehntes Hauptgutachten der Monopolkommission 1992 / 1993, BT-Drucksache 12/8323 Kapitel VII Rn. 944.

Schwieriger ist die Frage nach der Zulässigkeit der abweichenden Individualvereinbarung jedoch zu beantworten, wenn eine tarifliche Öffnungsklausel nicht besteht. Die Individualvereinbarung kann dann nach § 4 III 2. Alt TVG nur zulässig sein, wenn sie für den Arbeitnehmer im Vergleich zur Tarifklausel als günstiger zu bezeichnen ist. Hinsichtlich der Grundsätze, nach denen diese Günstigkeitsbewertung vorzunehmen ist, kann weitestgehend auf den bereits vorgenommenen Günstigkeitsvergleich zwischen Tarifvertrag und der gesetzlichen Regelung des § 1 BUrlG verwiesen werden.[571]

Hinsichtlich der Umwandlung von tariflichen Vergütungsansprüchen scheitert dieser Günstigkeitsvergleich zwischen Vergütungsanspruch und Möglichkeit der Umwandlung bereits an der Bildung einer geeigneten Sachgruppe. Der Anspruch des Arbeitnehmers aus dem Wertguthaben geht grundsätzlich auf eine Freistellung des Arbeitnehmers von der Arbeitspflicht bei kontinuierlicher Entgeltzahlung. Die Freistellung von der Arbeitspflicht und die Zahlung einer Vergütung stellen jedoch „Äpfel“ und „Birnen“ dar, so dass keine einheitliche Sachgruppe für den Vergleich gebildet werden kann. Ein Einzelvergleich führt jedoch zu einem eindeutigen Ergebnis: Die Umwandlung eines (Teiles des) Vergütungsanspruchs führt zunächst zu einer geringeren Vergütung als im Tarifvertrag vorgesehen und kann damit für den Arbeitnehmer nicht als günstiger bezeichnet werden.

Die individualvertragliche Umwandlung von tariflichen Vergütungsansprüchen zum Aufbau eines Wertguthabens weicht somit zuungunsten des Arbeitnehmers von der tariflichen Regelung ab und ist damit wegen Verstoßes gegen § 4 III TVG unzulässig.

Hinsichtlich der Umwandlung von tariflichen Freistellungsansprüchen kann weitgehend auf den oben vorgenommenen Vergleich zwischen der Regelung des § 1 BUrlG und einem abweichenden Tarifvertrag Bezug genommen werden.[572] Ergebnis dieses Vergleichs war, dass die Möglichkeit des Arbeitnehmers zur Umwandlung seiner Ansprüche in ein Guthaben gegenüber der gesetzlichen Regelung, die einen jährlichen Mindesturlaubsanspruch vorsieht, nicht als günstiger einzustufen ist. Entscheidender Faktor für diese Beurteilung ist die anzuwendende objektive Sichtweise, wie ein verständiger Arbeitnehmer unter Berücksichtigung der Anschauung seines Berufsstandes und der Verkehrsauffassung den Vergleich vornehmen würde.[573]

---

571 Siehe oben Kapitel VI 1 a) bb) (6).

572 Eine direkte Übertragung dieses Ergebnisses ist dagegen nicht möglich, da die Normen des Bundesurlaubsgesetzes grundsätzlich nur für den gesetzlichen Mindesturlaubsanspruch gelten, vgl. Leinemann / Linck § 13 Rn. 4 m. w. N.

573 Wlotzke S. 78f.; MünchArbR – Löwisch / Rieble § 272 Rn. 47.

Beim Vergleich zwischen § 1 BUrlG und der tariflichen Abweichung kam es letztlich darauf an, dass die gesetzlich vorgesehene regelmäßige Erholung als so überragend wichtig einzustufen ist, dass jeder verständige Arbeitnehmer diese gegenüber einer Umwandlung vorzieht. Das Bundesurlaubsgesetz enthält Mindestvorgaben zur Sicherung der Erholung, die ein Arbeitnehmer mit verständiger Sicht nicht unterschreitet.

Diese Argumentation kann auch auf tariflich festgelegte Leistungen des Arbeitgebers übertragen werden. Die tariflich vorgesehenen Leistungen des Arbeitgebers stellen grundsätzlich Mindestarbeitsbedingungen dar. Dies ergibt sich gerade aus dem heute[574] grundgesetzlich garantierten[575] Günstigkeitsprinzip des § 4 III 2. Alt TVG, wonach die Tarifvertragsparteien nur berechtigt sind, Mindestbedingungen für die Arbeit festzulegen.[576]

Räumen die Tarifvertragsparteien dem Arbeitnehmer somit einen (über die Vorgaben des Bundesurlaubsgesetzes hinausgehenden) zusätzlichen Freistellungsanspruch ein, so ist davon auszugehen, dass die Parteien diese zusätzliche Erholungsmöglichkeit des Arbeitnehmers für erforderlich halten, um seine Gesundheit und Arbeitskraft zu erhalten. Es handelt sich somit um den mindestens erforderlichen Erholungszeitraum, der dem Arbeitnehmer gewährt werden muss. Aus Sicht eines verständigen Arbeitnehmers kann die Umwandlung dieses Freistellungsanspruchs in einen Anspruch aus dem Wertguthaben damit nicht als günstiger bezeichnet werden, da die Umwandlung seine Gesundheit und Arbeitskraft nicht in dem vom Tarifvertrag vorgesehenen Maße schützt. Damit ist eine Umwandlungsabrede zwischen Arbeitnehmer und Arbeitgeber wegen Verstoßes gegen § 4 III TVG unzulässig.

cc) Ergebnis

Durch eine Individualabrede zwischen Arbeitnehmer und Arbeitgeber können tariflich vereinbarte Ansprüche nur dann in ein Wertguthaben umgewandelt werden, wenn der Tarifvertrag eine solche Abweichung von der Tarifregelung durch

---

574 Im Gegensatz dazu waren die Tarifvertragsparteien in der Weimarer Zeit nach § 1 I 2 TarifVO 1918 berechtigt Höchstarbeitsbedingungen festzulegen, indem sie Änderungen der Arbeitsbedingungen zugunsten des Arbeitnehmers ausdrücklich ausschließen konnten: „*Abweichende Vereinbarungen sind jedoch wirksam, soweit sie im Tarifvertrage grundsätzlich zugelassen sind, oder soweit sie eine Änderung der Arbeitsbedingungen zugunsten des Arbeitnehmers enthalten und im Tarifvertrage nicht ausdrücklich ausgeschlossen sind.*“

575 Hueck / Nipperdey Band II / 1 S. 574; Belling S. 86f.

576 Hueck / Nipperdey Band II / 1 S. 574; Löwisch / Rieble § 4 Rn. 156; Wiedemann – Wank § 4 Rn.383; MünchArbR – Löwisch / Rieble § 272 Rn. 1.

eine Öffnungsklausel nach § 4 III 1. Alt TVG gestattet. Fehlt eine solche Öffnungsklausel, ergibt sich die Unzulässigkeit der Individualabrede – mangels Anwendbarkeit des § 4 IV TVG – aus der zwingenden Wirkung der Tarifnormen. Diese Wirkung wird hier nicht durch das Günstigkeitsprinzip nach § 4 III 2. Alt TVG durchbrochen.

b) Verhältnis Tarifvertrag / Betriebsvereinbarung

Darüber hinaus stellt sich die Frage, ob die Betriebspartner befugt sind, die Umwandlung tariflich vereinbarter Arbeitnehmeransprüche durch eine Betriebsvereinbarung zu regeln, wenn keine entsprechende tarifliche Öffnungsklausel vorliegt.

Im Spannungsverhältnis zwischen tariflicher Regelung und Betriebsvereinbarung muss zunächst die Kompetenz der Betriebspartner zum Erlass einer Betriebsvereinbarung bejaht werden. Der zulässige Inhalt einer Betriebsvereinbarung bestimmt sich u.a. nach den Regelungssperren der §§ 77 III 1, 87 I BetrVG, die die Normsetzungskompetenz der Betriebspartner zugunsten der Tarifpartner einschränken. Auf diese Wiese soll verhindert werden, dass die Normsetzungskompetenz der Tarifvertragsparteien ausgehöhlt wird.[577]

Das Verhältnis von § 77 III 1BetrVG zu § 87 I BetrVG wird von der Vorrangtheorie und der Zwei-Schranken-Theorie unterschiedlich eingeschätzt, wenngleich diese Frage nach der Entscheidung des Großen Senats des Bundesarbeitsgerichts zu Gunsten der Vorrangtheorie als entschieden angesehen werden kann.[578] [579]

---

577 BAG vom 20. 4. 1999 NZA 99, 1059, 1063; vom 9. 12. 1997 NZA 98, 661, 663; Kissel NZA 95, 1, 4f; Feudner DB 93, 2231, 2232; Fitting / Kaiser / Heither / Engels / Schmidt § 77 Rn. 67ff; Schaub ZTR 00, 10, 13.
Aus diesem Grund findet das Günstigkeitsprinzip im Rahmen der Regelungssperren für das Verhältnis zwischen Tarifvertrag und Betriebsvereinbarung nach herrschender Meinung auch keine Anwendung, vgl. Fitting / Kaiser / Heither / Engels / Schmidt § 77 Rn. 97 mit weiteren Nachweisen; Löwisch / Rieble § 4 Rn. 161; a.A. Ehmann / Schmidt NZA 95, 193, 199; Schaub NZA 98, 617, 623; Blomeyer NZA 96, 337, 344; Ehmann / Lambrich NZA 96, 346, 348; Buchner DB 97, 573, 573; ErfK – Schaub § 4 TVG Rn. 56.

578 BAG GS vom 3. 12. 1991 AP Nr. 51 und 52 zu § 87 BetrVG 1972.

579 Vergleiche ausführlich zum Meinungsstand und zu den Begründungen der unterschiedlichen Ansichten BAG GS a.a.O; Fitting / Kaiser / Heither / Engels / Schmidt § 77 Rn. 109-116; Däubler / Kittner / Klebe – Berg § 77 Rn. 66; Richardi § 77 Rn. 247ff.; GK-BetrVG – Wiese § 87 Rn. 47-53; ErfK – Hanau / Kania § 77 BetrVG Rn. 53 – 63.

Nach der von der herrschenden Meinung vertretenden Vorrangtheorie geht die Regelung des § 87 I BetrVG der Regelung des § 77 III 1 BetrVG als speziellere Norm vor. Folgt man dieser Ansicht, so besteht im Bereich der Angelegenheiten des § 87 I Nr. 1 - 13 BetrVG nur dann ein Tarifvorbehalt, wenn auch tatsächlich eine tarifliche Regelung zu dieser Angelegenheit vorliegt (und nicht nur üblich ist, § 77 III 1 BetrVG).[580] Wie oben gezeigt besteht in wesentlichen Teilen des Umwandlungsmodells ein Mitbestimmungsrecht des Betriebsrats nach § 87 I BetrVG, so dass diese Norm hier einschlägig ist. Vorliegend gilt es aber zu untersuchen, ob eine Betriebsvereinbarung die Umwandlung tariflicher Arbeitnehmeransprüche ohne entsprechende Tarifklausel zulassen kann. Diese Fallgestaltung zeichnet sich gerade dadurch aus, dass keine Tarifregelung zum Umwandlungsmodell besteht, die nach § 87 I BetrVG einen Tarifvorbehalt zur Angelegenheit Wertguthabenmodell hervorrufen kann. Nach der Vorrangtheorie besitzen die Betriebspartner somit grundsätzlich die Kompetenz für eine betriebliche Regelung.

Die Vertreter der Gegenansicht folgen dagegen der sog. Zwei-Schranken-Theorie. Nach dieser Theorie ist bei allen Angelegenheiten, die in den Katalog des § 87 I Nr. 1 – 13 BetrVG fallen, neben der Regelungssperre des § 87 I BetrVG zusätzlich der Tarifvorrang des § 77 III 1 BetrVG zu beachten. Demnach reicht bereits eine Üblichkeit der tariflichen Regelung i.S.d. § 77 III 1 BetrVG aus, um eine ausschließliche Regelungskompetenz der Tarifvertragsparteien zu begründen. Die Sperrwirkung gilt daher, wenn die Arbeitsbedingungen zwar nicht zur Zeit durch Tarifvertrag geregelt sind, aber doch üblicherweise geregelt werden.[581] Nach dem heutigen Verständnis ist dieser Begriff der Üblichkeit weit auszulegen.[582] Es kann von einer Üblichkeit gesprochen werden, wenn die Tarifparteien die jeweiligen Arbeitsbedingungen in räumlich, fachlich und persönlich anwendbaren Tarifverträgen zu regeln pflegen.[583] Eine Tarifüblichkeit kann aber

580 Zur Frage, wann eine tarifliche Regelung als abschließend anzusehen ist vgl. Däubler / Kittner / Klebe – Klebe § 87 Rn. 29; Fitting / Kaiser / Heither / Engels / Schmidt § 87 Rn. 46ff.; Richardi § 87 Rn. 161ff.. Der Tarifvertrag muss für den Betrieb gelten, d.h. er muss räumlich und sachlich anwendbar sein. Zudem muss der Arbeitgeber tarifgebunden sein bzw. eine Allgemeinverbindlichkeitserklärung nach § 5 TVG vorliegen, vgl. BAG vom 24. 2. 1987 AP Nr. 21 zu § 77 BetrVG 1972; Richardi § 87 Rn. 154ff.

581 Fitting / Kaiser / Heither / Engels / Schmidt § 77 Rn. 90.

582 BAG vom 16. 9.1960 AP Nr. 1 zu § 2 ArbGG 1953 Betriebsvereinbarung; Fitting / Kaiser / Heither / Engels / Schmidt § 77 Rn. 90.

583 BAG vom 21.12.1982 DB 83, 996, 996; Däubler / Kittner / Klebe § 77 Rn. 71; Fitting / Kaiser / Heither / Engels / Schmidt § 77 Rn. 90.

noch nicht angenommen werden, wenn die Tarifvertragsparteien lediglich beabsichtigen, in Zukunft eine bestimmte Angelegenheit zu regeln.[584]

Sofern man der Zwei-Schranken-Theorie folgt, kann eine Regelungskompetenz der Betriebspartner somit nur bejaht werden, wenn auch eine Tarifüblichkeit auszuschließen ist. Dies wird jedoch angesichts der erst vor kurzem erfolgten Novellierung der sozialversicherungsrechtlichen Rahmenbedingungen und der anzunehmenden langen Laufzeiten von Tarifverträgen zu dieser Angelegenheit regelmäßig der Fall sein.

Somit kommen hier sowohl die Vorrang- wie auch die Zwei-Schranken-Theorie zu dem Ergebnis, dass den Betriebspartnern die Kompetenz zusteht, die Umwandlung von Tarifansprüchen in einer Betriebsvereinbarung zu regeln. Aus dieser Normsetzungskompetenz folgt jedoch nicht automatisch auch die Rechtmäßigkeit einer solchen Regelung. Die Betriebspartner sind innerhalb ihrer Regelungskompetenz an zwingendes höherrangiges Recht und damit nach § 4 III TVG auch an bestehende Tarifverträge gebunden. Betriebsvereinbarungen können – ebenso wie Individualvereinbarungen – abweichende Abmachungen i.S.d. § 4 III TVG darstellen.[585] Eine Betriebsvereinbarung, die die Umwandlung tariflicher Ansprüche in ein Wertguthaben zum Gegenstand hat, stellt eine vom Tarifvertrag abweichende Vereinbarung nach § 4 III TVG dar. Ihre Zulässigkeit kann somit – unter der hier angenommen Voraussetzung, dass keine Öffnungsklausel nach § 4 III 1. Alt TVG vorliegt – nur unter dem Aspekt der Günstigkeit nach § 4 III 2. Alt TVG angenommen werden. Dieser Günstigkeitsvergleich zwischen Betriebsvereinbarung und Tarifvertrag ist jedoch unter denselben Gesichtspunkten durchzuführen wie der oben vorgenommene Vergleich zwischen Individualvereinbarung und Tarifvertrag. Insoweit kann auf die erzielten Ergebnisse verwiesen werden. Da der Tarifvertrag Mindestarbeitsbedingungen enthält, kann weder die Umwandlung von Vergütungsansprüchen noch die Umwandlung von Freistellungsansprüchen in ein Wertguthaben als für den Arbeitnehmer günstiger angesehen werden.

Eine Betriebsvereinbarung, die unter Abweichung von einem Tarifvertrag die Umwandlung tariflicher Ansprüche in ein Wertguthaben regelt, ist somit wegen Verstoßes gegen § 4 III TVG unzulässig.

---

584 Fitting / Kaiser / Heither / Engels / Schmidt § 77 Rn. 91.
585 Löwisch / Rieble § 4 Rn. 152, 161.

5. Einschränkungen durch Betriebsvereinbarung

Einschränkungen im Hinblick auf den Umfang umwandelbarer Ansprüche können sich zudem aus Betriebsvereinbarungen ergeben. Nach der arbeitsrechtlichen Normenhierarchie stellen Betriebsvereinbarungen gegenüber Individualvereinbarungen grundsätzlich höherrangiges Recht dar.[586] Unter diesem Aspekt ist die Zulässigkeit einer individualrechtlichen Vereinbarung zu prüfen, durch die Ansprüche in ein Wertguthaben umgewandelt werden, die dem Arbeitnehmer ausschließlich aufgrund einer Betriebsvereinbarung zustehen.

Die Normen einer Betriebsvereinbarung wirken nach § 77 IV BetrVG unmittelbar und zwingend auf das Arbeitsverhältnis ein. Abweichende Individualvereinbarungen sind demnach grundsätzlich unwirksam. Dies hat zur Folge, dass in Betriebsvereinbarungen festgehaltene Entgelt- und Freistellungsansprüche im Regelfall auch geleistet werden müssen und nicht auf individualvertraglicher Ebene umgewandelt werden dürfen.

Die normative Wirkung von Betriebsvereinbarungen nach § 77 IV BetrVG unterliegt allerdings ebenso wie die zwingende Wirkung von Tarifverträgen bestimmten Ausnahmen. Obwohl das Betriebsverfassungsgesetz dies – anders als das Tarifvertragsgesetz in § 4 III TVG – nicht ausdrücklich wiedergibt, kann auch eine Betriebsvereinbarung dispositive Regelungen enthalten.[587] Die Betriebspartner sind somit befugt, Betriebsvereinbarungen mit Öffnungsklauseln zu versehen, die ein Abweichen von deren Regelungen auf individualvertraglicher Ebene ausdrücklich gestatten.

Liegt eine solche Öffnungsklausel jedoch nicht vor, so stellt sich auch im Verhältnis zwischen Betriebsvereinbarung und Individualvertrag die Frage, ob die Umwandlung eines Anspruchs einen Verzicht oder eine Abweichung zuungunsten des Arbeitnehmers darstellt. Nach § 77 IV 2 BetrVG ist ein Verzicht auf Rechte, die durch die Betriebsvereinbarung eingeräumt werden, nur mit Zustimmung des Betriebsrats zulässig. Der Begriff des Verzichts ist hier ebenso wie in § 4 III TVG weit auszulegen. Dementsprechend kann ein Verzicht im Sinne des Gesetzes auch in einer Schuldersetzung (Schuldumwandlung / Novation) liegen.[588] Die Umwandlung eines Anspruchs zur Bildung eines Wertguthabens ist aber nicht als Verzicht i.d.S. einzuordnen. Der Zweck des Verzichtsverbots nach § 77 IV 2 BetrVG liegt darin, die Rechte der Arbeitnehmer über die unmittelbare und zwingende Wirkung nach § 77 IV 1 BetrVG hinaus zu schützen. Die Dispo-

586 Fitting / Kaiser / Heither / Engels / Schmidt § 77 Rn. 196.

587 Däubler / Kittner / Klebe – Berg § 77 Rn. 42; Fitting / Kaiser / Heither / Engels / Schmidt § 77 Rn. 126; Brox / Rüthers Rn. 49a.

588 GK-BetrVG – Kreutz § 77 Rn. 276.

sitionsbefugnis der Arbeitnehmer soll eingeschränkt werden.[589] Wie bereits erläutert muss die Schuldumwandlung zum Aufbau eines Wertguthabens aus sozialversicherungs- und steuerrechtlichen Gründen bereits vereinbart werden, bevor der umzuwandelnde Anspruch Fälligkeit erlangt.[590] Zu diesem Zeitpunkt muss aber die Dispositionsbefugnis des Arbeitnehmers noch nicht eingeschränkt werden, da die unmittelbare und zwingende Wirkung der Betriebsvereinbarung nach § 77 IV 1 BetrVG zu beachten ist. Ein Verzicht auf zukünftige Ansprüche des Arbeitnehmers ist nicht nach § 77 IV 2 BetrVG zu beurteilen.

Die Zulässigkeit einer individualrechtlichen Umwandlung von Ansprüchen, die auf einer Betriebsvereinbarung beruhen, richtet sich somit ausschließlich danach, ob eine solche Umwandlung als für den Arbeitnehmer günstiger anzusehen ist. Das Günstigkeitsprinzip gilt auch im Verhältnis von kollektivrechtlicher Betriebsvereinbarung und Individualabrede.[591] Bei der Durchführung des Günstigkeitsvergleichs sind dabei dieselben Grundsätze zu beachten wie beim Vergleich zwischen Tarifvertrag und Betriebsvereinbarung. Es ist ein Sachgruppenvergleich vorzunehmen[592], der sich nach einem objektiven Beurteilungsmaßstab richtet.[593]

Da sich der Günstigkeitsvergleich somit nach den gleichen Kriterien richtet, kann auf den oben vorgenommenen Vergleich zwischen Tarifvertrag und Betriebsvereinbarung Bezug genommen werden. Mangels vergleichbarer Sachgruppen ist ein Einzelvergleich vorzunehmen. Die Umwandlung eines Entgeltanspruchs in ein Wertguthaben ist jedoch für den Arbeitnehmer nicht günstiger, da sie zunächst zu einer geringeren Vergütung führt. Die Umwandlung eines Freistellungsanspruchs in ein Wertguthaben ist ebenfalls nicht als günstiger zu bezeichnen, da der mit dem Freistellungsanspruch verfolgte Zweck (Erhaltung der Gesundheit und Arbeitskraft) zum Nachteil des Arbeitnehmers aufgegeben wird.

Entgelt- und Freistellungsansprüche, die dem Arbeitnehmer aufgrund einer Betriebsvereinbarung zustehen, können somit nur dann individualvertraglich in ein Wertguthaben umgewandelt werden, wenn die Betriebsvereinbarung eine entsprechende Öffnungsklausel enthält. Andernfalls stellt die Individualvereinba-

---

589 Fitting / Kaiser / Heither / Engels / Schmidt § 77 Rn. 131.

590 Siehe Kapitel II 2.

591 Die Anwendbarkeit des Günstigkeitsprinzips im Verhältnis zwischen Betriebsvereinbarung und Individualvereinbarung folgt aus dem allgemeinen arbeitsrechtlichen Schutzprinzip, vgl. BAG GS vom 16. 9. 1986 AP Nr. 17 zu § 77 BetrVG 1972, vom 7. 11. 1989 AP Nr. 46 zu § 77 BetrVG 1972; Richardi § 77 Rn. 141ff.

592 BAG vom 19. 12. 1958 AP Nr. 1 zu § 4 TVG Sozialzulagen, vom 20. 4. 1999 AP Nr. 89 zu Art. 9 GG.

593 Fitting / Kaiser / Heither / Engels / Schmidt § 77 Rn. 200.

rung eine Abweichung von der Betriebsvereinbarung zuungunsten des Arbeitnehmers dar und ist damit nach § 77 IV BetrVG unzulässig.

6. Fehlende Verfügungsbefugnis des Arbeitnehmers

Eine Einschränkung hinsichtlich des Umfangs der umwandelbaren Vergütungsansprüche kann sich zudem ergeben, soweit der Arbeitnehmer die Verfügungsbefugnis über die umzuwandelnden Ansprüche verloren hat.

Wie oben festgestellt schließen Arbeitgeber und Arbeitnehmer zum Zwecke der Umwandlung von Ansprüchen einen Schuldänderungsvertrag i.S.d. § 311 I BGB. Dieser Vertrag ist als Verfügungsgeschäft zu charakterisieren. Verfügungsgeschäfte sind solche Rechtsgeschäfte, die unmittelbar darauf gerichtet sind, auf ein bestehendes Recht einzuwirken, es zu verändern, zu übertragen oder aufzuheben.[594]

Der Umfang der Ansprüche, die der Arbeitnehmer zum Aufbau eines Wertguthabens umwandeln kann, kann im konkreten Fall mittelbar dadurch eingeschränkt sein, dass der Arbeitnehmer zum Abschluss eines solchen Verfügungsgeschäftes gar nicht befugt ist.[595] Es handelt sich hierbei um die Fälle eingeschränkter Verfügungsbefugnis. Dem Arbeitnehmer fehlt die Befugnis, über den grundsätzlich umwandelbaren Anspruch frei zu verfügen.

---

594 Palandt – Heinrichs Überbl. vor § 104 Rn. 16.

595 Abzugrenzen hiervon sind die Fälle, in denen der Arbeitnehmer durch ein Rechtsgeschäft bereits seine Gläubigerstellung verloren hat. Denkbar ist dies z. B. durch eine Abtretung nach §§ 398ff. BGB. Zulässig ist auch die Abtretung zukünftiger Ansprüche, vgl. RG vom 1. 10. 1907 RGZ 67, 166, 167; BGH vom 25. 10. 1952 BGHZ 7, 365, 367; BGH vom 19. 9. 1983 BGHZ 88, 205, 206; BGH vom 22. 6. 1989 BGHZ 108, 98, 104; BGH vom 21. 4. 1988 NJW 88, 3204, 3205, die zukünftige Forderung muss nur hinreichend bestimmt oder bestimmbar sein, vgl. RG vom 27. 2. 1920 RGZ 98, 200, 202; BGH vom 25. 10. 1952 BGHZ 7, 365, 367; BGH vom 3. 4. 1974 NJW 74, 1130, 1130. In Frage kommt insoweit vor allem die Abtretung von Entgeltansprüchen. Zur Frage der Zulässigkeit der Abtretung von Freistellungsansprüchen vgl. Palandt – Heinrichs § 399 Rn. 6; Dersch / Neumann § 1 Rn. 72 m. w. N.; Leinemann / Linck § 1 Rn. 122ff.; MünchArbR – Leinemann § 87 Rn. 17; Schaub § 102 Rn. 6.
Ebenso kann die Forderung bereits vor dem Abschluss eines Schuldänderungsvertrags erloschen sein. Denkbar ist dies beispielsweise durch eine Aufrechnung nach §§ 387ff. BGB oder einen Erlass nach § 397 BGB.

a) Die Lohnpfändung

Ein solches Hindernis für die Umwandlung von Arbeitnehmeransprüchen in ein Wertguthaben kann sich insbesondere dann ergeben, wenn ein Gläubiger des Arbeitnehmers dessen Forderungen gegen den Arbeitgeber nach den §§ 829ff. ZPO pfänden lässt.

Die Möglichkeit der Pfändung nach § 829 ZPO steht jedem Gläubiger offen, der aus einem auf Zahlung eines bestimmten Geldbetrages lautenden Vollstreckungstitel vollstrecken will. Ein häufiger Fall dieser Zwangsvollstreckung ist die Lohnpfändung, also der Zugriff auf die Forderungen des Arbeitnehmers (= Vollstreckungsschuldner) gegen den Arbeitgeber (= Drittschuldner).[596] Möglich ist auch die Pfändung zukünftiger Arbeitsentgelte. Der Pfändung nach § 829 ZPO unterliegen nämlich auch Forderungen, die noch nicht fällig sind.[597] Voraussetzung ist lediglich, dass die zukünftige Forderung identifizierbar ist.

b) Anwendung auf Umwandlungsmodelle

Fraglich ist, welche zivilrechtlichen Folgen sich für den Arbeitnehmer ergeben, wenn ein Dritter die Ansprüche gegen den Arbeitgeber pfändet, die der Arbeitnehmer zur Bildung eines Wertguthabens umwandeln möchte.

Die Zustellung des Pfändungsbeschlusses hat zur Folge, dass die Verstrickung (= Beschlagnahme) der Forderung eintritt und ein Pfändungspfandrecht entsteht. Für die vorliegende Untersuchung sind die unmittelbaren Folgen der Verstrickung zu beachten. Sie verbietet dem Drittschuldner (hier dem Arbeitgeber), noch weiterhin an den Schuldner (hier den Arbeitnehmer) zu zahlen, sog. Arrestatorium § 829 I 1 ZPO, sowie dem Schuldner (also dem Arbeitnehmer), über die Forderung zu verfügen, sog Inhibitorium § 829 I 2 ZPO. Die Forderung bleibt damit bis zum Überweisungsbeschluss, § 835 ZPO, zwar dem Vermögen des Schuldners zugeordnet.[598] Dessen Rechtsstellung wird aber durch das Inhibitorium nach § 829 I 2 ZPO insoweit eingeschränkt, als ihm alle Verfügungen verwehrt sind, die die Rechtsstellung des Gläubigers nach der Pfändung beeinträchtigen können.[599]

---

596 Zu beachten sind dabei die Pfändungsgrenzen der §§ 850ff. ZPO.

597 RGZ 74, 78, 82; MüKo – ZPO – Smid § 829 Rn. 9; Baumbach / Lauterbach / Albers / Hartmann § 829 Rn. 4; Zöller – Stöber § 829 Rn. 2.

598 BGH vom 27. 6. 1985 NJW 86, 423, 423.

599 Der Wortlaut des § 829 I 2 ZPO, dass schlechthin jede Verfügung verboten ist, wird allgemein als zu weit angesehen und auf den Pfändungszweck reduziert: vgl. MüKo – ZPO – Smid § 829 Rn. 40; BGH vom 12. 7. 1968 NJW 68, 2059, 2060; Schuschke / Walker § 829 Rn. 53; Musielak – Becker § 829 Rn.11.

Zivilrechtlich stellt die Verstrickung ein relatives Verfügungsverbot an den Schuldner im Sinne der §§ 135, 136 BGB dar.[600] Relative Verfügungsverbote sollen dem durch das Verbot Geschützten die Möglichkeit der Verwirklichung eines Anspruchs hinsichtlich des Gegenstandes des Verfügungsverbots gewährleisten.[601] Für das Verfügungsverbot aus § 829 I 2 ZPO bedeutet dies konkret, dass dem Schuldner alle vollstreckungsbeeinträchtigenden Verfügungen[602] wie Einziehung der Forderung, Abtretung, Aufrechnung, Erlass etc. verboten sind.[603] Ihm sind somit alle Verfügungen untersagt, durch die die Durchsetzung der Forderung erschwert oder auch nur zeitweise gehindert wird, wie z.B. bei der Stundung.[604] Fraglich ist damit, ob das Inhibitorium dem Arbeitnehmer verbietet, bereits gepfändete Entgeltforderungen durch den Abschluss eines Schuldänderungsvertrags in ein Wertguthaben umzuwandeln.

Vorliegend ist davon auszugehen, dass der Abschluss des Schuldänderungsvertrags die Vollstreckung des Gläubigers erschwert. Dies gilt unabhängig davon, ob das Umwandlungsmodell als Lebensarbeitszeitkonto oder Langzeitkonto ausgestaltet ist. Der Sinn eines solches Modells liegt gerade darin, eigentlich fällige Entgeltansprüche, auf die der Gläubiger zugreifen könnte, anzusparen und – neben einer Änderung des Schuldgegenstandes – einen späteren Fälligkeitszeitpunkt zu realisieren. Damit wird die Zugriffsmöglichkeit des Gläubigers auf diese Forderungen zumindest übergangsweise eingeschränkt. Für den Gläubiger ergibt sich damit eine Situation, die in ihrer rechtlichen Wirkung einer Stundung entspricht. Die Durchsetzung der Forderung wird durch den Abschluss des Schuldänderungsvertrags solange gehindert, bis der Arbeitnehmer seinen Anspruch aus dem Wertguthaben gegen den Arbeitgeber geltend macht.

Die Umwandlung einer Forderung, über die ein wirksamer Pfändungsbeschluss besteht, stellt somit eine Verfügung des Arbeitnehmers als Vollstreckungsschuldner dar, die nach §§ 135, 136 BGB dem Gläubiger gegenüber unwirksam ist.

---

600 Baumbach / Lauerbach / Albers / Hartmann – Hartmann § 829 Rn. 66; MüKo – ZPO – Smid § 829 Rn. 42; Rosenberg / Gaul / Schilken § 55 I 3 a bb; BGH vom 12. 7. 1968 NJW 68, 2059, 2060; BGH vom 22. 3. 1990 NJW 90, 2689, 2689f.

601 Flume BGB AT II § 17 6d).

602 Verfügungen sind Rechtsgeschäfte, die unmittelbar auf ein bestehendes Recht einwirken durch dessen Belastung, Inhaltsänderung, Übertragung oder Aufhebung, vgl. BGH vom 4. 5. 1987 BGHZ 101, 24, 26. Der Tatbestand einer Verfügung kann einen Vertrag enthalten oder eine sonstige Willenserklärung, auch Erlass und Abtretung, vgl. Jauernig – Jauernig vor § 104 Rn. 10.

603 Rosenberg / Gaul / Schilken § 55 I 3 a bb; BGH vom 5. 2. 1987 BGHZ 100, 36, 42.

604 MüKo – ZPO – Smid § 829 Rn. 41; Musielak – Becker § 829 Rn. 11, 18.

c) Rechtsfolge bei Verstoß gegen das Inhibitorium

Relativen Verfügungsverboten kommt die Aufgabe zu, einen bestimmten Personenkreis zu schützen. Demzufolge führen sie auch nur zu einer relativen Unwirksamkeit gegenüber den Personen, zu deren Schutz das Verfügungsverbot besteht.[605] Eine dem Schuldner nach § 829 I 2 ZPO verbotene Verfügung ist daher nur dem Vollstreckungsgläubiger gegenüber unwirksam, §§ 135, 136 BGB.

Eine Verfügung des Arbeitnehmers über eine Forderung zum Zwecke des Aufbaus eines Wertguthabens ist somit dem Gläubiger gegenüber unwirksam, wenn die Verstrickung zeitlich vor der Verfügung des Arbeitnehmers eingetreten ist. Die Verfügung des Arbeitnehmers liegt hier in der Abgabe der Willenserklärung zum Abschluss des Schuldänderungsvertrags. Diese Willenserklärung ist dem Gläubiger gegenüber unwirksam. Damit gilt mangels zweier übereinstimmender und auf einen rechtlichen Erfolg gerichteter Willenserklärungen auch das Rechtsgeschäft der Schuldänderung dem Gläubiger gegenüber als nicht geschlossen. Die gepfändete Entgeltforderung ist dem Gläubiger somit trotz der vereinbarten Wertguthabenbildung nach § 835 I ZPO zu überweisen.

Die Zustellung des Pfändungsbeschlusses nach § 829 I 1 ZPO befreit den Drittschuldner (hier den Arbeitgeber) von seiner Verpflichtung, an den Schuldner (hier den Arbeitnehmer) zu zahlen. Er trägt aber nach wirksamer Pfändung auch das Risiko, dass er seine Leistung gegenüber dem richtigen Empfänger erbringt. Zahlt er trotz der Pfändung an den Schuldner, so befreit ihn diese Zahlung im Verhältnis zum Gläubiger nicht.[606] Eine Ausnahme gilt nur dann, wenn der Drittschuldner (hier der Arbeitgeber) beweisen kann, dass er die Pfändung nicht kannte, §§ 1275, 407, 409 analog.[607] Der Arbeitgeber kann sich gegenüber dem Gläubiger daher im Regelfall nicht darauf berufen, dass er mit dem Arbeitnehmer einen Schuldänderungsvertrag geschlossen hat und daher zur Entgeltzahlung nicht mehr verpflichtet ist.

7. Ergebnis

Bei der Ausgestaltung eines Umwandlungsmodells müssen die Parteien verschiedene Normen berücksichtigen, die Schranken für die Umwandlung von Ansprüche bilden.

---

605 Soergel – Hefermehl § 136 Rn. 2; Staudinger – Kohler § 135 Rn. 4.
606 MüKo – ZPO – Smid § 829 Rn. 50.
607 BGH vom 26. 1. 1983 BGHZ 86, 337, 339f.; LAG Berlin vom 8. 10. 1968 BB 69, 1353. 1353; Thomas / Putzo – Putzo § 829 Rn. 37.

Im Bereich der Freistellungsansprüche sind das Bundesurlaubsgesetz sowie das Sozialgesetzbuch IX und das Jugendarbeitsschutzgesetz zu beachten. Diese Gesetze untersagen die Umwandlung des gesetzlichen Mindesterholungsurlaubs zum Zwecke der Guthabenbildung.

Für die Umwandlung von Vergütungsansprüchen ergeben sich vor allem Beschränkungen durch § 7 Ia 1 Nr. 2 SGB IV. Darüber hinaus verbietet § 829 ZPO i.V.m. §§ 135, 136 BGB das Ansparen eines bereits gepfändeten Lohnanspruchs.

Aufgrund der zwingenden Normenhierarchie des Arbeitsrechts können Tarifverträge und Betriebsvereinbarungen die Umwandlung von Freistellungs- wie auch von Vergütungsansprüchen untersagen, soweit sie keine Öffnungsklauseln enthalten.

VII. Der Kündigungsschutz nach § 7 Ib Sozialgesetzbuch IV

Nach § 7 Ib SGB IV[608] stellt die Möglichkeit eines Arbeitnehmers, eine Vereinbarung über flexible Arbeitszeiten i.S.d. § 7 Ia SGB IV zu treffen, keine die Kündigung des Arbeitsverhältnisses durch den Arbeitgeber begründende Tatsache gemäß § 1 II 1 KSchG dar.[609] Diese Regelung soll den Arbeitnehmer davor schützen, dass die Möglichkeit zur Vereinbarung flexibler Arbeitszeiten zu seinem Nachteil berücksichtigt wird.[610] Eine Kündigung des Arbeitgebers, die gegen dieses Verbot verstößt, ist nach § 134 BGB nichtig.[611] Auf diese Weise soll dem Arbeitgeber bereits die Möglichkeit genommen werden, seine Interessen in Bezug auf flexible Arbeitszeiten durch die Androhung einer Kündigung durchsetzen zu können.

§ 7 Ib SGB IV stellt die einzige arbeitsrechtliche Regelung dar, die im Rahmen des Flexi-Gesetzes getroffen wurde.[612]

---

608 Eingefügt mit Wirkung vom 1. Januar 1998 durch Art. 1 Nr. 1 i.V.m. Art. 14 I Gesetz zur sozialrechtlichen Absicherung flexibler Arbeitszeitregelungen vom 6. April 1998, BGBl. I S. 688.

609 Nach § 1 I KSchG sind Kündigungen (bei Anwendbarkeit des Kündigungsschutzgesetzes, vgl. §§ 1I, 23 I 2 KSchG) durch den Arbeitgeber rechtsunwirksam, wenn sie sozial ungerechtfertigt sind. Dies ist nach § 1 II 1 KSchG insbesondere der Fall, wenn kein in der Person oder dem Verhalten des Arbeitnehmers liegender Grund oder ein dringendes betriebliches Erfordernis die Kündigung bedingt. Durch die Regelung des § 7 Ib SGB IV stellt der Gesetzgeber fest, dass die Möglichkeit zur Vereinbarung einer flexiblen Arbeitszeitregelung keinen solchen Grund bzw. kein solches Erfordernis i.S.d. § 1 II 1 KSchG darstellen kann.

610 Gesetzesbegründung BT-Drucksache 13/9818 S. 11.

611 Hauck / Noftz – Sehnert § 7 Rn. 35.

612 Rombach RdA 99, 194, 196; Kasseler Kommentar – Seewald § 7 Rn. 145m.

1. Auslegung des Merkmals „Möglichkeit zur Vereinbarung"

Die Schutzrichtung des § 7 Ib SGB IV wird in der Literatur einheitlich beurteilt. Nach allgemeiner Einschätzung verfolgt der Gesetzgeber mit dieser Vorschrift die Klarstellung, dass die Weigerung des Arbeitnehmers, an einem flexiblen Arbeitszeitmodell teilzunehmen, nicht als eine die Kündigung begründende Tatsache i.S.d. § 1 II 1 KSchG angesehen werden kann.[613] Der Beschäftigte soll auf diese Weise davor geschützt werden, an flexiblen Arbeitszeitregelungen teilnehmen zu müssen und bereits durch die Androhung einer Kündigung unter Druck gesetzt zu werden.

Bei den vorliegend untersuchten Umwandlungsmodellen ist jedoch die Besonderheit zu beachten, dass die bloße Einführung eines solchen Modells die Rechte und Pflichten des Arbeitnehmers während der Arbeitsphase noch unberührt lässt. Umwandlungsmodelle stellen zwar Arbeitszeitmodelle dar, haben aber keine Auswirkungen auf die anderweitig festgelegte Hauptleistungspflicht des Arbeitnehmers.[614] Insoweit unterscheiden sich Umwandlungsmodelle von (üblichen) Arbeitszeitregelungen, die zwischen den Arbeitsvertragsparteien getroffen werden und bereits durch ihre Einführung auf die Leistungspflicht des Arbeitnehmers einwirken. Für diese letztgenannten Arbeitszeitregelungen stellt die Vorschrift des § 7 Ib SGB IV klar, dass die Weigerung des Arbeitnehmers zur Teilnahme an der flexiblen Arbeitszeit keinen Kündigungsgrund darstellt.

Um einen effektiven Kündigungsschutz auch im Rahmen von Umwandlungsmodellen zu gewährleisten, muss das Merkmal der „Vereinbarung" i.S.d. § 7 Ib SGB IV hier weit gefasst werden. Wie oben erläutert besteht auf Seiten der Arbeitgeber insbesondere bei solchen Modellen, die der Reduzierung der Arbeitszeit im Alter dienen, ein erhebliches Interesse an der Umwandlung von Arbeitnehmeransprüchen.[615] Verzichtet ein Arbeitnehmer auf die Möglichkeit der Anspruchsumwandlung, so reduziert sich – vorbehaltlich anderer Vereinbarungen – die Arbeitszeit des Arbeitnehmers in fortgeschrittenem Alter nicht. Eine geringe Umwandlungsbereitschaft des Arbeitnehmers kann den Interessen des Arbeitgebers demnach zuwiderlaufen und aus dessen Sicht einen Kündigungsgrund darstellen.

Um einen ausreichenden Schutz derjenigen Arbeitnehmer zu gewährleisten, die an einem Umwandlungsmodell nicht teilnehmen wollen, muss als „Möglichkeit zur Vereinbarung" i.S.d. § 7 Ib SGB IV somit auch die Möglichkeit angese-

613 Diller BB 98, 844, 844; Kasseler Kommentar – Seewald § 7 Rn. 145m;Hauck / Noftz – Sehnert § 7 Rn. 35.

614 Siehe Kapitel III 3.

615 Siehe Kapitel II 1.

hen werden, den zur Umwandlung erforderlichen Schuldänderungsvertrag abzuschließen. Auch wenn der Arbeitnehmer zunächst eine Rahmenvereinbarung mit dem Arbeitgeber über die Einführung des Umwandlungsmodells getroffen hat, kann eine Nichtinanspruchnahme dieser Möglichkeit durch den Arbeitnehmer ein Kündigungsrecht des Arbeitgebers nicht begründen. Eine Kündigung durch den Arbeitgeber, die ausschließlich auf der nicht vorhandenen Bereitschaft zum Abschluss von Umwandlungsvereinbarungen beruht, ist demnach nach § 7 Ib SGB IV unwirksam.[616]

Darüber hinaus stellt sich die Frage, ob § 7 Ib SGB IV auch eine Kündigung des Arbeitgebers untersagt, die dieser ausspricht, weil ein Arbeitnehmer aus seiner Sicht zu intensiv von der Möglichkeit zur Anspruchsumwandlung Gebrauch macht. In diesem Fall geht es also nicht um die Weigerung des Arbeitnehmers, an einem bestehenden Modell teilzunehmen, sondern um die besonders nachdrückliche Inanspruchnahme dieser Möglichkeit durch den Arbeitnehmer. Ihrem Wortlaut nach könnte die Vorschrift des § 7 Ib SGB IV den Arbeitnehmer zwar auch vor einer Arbeitgeberkündigung mit dieser Begründung schützen.[617]

Als einschlägig ist hier jedoch die Regelung des § 612a BGB[618] anzusehen.[619] Danach darf der Arbeitgeber einen Arbeitnehmer bei einer Vereinbarung oder einer Maßnahme nicht benachteiligen, weil der Arbeitnehmer in zulässiger Weise seine Rechte ausübt. Es handelt sich um ein allgemeines Diskriminierungsverbot,

---

616 Die Regelung des § 7 Ib SGB IV steht der Möglichkeit einer Arbeitgeberkündigung aus anderen Gründen, die auch zeitgleich mit der Möglichkeit zur flexiblen Arbeitszeit vorliegen können, allerdings nicht entgegen, vgl. Hauck / Noftz – Sehnert § 7 Rn. 35.

617 In der Gesetzesbegründung zu § 7 Ib SGB IV finden sich keine Hinweise auf diese Problematik, vgl. BT-Drucksache 13/9818 S. 11.

618 Eingefügt durch Art. 1 Nr. 4 des Gesetzes über die Gleichbehandlung von Männern und Frauen am Arbeitsplatz und über die Einhaltung von Ansprüchen bei Betriebsübergang (Arbeitsrechtliches EG-Anpassungsgesetz) vom 13. 8. 1980, BGBl. I 1308ff.

619 Vergleiche insoweit die ähnliche Abgrenzung zwischen § 8 I ATZG und § 612a BGB. Nach § 8 I ATZG gilt die Möglichkeit des Arbeitnehmers, eine Altersteilzeitarbeit in Anspruch zu nehmen, ebenfalls nicht als Tatsache, die eine Kündigung des Arbeitsverhältnisses durch den Arbeitgeber i.S.d. § 1 II 1 KSchG begründenden kann. Durch diese Regelung soll ein Arbeitnehmer, der sich dem Wunsch des Arbeitgebers zum Abschluss einer Altersteilzeitvereinbarung widersetzt, vor einer Kündigung geschützt werden (ErfK – Rolfs § 8 ATG Rn. 1; Rittweger § 8 ATZG Rn. 2). § 8 I 1. HS ATZG schützt den Arbeitnehmer aber nicht vor einer Kündigung, die der Arbeitgeber darauf stützt, dass der Arbeitnehmer von seinem (z. B. tariflich verankerten) Anspruch auf Altersteilzeit Gebrauch macht. Ein solches Verhalten wird vielmehr durch § 612a BGB i.V.m. § 134 BGB untersagt (Rittweger § 8 ATZG Rn. 3 im Anschluss an BAG vom 2. 4. 1987 AP Nr. 1 zu § 612a BGB = NZA 88, 18, 19).

das sich generell auf ungerechtfertigte Maßregelungen bezieht.[620] Sofern der Arbeitnehmer also ein tatsächlich bestehendes Recht in zulässiger Weise ausübt, ist es dem Arbeitgeber untersagt, den Arbeitnehmer aufgrund dieses Verhaltens zu maßregeln. Der Begriff der Maßnahme i. S. d. § 612a BGB ist dem Schutzzweck der Norm entsprechend weit auszulegen und umfasst alle vom Arbeitgeber einseitig getroffenen Maßnahmen rechtsgeschäftlicher oder tatsächlicher Art.[621] Demzufolge können insbesondere auch Arbeitgeberkündigungen Maßnahmen i.S. dieser Vorschrift darstellen[622], soweit die Rechtsausübung durch den Arbeitnehmer der tragende Beweggrund für die Benachteiligung durch den Arbeitgeber ist.[623]

Hat der Arbeitnehmer somit nach der getroffenen Rahmenvereinbarung das Recht, Ansprüche aus dem Arbeitsverhältnis (u. U. per Gestaltungsrecht[624]) in ein Wertguthaben umzuwandeln und nutzt er diese Möglichkeit, so untersagt § 612a BGB dem Arbeitgeber die Sanktionierung dieser Rechtsanwendung. Jede Maßnahme, so auch eine Kündigung, die diesem Verbot zuwiderläuft, ist nach § 134 BGB nichtig.[625]

2. *Zwischenergebnis*

§ 7 Ib SGB IV untersagt dem Arbeitgeber die Kündigung eines Arbeitnehmers, die ausschließlich auf der Weigerung des Arbeitnehmers beruht, an einem Umwandlungsmodell teilzunehmen. Soweit ein solches Modell durch eine Rahmenvereinbarung eingeführt wurde, kann es dem Arbeitnehmer auch nicht zum Nachteil gereichen, wenn er den Abschluss eines Schuldänderungsvertrags verweigert.

---

620 Staudinger – Richardi § 612a Rn. 4 i.V.m. 10; ErfK – Preis § 612a BGB Rn. 2.

621 Staudinger – Richardi § 612a Rn. 10. Darüber hinaus verbietet § 612a BGB eine Maßregelung durch den Arbeitgeber auch durch zweiseitige Vereinbarungen zwischen Arbeitgeber und Arbeitnehmer. Die Zustimmung des Arbeitnehmers schließt nicht den benachteiligenden Charakter einer Maßregelung aus.

622 Vgl. nur BAG vom 2. 4. 1987 AP Nr. 1 zu § 612a BGB = NZA 88, 18, 19; vom 16. 2. 1989 AP Nr. 46 zu § 138 BGB; LAG Köln vom 10. 11. 1993 NZA 95, 128, 128.

623 Die Prüfung dieser Kausalität findet § 613a IV 1 BGB analog statt, vgl. BAG vom 2. 4. 1987 AP Nr. 1 zu § 612a BGB = NZA 88, 18, 19.

624 Vergleiche zu den Möglichkeiten, einen Kontrahierungszwang des Arbeitgebers zu begründen Kap. IV 4.

625 BAG vom 2. 4. 1987 AP Nr. 1 zu § 612a BGB = NZA 88, 18, 19; Staudinger – Richardi § 612a Rn. 19.

Bei Einem Verstoß gegen diese Vorschrift ist daher die Beachtung der Drei-Wochen-Frist zur Erhebung einer Feststellungsklage nach § 4 KSchG durch den Arbeitnehmer auch nicht erforderlich, § 13 III KSchG.

§ 7 Ib SGB IV untersagt dagegen nicht die Kündigung durch den Arbeitgeber, wenn der Arbeitnehmer aus Sicht des Arbeitgebers die Umwandlungsmöglichkeit zu intensiv nutzt. Eine Kündigung mit dieser Begründung ist jedoch nach § 612a BGB i.V.m. § 134 BGB unwirksam. Will der Arbeitgeber die Anspruchsumwandlung durch die Arbeitnehmer in einem bestimmten Umfang begrenzen, so darf er dem Arbeitnehmer entweder kein Gestaltungsrecht einräumen oder muss bereits in der Rahmenvereinbarung Höchstgrenzen für die Umwandlung verbindlich vereinbaren.

3. *Beendigungskündigung / Änderungskündigung*

Darüber hinaus ist in der rechtswissenschaftlichen Literatur umstritten, ob § 7 Ib SGB IV neben Beendigungskündigungen auch Änderungskündigungen verbietet, die der Arbeitgeber wegen der Möglichkeit des Arbeitnehmers zur Vereinbarung flexibler Arbeitszeiten ausspricht. Im Bereich der Umwandlungsmodelle könnte ein Bedürfnis nach einer Änderungskündigung z.B. dann bestehen, wenn sich ein Arbeitnehmer weigert, an der Umwandlung von Ansprüchen teilzunehmen.

In der Gesetzesbegründung finden sich keine Anhaltspunkte zur Beantwortung dieser Frage.[626]

Nach der wohl herrschenden Ansicht erfasst das Kündigungsverbot des § 7 Ib SGB IV ausschließlich Beendigungskündigungen.[627] Hinter diesem engen Verständnis des Anwendungsbereichs von § 7 Ib SGB IV steht der Gedanke, möglichst günstige Rahmenbedingungen für eine erhöhte Flexibilität im Unternehmen zu schaffen. Dieser Zweck sei letztlich Ausgangspunkt für die Neuregelungen durch das Flexi-Gesetz gewesen und somit als vorrangig und übergeordnet anzusehen.[628] Andernfalls könnte der Arbeitgeber zwar per Änderungskündigung ein flexibles Arbeitszeitmodell abschaffen, nicht aber ein solches Modell einführen. Dies würde dem Gesetzeszweck der erhöhten Arbeitszeitflexibilität aber eindeutig widersprechen.[629]

Eine andere Ansicht wird dagegen von Seewald vertreten. Seiner Meinung nach werden auch Änderungskündigungen vom Kündigungsverbot des § 7 Ib

---

626 Vgl. BT-Drucksache 13/9818 S. 13.

627 Rombach RdA 99, 194, 196; Gaul BB 98, 1634, 1637; Diller NZA 98, 792, 795, derselbe in BB 98, 844, 845. Aufgrund der wenig eindeutigen Formulierung des Gesetzestextes empfiehlt Diller dem Gesetzgeber eine klarstellende Neufassung der Vorschrift, dass das Recht des Arbeitgebers zur Änderungskündigung unberührt bleibt. Gaul schließt sich dieser Forderung in BB 98, 1634, 1637 an.

628 Vgl. auch Gesetzesbegründung in BT-Drucksache 13/9818 S. 9.

629 So Diller NZA 98, 792, 795.

SGB IV erfasst.[630] Demnach soll es dem Arbeitgeber untersagt sein, dem Arbeitnehmer zu kündigen und zugleich ein Angebot zur Weiterbeschäftigung mit flexibler Arbeitszeit zu unterbreiten.

Entscheidend ist somit, inwieweit das gesetzgeberische Ziel der Förderung flexibler Arbeitsbedingungen den Arbeitnehmerschutz hier zurückdrängt.

Für die Ansicht Seewalds spricht ein Vergleich mit den Vorschriften der §§ 13 II TzBfG, 8 ATZG. Bei der Parallelvorschrift § 13 II TzBfG (Kündigung bei Ausscheiden eines Arbeitnehmers auf einem geteilten Arbeitsplatz) hat der Gesetzgeber – im Gegensatz zur Regelung des § 7 Ib SGB IV – ausdrücklich zwischen der Beendigungskündigung (S. 1) und der Änderungskündigung (S. 2) unterschieden. Darüber hinaus ist zu beachten, dass die Parallelvorschrift des § 8 ATZG ebenfalls Änderungskündigungen verbietet.[631] Nach dieser Norm gilt die Möglichkeit und der Wunsch eines Arbeitnehmers, Altersteilzeit in Anspruch zu nehmen, nicht als eine die Kündigung des Arbeitsverhältnisses durch den Arbeitgeber begründende Tatsache i.S.d. § 1 II 1 KSchG. Vielmehr wird der Arbeitnehmer vor dem Druck des Arbeitgebers, durch die Androhung einer Beendigungs- oder Änderungskündigung die Vereinbarung einer Altersteilzeit herbeizuführen, geschützt.

Ein vergleichbarer Schutz müsste dem Arbeitnehmer erst recht bei der Einführung von flexiblen Arbeitszeiten zu teil werden, die – bei ununterbrochener Betriebszugehörigkeit des Arbeitnehmers – Auswirkungen auf dessen gesamtes Erwerbsleben haben können.

Zwischen den von § 8 ATZG und § 7 Ib SGB IV erfassten Konstellationen besteht allerdings ein wesentlicher Unterschied, der darauf beruht, dass der Arbeitgeber ein wesentlich größeres Interesse an einer Änderungskündigung zur Einführung einer flexiblen Arbeitszeit als an einer Änderungskündigung zum Abschluss einer Altersteilzeitvereinbarung haben kann.

Flexible Arbeitszeitmodelle können häufig nur dann produktionstechnisch und wirtschaftlich erfolgreich praktiziert werden, wenn tatsächlich alle Arbeitnehmer eines Unternehmens von der veränderten Arbeitszeit erfasst werden.[632] Die Weigerung einzelner Arbeitnehmer, an der flexiblen Arbeitszeit teilzunehmen, kann daher zur Konsequenz haben, dass dieses flexible Arbeitszeitmodell im gesamten Unternehmen nicht eingeführt werden kann. In diesem Fall würden erhebliche Interessen des Arbeitgebers verletzt und das gesetzgeberische Ziel der Arbeitszeitflexibilisierung nicht erreicht werden können. Dagegen hat die Weigerung eines Arbeitnehmers, die Möglichkeit der Altersteilzeit wahrzunehmen,

---

630 Kasseler Kommentar – Seewald § 7 Rn. 145m.
631 ErfK – Rolfs § 8 ATG Rn. 1.
632 Diller BB 98, 844, 844.

weitaus geringere Auswirkungen auf das Unternehmen. Ein Interesse des Arbeitgebers besteht hier nur insoweit, als mit Hilfe der Altersteilzeit eine Verjüngung der Belegschaft ermöglicht wird. Indem § 8 ATZG es dem Arbeitgeber untersagt, diesem Interesse durch eine Änderungskündigung (oder nur durch die Ankündigung einer solchen) Nachdruck zu verleihen, wird nicht direkt in die Arbeitsabläufe des Unternehmens eingegriffen. Daher ist es gerechtfertigt, dem Arbeitnehmer in diesem Fall einen weiten Kündigungsschutz einzuräumen, der auch Änderungskündigungen umfasst, die nur wegen der Möglichkeit der Inanspruchnahme von Altersteilzeit ausgesprochen werden. In Anbetracht der grundlegend anderen Interessen kann dies im Falle des § 7 Ib SGB IV jedoch nicht angenommen werden. Der Anwendungsbereich dieser Norm ist auf Beendigungskündigungen zu beschränken.

Bei den hier untersuchten Umwandlungsmodellen ist allerdings zu beachten, dass Änderungskündigungen im Zusammenhang mit der Einführung dieser Modelle kaum in Betracht kommen. Ursache hierfür ist die Tatsache, dass Umwandlungsmodelle keinen Einfluss auf die in der Arbeitsphase zu erbringende Leistung des Arbeitnehmers haben. Die Einführung eines solchen Modells führt zudem noch nicht dazu, dass dieses von den Arbeitnehmern auch in Anspruch genommen wird. Erforderlich ist bei freiwilligen Umwandlungsmodellen der Abschluss eines Schuldänderungsvertrages zwischen den Arbeitsvertragsparteien.

Will der Arbeitgeber daher einen Arbeitnehmer zur Teilnahme am Umwandlungsmodell zwingen, so stellt die Änderungskündigung hierfür ein untaugliches Mittel dar. Der Arbeitgeber kann den Arbeitnehmer zwar mit Hilfe einer sozial gerechtfertigten, in der Regel also betriebsbedingten Änderungskündigung einer Arbeitnehmergruppe zuordnen, die zur Teilnahme am Umwandlungsmodell berechtigt ist. Eine Mitwirkung des Arbeitnehmers durch den Abschluss eines Schuldänderungsvertrags ist jedoch weiterhin erforderlich.

Will der Arbeitgeber dagegen unterbinden, dass ein Arbeitnehmer am betrieblichen Umwandlungsmodell teilnimmt, so kann er den Arbeitnehmer nicht alleine aus diesem Grund durch eine Änderungskündigung einer Arbeitnehmergruppe zuordnen, die nicht zur Teilnahme am Modell berechtigt ist. Soweit der Arbeitnehmer nach dem jeweiligen Umwandlungsmodell berechtigt ist Ansprüche anzusparen, darf der Arbeitnehmer dieses Verhalten bereits gemäß § 612a BGB nicht durch eine Kündigung sanktionieren.

VIII. Die Möglichkeit einer unternehmensübergreifenden Wertguthabenanlage

Die Durchführung eines Umwandlungsmodells erfordert vom Arbeitgeber einen beachtlichen administrativen Aufwand. Die zuständigen Personalabteilungen müssen die Daten der Arbeitnehmer nach den sozialversicherungsrechtlichen Vorgaben erfassen, individuelle Wertguthaben führen, eine eventuelle Anlage der Wertguthaben am Kapitalmarkt steuern, einen effektiven Insolvenzschutz treffen und schließlich für die Freistellungsphase das Wertguthaben des Arbeitnehmers in einen entsprechenden Anspruch auf Freistellung umrechnen. Für kleinere und mittlere Unternehmen, die aufgrund ihrer geringen Personalstärke über keine genügenden Kapazitäten in der Personalabteilung verfügen, sind diese Hürden vielfach nicht zu bewältigen. Fraglich ist daher, welche Möglichkeiten für diese Unternehmen bestehen, ebenfalls Umwandlungsmodelle anzubieten und damit deren Vorteile zu nutzen.

Soweit nur eine Unterstützung in organisatorischen Fragen erforderlich ist, können Unternehmen inzwischen auf ein vielfältiges Angebot von Consulting-Firmen zurückgreifen, die umfassende Konzepte für Umwandlungsmodelle entwerfen und die Unternehmen damit im operativen Bereich entlasten.[633]

Die Vorteile von Umwandlungsmodellen können jedoch insbesondere dann gesteigert werden, wenn möglichst große Wertguthaben zusammengetragen werden. Die Anlage eines größeren Guthabens wird immer zu einer höheren Rendite führen. Die Beratungskosten und Provisionen der Banken und Versicherungen sinken im Verhältnis zum eingesetzten Kapital. Für kleinere und mittlere Unternehmen könnte sich daher die Errichtung eines gemeinsamen Umwandlungsmodells rentieren, das die Wertguthaben verschiedener Unternehmen in einem gemeinsamen Guthaben zusammenfasst.

1. Die Übertragung von Wertguthaben auf Dritte

Voraussetzung für die Errichtung einer gemeinsamen Anlage von Wertguthaben ist zunächst, dass die Wertguthaben, die auf betrieblicher Ebene durch die Umwandlung von Ansprüchen entstehen, auf einen Dritten übertragen werden können. Die Wertguthaben können zunächst nur im Verhältnis der Arbeitsvertragsparteien gebildet werden, da hierzu ein Schuldänderungsvertrag erforderlich

---

633 Als Beispiel sei hier *Pension Consult, Beratungsgesellschaft für Altersvorsorge mbH,* in München genannt (www.pension-consult.de). Die *Pension Consult* gehört zur *Hypo-Vereinsbank-Gruppe.*

ist.[634] Ein solcher Vertrag kann nur zwischen Gläubiger und Schuldner geschlossen werden. Bei der Umwandlung von Entgelt- und Freistellungsansprüchen aus dem Arbeitsverhältnis sind dies der Arbeitnehmer und der Arbeitgeber.[635]

a) Die Übertragung auf einen anderen Gläubiger

Der Übertragung des Wertguthabens auf einen anderen Gläubiger hat der Gesetzgeber insoweit Beachtung geschenkt, als die §§ 7 Ia 4, 23b IV SGB IV die Auswirkungen einer solchen Übertragung auf das Sozialversicherungsrecht regeln. Ein Wertguthaben kann somit vom Arbeitnehmer an andere Beschäftigte verkauft werden. Der Dritte kann damit sein Entgelt in der Freistellungsphase aufstocken.[636]

Nach § 7 Ia 4 SGB IV tritt die Fiktion eines Beschäftigungsverhältnisses nach den Sätzen 1 bis 3 allerdings nicht ein, wenn das Wertguthaben auf einen anderen Beschäftigten übertragen wird. Durch diese Regelung wird verhindert, dass ein sozialversicherungsrechtlicher Schutz ohne eigene Arbeitsleistung erworben wird.[637] Der Schutz bleibt an die eigene, höchstpersönlich erbrachte Arbeitsleistung gebunden.[638]

Die Übertragung des Wertguthabens auf einen anderen Beschäftigten stellt zudem einen sog. Störfall dar. Nach § 23b IV, II SGB IV wird das Wertguthaben bei der Übertragung beitragspflichtig.[639] Der Verkäufer muss somit die auf das Wertguthaben zu zahlenden Sozialversicherungsbeiträge leisten und erhält im Gegenzug den Versicherungsschutz, da er die abzugeltende Vorarbeit tatsächlich erbracht hat. Da der Käufer keinen sozialversicherungsrechtlichen Schutz erlangen kann, muss er auch keine Beiträge leisten, wenn das Wertguthaben an ihn ausgeschüttet wird, vgl. § 2 I 1 Nr. 4b BeitragsüberwachungsV.

Für die vorliegende Frage, ob ein unternehmensübergreifendes gemeinsames Umwandlungsmodell geschaffen werden kann, ist jedoch entscheidend, ob der Schuldner des Wertguthabens ausgetauscht werden kann.

---

634 Siehe Kapitel IV 3.

635 Ein weiterer Fall der Übertragung auf einen Dritten ergibt sich bei einem Betriebsübergang. Nach § 613a BGB tritt der neue Inhaber in alle Rechte und Pflichten aus dem im Zeitpunkt des Übergangs bestehenden Arbeitsverhältnisses ein. Der neue Inhaber wird somit auch Schuldner im Rahmen des Umwandlungsmodells, vgl. Diller NZA 98, 792, 794; Rombach RdA 99, 194, 196.

636 Gaul BB 98, 1634, 1636.

637 BT-Drucksache 13/9818 S. 10. Andernfalls könnte quasi ein Handel mit „Rentenaktien“ entstehen, die beliebig ge- und verkauft werden könnten, vgl. Knospe / Ewert / Marx NZS 01, 459, 463.

638 Kasseler Kommentar – Seewald § 7 Rn. 145k; Diller NZA 98, 792, 794.

639 Diller NZA 98, 792, 794.

b) *Die Schuldübernahme durch einen Dritten*

Die Frage der Zulässigkeit eines Schuldnerwechsels hat der Gesetzgeber nicht geregelt. Ein Hinweis ergibt sich insoweit nur aus der Gesetzesbegründung zu § 23b SGB IV n. F.. Demnach soll ein Schuldnerwechsel, z. B. aufgrund einer Absicherung über einen Investmentfonds, nicht zu einer sofortigen Fälligkeit der Sozialversicherungsbeiträge nach § 23b II SGB IV führen.[640] Die Übernahme der Schulden aus dem Wertguthabenmodell durch einen Dritten stellt keinen Störfall dar und zieht damit keine unmittelbare Beitragspflicht gemäß § 23b II SGB IV nach sich. Zur Begründung wird angeführt, die Identität der Schuld des Arbeitgebers als Arbeitsentgelt bleibe von einem solchen Schuldnerwechsel unberührt.[641] In der rechtswissenschaftlichen Literatur wird diese Ansicht geteilt.[642] Maßgeblich ist danach die Fälligkeit des Arbeitsentgelts, nicht aber die Stelle, die diese Verpflichtung erfüllt.[643]

Schuldrechtlich betrachtet werfen diese Ausführungen einige Zweifel auf. Die Zahlungen eines Investmentfonds o. ä. an den Arbeitnehmer während der Freistellungsphase stellen nämlich keine Vergütungszahlungen i.S.d. § 612 BGB dar. Es handelt sich nicht um eine Konstellation nach § 267 I BGB, in der auch ein Dritter die Leistung bewirken kann, soweit der Schuldner nicht zur höchstpersönlichen Leistung verpflichtet ist.[644] Die Zahlung von Arbeitsentgelt stellt im Gegensatz zur Arbeitsleistung des Dienstverpflichteten, § 613 BGB, zwar keine Leistung dar, die der Schuldner in Person zu erbringen hat. Ein Investmentfonds könnte somit in schuldbefreiender Weise die Verpflichtung des Arbeitgebers zur Entgeltzahlung erfüllen. Übernimmt aber ein Fonds die Schulden aus einem Wertguthabenmodell, so soll dieser Fonds nicht als Dritter i.S.d. § 267 I BGB leisten, sondern selbst Schuldner werden.[645] Der Fonds als Schuldner kann aber kein Arbeitsentgelt i.S.d. § 612 BGB zahlen, da zwischen ihm und dem Arbeitnehmer kein Arbeitsverhältnis nach §§ 611 ff. BGB besteht.

---

640 BT-Drucksache 13/9818 S. 11.

641 BT-Drucksache 13/9818 S. 11.

642 Knospe / Ewert / Marx NZS 01, 459, 463; Kasseler Kommentar – Seewald SGB IV § 23 b Rn. 3; Rombach RdA 99, 194, 196; Schmalor WzS 98, 289, 294; Wannagat / Eichenhofer – Felix § 23b SGB IV Rn. 9.

643 Hauck / Noftz – Sehnert § 23b SGB IV Rn. 11.

644 Die Regelung des § 267 I BGB beruht auf dem Gedanken, dass der Gläubiger in der Regel nur am Leistungserfolg, nicht aber an der Person des Leistenden interessiert ist, vgl. Palandt – Heinrichs § 267 Rn. 1.

645 Ein derartiger Schuldnerwechsel bedarf grundsätzlich einer Genehmigung durch den Arbeitnehmer als Gläubiger, §§ 414, 415 I 1 BGB, vgl. auch Rombach RdA 99, 194, 196.

Die oben genannte Ansicht, der zufolge die Identität der Schuld des Arbeitgebers als Arbeitsentgelt von einem Schuldnerwechsel unberührt bleibe, bezieht sich somit nur auf die sozialversicherungsrechtliche Frage, ob ein Schuldnerwechsel einen sog. Störfall mit entsprechenden beitragsrechtlichen Konsequenzen nach § 23b SGB IV darstellt. Entscheidend ist, ob ein Schuldnerwechsel eine *Verwendung des Guthabens entgegen der Vereinbarung nach § 7 Ia SGB IV* darstellt und damit nach § 23b II 1 SGB IV zur sofortigen Beitragsfälligkeit führt. Nach der zustimmungswürdigen Ansicht ist dies aber nicht der Fall. Sozialversicherungsbeiträge werden zwar nur vom Arbeitsentgelt i.S.d. § 14 I 1 SGB IV erhoben. Nach einem Schuldnerwechsel werden – wie oben festgestellt – im schuldrechtlichen Sinne von einem Fonds o. ä. zwar keine Arbeitsentgelte gezahlt. Die Leistungen des neuen Schuldners haben aber aufgrund der erforderlichen rechtsgeschäftlichen Verknüpfung zwischen Arbeitnehmer, Arbeitgeber und neuem Schuldner einen so engen Bezug zum Arbeitsentgelt, dass sie im sozialversicherungsrechtlichen Sinn als Arbeitsentgelt i.S.d. § 14 I 1 SGB IV anzusehen sind.

2. *Anwendbarkeit auf eine unternehmensübergreifende Wertanlage*

Aus der Tatsache, dass ein Schuldnerwechsel bei Wertguthaben ohne beitragsrechtlich nachteilige Konsequenzen möglich ist, folgt, dass auch eine unternehmensübergreifende Anlage der Wertguthaben möglich ist. Der Investmentfonds kann zugleich Schuldner von Arbeitnehmern aus unterschiedlichen Unternehmen sein. Erforderlich ist lediglich, dass die beteiligten Unternehmen eine Einigung erzielen über die Ausgestaltung des neuen Schuldners und sodann alle Arbeitnehmer, die an den Umwandlungsmodellen teilnehmen, den Schuldnerwechsel i.S.d. §§ 414, 415 I 1 BGB genehmigen. Ist dies geschehen, so kann die gesamte administrative Arbeit von dem Investmentfonds o. ä. geleistet werden. Der Arbeitgeber muss die für die Abwicklung des Umwandlungsmodells relevanten Daten nur noch weiterleiten sowie die von den Arbeitnehmern angesparten Werte übertragen.

Zu beachten ist allerdings, dass der Arbeitgeber durch die Schaffung eines unternehmensübergreifenden Wertguthabens seine Schuldnerstellung aus dem Umwandlungsmodell nicht vollständig verliert. Der Arbeitnehmer erwirbt aus dem Umwandlungsmodell einen Anspruch auf Freistellung von der Arbeitspflicht bei kontinuierlicher Entgeltzahlung.[646] Den (Teil-)Anspruch auf eine kontinuierliche Entgeltzahlung kann zwar ein Investmentfonds erfüllen. Der Fonds kann jedoch

646 Siehe Kapitel IV 2.

den Arbeitnehmer mangels Leistungsverpflichtung ihm gegenüber nicht von dessen Arbeitsverpflichtung freistellen. Diese Freistellung schuldet weiter der Arbeitgeber.

Das Arbeitsverhältnis zwischen Arbeitgeber und Arbeitnehmer kann auch nicht mit dem Beginn der Freistellungsphase, wenn der Träger des gemeinsamen Wertguthabens zur Zahlung an den Arbeitnehmer verpflichtet ist, beendet werden. Andernfalls würden die Zahlungen sozialversicherungsrechtlichen Sinn keine kontinuierlichen Entgeltzahlungen während einer Freistellung darstellen. Die Fiktion eines Beschäftigungsverhältnisses nach § 7 Ia SGB IV könnte nicht aufrechterhalten werden. Es läge eine Verwendung des Wertguthabens entgegen der Vereinbarung nach § 7 Ia SGB IV vor. Ein solches Vorgehen würde demnach einen Störfall darstellen und damit nach § 23b II SGB IV zur sofortigen Beitragspflicht führen.

Die Pflicht zur Freistellung des Arbeitnehmers von der Arbeitspflicht kann somit nicht auf einen Dritten übertragen werden. Das Arbeitsverhältnis zwischen Arbeitgeber und Arbeitnehmer muss daher auch bei einer gemeinsamen Anlage der Wertguthaben bestehen bleiben, bis das Wertguthaben des Arbeitnehmers vollständig ausgezahlt ist.

3. Gemeinsame Einrichtungen i.S.d. § 4 II TVG

Eine solche gemeinsame Kapitalanlage der Wertguthaben können die Tarifpartner auch mit Hilfe einer Gemeinsamen Einrichtung i.S.d. § 4 II TVG realisieren.

Nach § 4 II TVG gelten die tarifvertraglichen Regelungen auch unmittelbar und zwingend für sog. Gemeinsame Einrichtungen.[647] Mit der Gründung einer Gemeinsamen Einrichtung können die Tarifvertragsparteien Zwecke verfolgen, die in den Rahmen ihrer tariflichen Regelungsmacht fallen.[648] Wie bereits oben festgestellt sind die Tarifpartner befugt, Umwandlungsmodelle durch Tarifverträge einzuführen und auszugestalten.[649] Damit ist es ihnen zugleich gestattet, Gemeinsame Einrichtungen zur Bewältigung der damit verbundenen Aufgaben zu schaffen.

Bei Gemeinsamen Einrichtungen handelt es sich um von den Tarifvertragsparteien geschaffene und von ihnen abhängige Organisationen, deren Zweck und

---

647 § 4 II TVG trifft damit keine Aussage über den Umfang der Tarifmacht. Aus dieser Norm geht vielmehr hervor, dass die Tarifparteien in dem durch Art. 9 III GG, § 1 I TVG vorgegebenen Rahmen auch Gemeinsame Einrichtungen schaffen dürfen. Vgl. Otto / Schwarze ZfA 95, 639, 653 m. w. N.

648 Otto / Schwarze ZfA 95, 639, 653 m. w. N.

649 Siehe Kapitel V 1.

Organisationsstruktur unmittelbar durch Tarifverträge festgelegt werden.[650] Sie werden von den Tarifpartnern vor dem Hintergrund errichtet, die Abwicklung von Arbeitsverhältnissen zu erleichtern. Bestimmte Arbeitgeberleistungen werden zusammengefasst („vergemeinschaftet“[651]) und einer dritten Einrichtung zur selbständigen Erledigung übertragen.[652] Die Leistungen werden damit aus dem Synallagma des Arbeitsvertrags herausgelöst.[653] Alle Unternehmen, für die der Tarifvertrag über die Gemeinsame Einrichtung Geltung erlangt, werden gleichermaßen belastet und alle Arbeitnehmer in gleichem Umfang mit Rechten ausgestattet.[654]

Die in § 4 II TVG genannten Lohnausgleichs- und Urlaubskassen sind bereits nach dem Wortlaut der Norm nur Beispielsfälle.[655] Grundsätzlich kommen alle Fragen, die Gegenstand von Individualnormen sein können, als Gegenstände von Normen über Gemeinsame Einrichtungen in Betracht.[656] Als unproblematisch sind insbesondere solche Einrichtungen zu betrachten, die in irgendeiner Weise dem Arbeitnehmer nutzen. Dies kann vor allem durch unmittelbare Leistungen an den Arbeitnehmer geschehen.[657]

Einrichtungen dieser Art werden in der Regel geschaffen, weil der einzelne Arbeitgeber die von der Gemeinsamen Einrichtung erbrachten Leistungen aus finanziellen und / oder organisatorischen Gründen nicht individuell erbringen kann.[658] Die Einrichtung kann einen Lastenausgleich zwischen verschiedenen Arbeitgebern zur Folge haben. Dieser Ausgleich ist allerdings auf den mit der Leistung verbundenen organisatorischen Aufwand beschränkt. Hinsichtlich der Leistung selbst findet ein solcher Ausgleich nicht statt.[659]

Damit entsprechen Gemeinsame Einrichtungen i.S.d. § 4 II TVG den oben genannten Anforderungen an unternehmensübergreifende Umwandlungsmodelle. Die Entgeltansprüche des Arbeitnehmers gegen den Arbeitgeber können durch einen Schuldnerwechsel auf eine *Gemeinsame Einrichtung Umwandlungsmodell* übertragen werden. Die Abwicklung des Arbeitsverhältnisses zwischen Arbeitgeber und Arbeitnehmer wird damit um den mit der Durchführung des Umwandlungsmodells bedingten administrativen Aufwand erleichtert. Der Arbeitnehmer

650 Wiedemann – Oetker § 1 Rn. 610 mit weiteren Nachweisen.
651 Däubler Rn. 1126.
652 Hagemeier / Kempen / Zachert / Zilius § 4 Rn. 115.
653 MünchArbR – Löwisch / Rieble § 263 Rn. 1.
654 Däubler Rn. 1126; Löwisch / Rieble § 4 Rn. 83.
655 Vergleiche Otto / Schwarze ZfA 96, 639, 654ff. zum anerkannten Betätigungsfeld Gemeinsamer Einrichtungen.
656 MünchArbR – Löwisch / Rieble § 263 Rn. 3.
657 Otto / Schwarze ZfA 95, 639, 655.
658 Hagemeier / Kempen / Zachert / Zilius § 4 Rn. 117.
659 Hagemeier / Kempen / Zachert / Zilius § 4 Rn. 117.

erhält stattdessen einen Anspruch gegen die Gemeinsame Einrichtung auf kontinuierliche Entgeltzahlung in der Freistellungsphase.

Hinsichtlich der Ausformung der *Gemeinsamen Einrichtung Umwandlungsmodell* haben die Tarifparteien im Rahmen der Art. 9 GG, § 1 I TVG einen weiten Gestaltungsspielraum. Eine Gemeinsame Einrichtung kann – außer in einem Flächentarifvertrag – auch in einem Haustarifvertrag oder in einem mehrgliedrigen Tarifvertrag mit mehreren Arbeitgebern geschaffen werden.[660] Den Tarifparteien steht damit die Möglichkeit offen, die Einrichtung an die besonderen Bedürfnisse eines Unternehmens oder eines Konzerns anzupassen.

Erforderlich ist lediglich das Vorliegen einer „Organisation". Hierunter versteht man eine organisatorisch verselbständigte Größe mit in der Regel eigenem Vermögen.[661] Die Gemeinsame Einrichtung muss somit einen Träger haben, bei dem es sich um eine privatrechtliche Institution[662] handelt, die in Rechtsbeziehungen zu Arbeitgebern und Arbeitnehmern treten kann.[663] Die Tarifpartner können zu diesem Zweck eine juristische Person, z. B. eine GmbH, gründen, an der sie paritätisch beteiligt sind.[664]

An der *Gemeinsamen Einrichtung Umwandlungsmodell* können allerdings neben den Tarifparteien keine Dritten beteiligt sein, da diese hinsichtlich ihrer Satzung und Rechtsverhältnisse nicht unter Tarifnormen fallen und damit gerade nicht vom Rahmen der Art. 9 GG, § 1 I TVG umfasst sind.[665] Soweit die Tarifpartner zum Zwecke der Vermögensanlage der Wertguthaben auf den Sachverstand von Banken oder Versicherungen zurückgreifen wollen, kann dies nicht durch deren Beteiligung an der Gemeinsamen Einrichtung geschehen. Insoweit mangelt es an der Tarifmacht, die grundsätzlich auf Mitgliedschaft gründet. Dritte können daher nur als schuldrechtlich gebundene Erfüllungsgehilfen einbezogen werden.[666] Die Gemeinsame Einrichtung (als rechtsfähiges Subjekt) kann somit zumindest Rechtsbeziehungen zu Banken oder Versicherungen eingehen und auf diesem Wege deren Sachverstand nutzen.

660 MünchArbR – Löwisch / Rieble § 263 Rn. 13.
661 Ein eigenes Vermögen ist aber nicht erforderlich, vgl. MünchArbR – Löwisch / Rieble § 263 Rn. 15.
662 Hagemeier / Kempen / Zachert / Zilius § 4 Rn. 115.
663 MünchArbR – Löwisch / Rieble § 263 Rn. 15.
664 Eine juristische Person muss aber nicht gegründet werden, es kann sich auch um eine gesamthänderische Verbindung der Tarifvertragsparteien handeln, MünchArbR – Löwisch / Rieble § 263 Rn. 15.
665 MünchArbR – Löwisch / Rieble § 263 Rn. 17.
666 MünchArbR – Löwisch / Rieble § 263 Rn. 17.

Darüber hinaus können auch einzelne Arbeitnehmer oder Arbeitgeber nicht Mitglied der Einrichtung sein.[667] Die Tarifparteien können diesen aber die Möglichkeit geben, einen Beirat o.ä. zu bilden.[668] Auf diese Weise kann es den Arbeitnehmern und Arbeitgebern ermöglicht werden, den Träger der Einrichtung zumindest beratend zu unterstützen und damit z. B. mittelbar Einfluss auf die Kapitalanlage des Wertguthabens zu nehmen.[669]

Die Errichtung einer paritätisch besetzten *Gemeinsamen Einrichtung Umwandlungsmodell* bietet vor allem den Gewerkschaften die Möglichkeit, eine größtmögliche Kontrolle über alle Belange des Umwandlungsmodells auszuüben. Auf diese Weise können die Arbeitnehmervertretungen nicht nur die Modalitäten der Anspruchsumwandlung mitbestimmen, sondern auch die Verwaltung der Wertguthaben mit übernehmen.

Zu berücksichtigen ist allerdings, dass der Tarifvertrag über die Errichtung einer *Gemeinsamen Einrichtung Umwandlungsmodell* mangels Tarifgebundenheit keine normative Wirkung gegenüber nicht oder anders organisierten Arbeitnehmern entfaltet. Damit können die Wertguthaben dieser Arbeitnehmer grundsätzlich nicht auf die Gemeinsame Einrichtung übertragen und von dieser verwaltet werden. Eine Allgemeinverbindlicherklärung nach § 5 TVG, durch die auch nicht tarifgebundene Arbeitnehmer von den Normen des Tarifvertrags erfasst würden, wird regelmäßig ausscheiden. Wie bereits oben festgestellt kann bei Umwandlungsmodellen weder ein öffentliches Interesse an der Allgemeinverbindlichkeit i.S.d. § 5 I 1 Nr. 2 TVG angenommen noch von der Erforderlichkeit zur Behebung eines sozialen Notstands i.S.d. § 5 I 2 TVG ausgegangen werden.[670]

Den Parteien des Umwandlungsmodells verbleibt jedoch die Möglichkeit, individualrechtlich auf den Tarifvertrag Bezug zu nehmen und somit auch die Beteiligung nicht oder anders organisierter Arbeitnehmer an der gemeinsamen Wertguthabenanlage zu ermöglichen. Allerdings ist hier eine typische „Bezugnahme" dergestalt, dass sich Arbeitgeber und Arbeitnehmer durch Verweis auf einen Tarifvertrag zu bestimmten Leistungen verpflichten, nicht ausreichend. Wenn die Gemeinsame Einrichtung auch für einen Außenseiter tätig wird, so er-

667 Sofern ein Haustarifvertrag geschlossen wird, ist auch der einzelne Arbeitgeber nach § 2 I TVG Tarifpartei und damit an der Gemeinsamen Einrichtung beteiligt. Er ist in diesem Fall kein „Dritter".

668 MünchArbR – Löwisch / Rieble § 263 Rn. 18.

669 Der Tätigkeitsbereich eines solchen Beirats wäre damit kleiner als das Aufgabengebiet der Anlageausschüsse beim *Zeit-Wertpapier* der Volkswagen AG, denen die verbindliche Festlegung von Richtlinien für die Gestaltung des Portfolios obliegt (siehe Kap. I 2.).

670 Vergleiche bereits Kap. V 1 b) aa) (3).

bringt sie diesem gegenüber durch die Verwaltung seines Wertguthabens nämlich eine Leistung. Durch eine Bezugnahme auf den *Tarifvertrag über die Gemeinsame Einrichtung Wertguthabenmodell* verpflichtet der Arbeitgeber somit nicht sich selbst, sondern einen Dritten. Aufgrund der grundsätzlichen Unzulässigkeit von Verträgen zu Lasten Dritter[671] ist eine solche Verpflichtung jedoch nur möglich, soweit die Tarifparteien in der Satzung der Gemeinsamen Einrichtung eine Erstreckung auf Außenseiter ausdrücklich vorgesehen haben.

Da die Normen über die Gemeinsame Einrichtung gegenüber dem Außenseiter keine zwingende Wirkung entfalten, muss zwischen diesem und der Einrichtung ein schuldrechtliches Verhältnis bestehen, aus dem sich die Verpflichtung der Einrichtung zur Vermögensbetreuung ergibt. Eine „Bezugnahme“ auf den Tarifvertrag kann beispielsweise so vorgenommen werden, dass der tarifgebundene Arbeitgeber als Vertreter der Gemeinsamen Einrichtung mit dem Außenseiter einen solchen Vertrag schließt. Erforderlich ist dann, dass dem Arbeitgeber in der Satzung der Gemeinsamen Einrichtung eine entsprechende Vollmacht erteilt wurde.

4. Ergebnis

Umwandlungsmodelle können auch unternehmensübergreifend errichtet werden. In diesem Fall übernimmt das gemeinsame Wertguthabenmodell (als ausgelagerte Personalabteilung) die administrative Arbeit und entlastet damit das operative Geschäft der einzelnen Unternehmen. Das gemeinsame Umwandlungsmodell kann Schuldner der Entgeltzahlungen sein, die während der Freistellungsphase kontinuierlich geleistet werden müssen. Der Arbeitgeber selbst bleibt im Rahmen des Umwandlungsmodells aber insoweit verpflichtet, als nur er den Arbeitnehmer von der Arbeitsleistung freistellen kann.

Die Tarifparteien können durch einen Tarifvertrag eine Gemeinsame Einrichtung i.S.d. § 4 II TVG errichten, die die Aufgaben des unternehmensübergreifenden Umwandlungsmodells übernimmt.

---

671 Palandt – Heinrichs Einf. v. § 328 Rn. 10.

Zusammenfassung der Ergebnisse

Die hier untersuchten Modelle nach dem Vorbild des *Zeit-Wertpapiers* der Volkswagen AG erlauben dem Arbeitnehmer die vielfältige Umwandlung von Ansprüchen aus dem Arbeitsverhältnis. Aufgrund der Verbindung von Elementen von Entgelt- oder Arbeitszeitkonten mit solchen von Altersversorgungs- und Vermögensbildungsmodellen stellen sie gänzlich neue Instrumente dar. Vorrangiges Ziel der Anspruchsumwandlung ist aber der individuelle Aufbau eines Wertguthabens, aus dem der Arbeitnehmer einen Anspruch auf unbezahlte Freistellung von der Arbeitspflicht bei kontinuierlicher Entgeltzahlung durch den Arbeitgeber erwirbt.

Der Gesetzgeber hat die Einführung von Wertguthabenmodellen durch verschiedene Änderungen im Sozialversicherungsrecht erheblich gefördert. Nach § 7 Ia SGB IV wird auch in den unbezahlten Freistellungsphasen, die der Arbeitnehmer durch sein Wertguthaben realisiert, ein Beschäftigungsverhältnis i.S.d. SGB IV fingiert. Folge dieser Fiktion ist ein auch während der Freistellungsphasen ununterbrochener Schutz des Arbeitnehmers in den einzelnen Zweigen der Sozialversicherung. Darüber hinaus hat der Gesetzgeber durch die Einfügung des § 23b SGB IV auch einen finanziellen Anreiz für die Umwandlung von Arbeitnehmeransprüchen geschaffen. Nach dieser Vorschrift werden die Sozialversicherungsbeiträge auf die angesparten Ansprüche erst bei Auflösung des Wertguthabens fällig. Dem Arbeitnehmer wird so – flankiert vom steuerrechtlichen Zuflussprinzip nach § 11 EStG – ein finanziell attraktives „Brutto-Sparen“ ermöglicht.

Nach den Vorgaben des Sozialversicherungsrechts sollen Wertguthaben zu dem Zweck angespart werden, dem Arbeitnehmer einen Anspruch auf Freistellung von der Arbeitspflicht zu verschaffen. Ziel des Gesetzgebers ist es, unabhängig von gesetzlichen Modellen wie der Altersteilzeit die Einführung und Ausgestaltung von Lebensarbeitszeit- und Langzeitkonten zu ermöglichen. Aus diesem Grunde dürfen alternative Verwendungen des Guthabens wie z. B. die Auszahlung an den Arbeitnehmer oder die Überführung in eine betriebliche Altersversorgung nur für den Fall vorgesehen werden, dass eine Freistellung des Arbeitnehmers unmöglich wird. Die Parteien des Umwandlungsmodells müssen diese Vorgaben bei der Ausgestaltung des Modells beachten, um die Anerkennung des Modells durch die Sozialversicherungsträger nicht zu gefährden.

Die „Umwandlung" eines Arbeitnehmeranspruchs erfordert den Abschluss eines Schuldänderungsvertrags zwischen den Arbeitsvertragsparteien. Den Interessen von Arbeitgeber und Arbeitnehmer wird nur ein Austauschvertrag gerecht, durch den die Parteien das Schuldverhältnis im weiteren Sinne (= Arbeitsverhältnis) insoweit ändern, als ein Schuldverhältnis im engeren Sinne (= Anspruch des Arbeitnehmers) durch einen Anspruch auf Freistellung aus dem Wertguthabenmodell ersetzt wird. Aus diesem Grund scheidet ein bloß einseitiges konstitutives Schuldanerkenntnis durch den Arbeitgeber aus. Entgegen der Bezeichnung als *Wertpapier* sind dem Arbeitnehmer übergebene Urkunden zudem nicht zur Geltendmachung des Freistellungsanspruchs erforderlich. Diesen Papieren kann höchstens ein Beweiswert zukommen.

Grundsätzlich können alle Ansprüche des Arbeitnehmers aus dem Arbeitsverhältnis in ein Wertguthaben umgewandelt werden, soweit diese Ansprüche einen bestimmten Wert verkörpern. Daher eignen sich insbesondere Vergütungs- und Freistellungsansprüche des Arbeitnehmers für die Umwandlung mit Hilfe eines Schuldänderungsvertrages.

Zu beachten sind allerdings vielfältige gesetzliche wie auch kollektivrechtliche Schranken, die die Umwandlung einzelner Arbeitnehmeransprüche entweder ganz oder zumindest dem Umfang nach untersagen. Die gesetzlichen Mindesturlaubsansprüche nach dem Bundesurlaubsgesetz, dem Sozialgesetzbuch IX sowie dem Jugendarbeitsschutzgesetz können nicht angespart werden. Das Günstigkeitsprinzip erlaubt keine Abweichung von diesem Grundsatz, da eine regelmäßige Erholung als günstiger einzustufen ist als der Aufbau eines Wertguthabens. Schranken hinsichtlich der Umwandlung von Vergütungsansprüchen ergeben sich zum einen aus dem Sozialversicherungsrecht selbst (§ 7 Ia SGB IV) sowie zum anderen aus §§ 135, 136 BGB, falls der Arbeitnehmer die Befugnis zur Verfügung über den Anspruch z. B. aufgrund einer Lohnpfändung bereits verloren hat.

Über diese Schranken hinaus, die sich aus formellen Gesetzen ergeben, müssen aufgrund der arbeitsrechtlichen Normenhierarchie der Umwandlung entgegenstehende Tarifverträge und Betriebsvereinbarungen beachtet werden. Der Abschluss eines Schuldänderungsvertrages zum Ansparen von kollektivrechtlichen Ansprüchen stellt eine abweichende Abmachung i.S.d. § 4 III TVG dar und ist somit grundsätzlich unzulässig. Durch die Vereinbarung von Öffnungsklauseln im Tarifvertrag oder in der Betriebsvereinbarung kann die Umwandlung kollektivrechtlicher Ansprüche jedoch gestattet werden.

Die erforderlichen Rahmenvereinbarungen eines Wertguthabenmodells (Art und Umfang der umwandelbaren Ansprüche, Vorgehensweise bei Abschluss eines Schuldänderungsvertrages, Ausgestaltung einer Kapitalanlage der Wertguthaben etc.) können – soweit die arbeitsrechtliche Normenhierarchie eingehalten wird – entweder kollektivrechtlich durch Tarifvertrag oder Betriebsvereinbarung oder individualrechtlich zwischen den Arbeitsvertragsparteien getroffen werden. Aufgrund des weiten persönlichen Geltungsbereichs gemäß § 5 i.V.m. § 77 IV BetrVG ist die Betriebsvereinbarung am geeignetsten, um die Teilnahme aller Arbeitnehmer zu ermöglichen und das Umwandlungsmodell damit auf eine möglichst breite Basis zu stellen. Zudem sind zwingende Mitbestimmungsrechte des Betriebsrats nach § 87 I Nr. 4, 5, 10 BetrVG zu beachten, soweit keine tarifliche Regelung vorliegt.

Zur Steigerung der Renditechancen und Verringerung des administrativen Aufwands ist eine gemeinsame Kapitalanlage von Wertguthaben, die von Arbeitnehmern verschiedener Unternehmen angespart werden, möglich. Aufgrund ihrer Normsetzungskompetenz im Bereich der Umwandlungsmodelle können insbesondere die Tarifvertragsparteien Gemeinsame Einrichtungen i.S.d. § 4 II TVG mit dieser Zielsetzung schaffen. Die Inanspruchnahme der Leistungen der Gemeinsamen Einrichtung kann auch Außenseitern ermöglicht werden.

Die Kündigungsschutzregelung des § 7 Ib SGB IV, die die einzige arbeitsrechtliche Norm des sog. *Flexi-Gesetzes* darstellt, spielt im Rahmen von Umwandlungsmodellen keine besondere Rolle. Sie untersagt lediglich Beendigungskündigungen durch den Arbeitgeber und wird auch in diesem Bereich noch verdrängt durch § 612a BGB, der eine Sanktionierung des Arbeitnehmers wegen zu intensiver Nutzung der Umwandlungsmöglichkeit verbietet.

Literaturverzeichnis

Alff, Richard / Ballhaus, Werner / Weber, Reinhold: Das Bürgerliche Gesetzbuch (unter besonderer Berücksichtigung der Rechtsprechung des Reichsgerichts und des Bundesgerichtshofs). Band II, 1. Teil. §§ 241 - 413 BGB. 12. Auflage, Berlin / New York 1976. Zit: RGRK – Bearbeiter.

Baeck, Ulrich / Deutsch, Markus: Kommentar zum Arbeitszeitgesetz. München 1999. Zit: Baeck / Deutsch.

Barkholdt, Corinna: Destandardisierung der Lebensarbeitszeit: eine Chance für die alternde Erwerbsgesellschaft? Wiesbaden 1998 (zugleich Dissertation Dortmund 1997).

Baumbach, Adolf / Lauterbach, Wolfgang / Albers, Jan / Hartmann, Peter: Zivilprozessordnung. 61. Auflage, München 2003. Zit: Baumbach / Lauterbach / Albers / Hartmann.

Baur, Jürgen: Investmentgesetze. 1. Teilband §§ 1 - 25j KAGG. 2. Auflage, Berlin / New York 1997.

Belling, Detlev W.: Das Günstigkeitsprinzip im Arbeitsrecht. Berlin 1984 (zugleich Dissertation Münster 1983).

Blomeyer, Wolfgang: Direktversicherung durch Gehaltsumwandlung. In Der Betrieb (DB) 1994, S. 882-886.

—: Das Günstigkeitsprinzip in der Betriebsverfassung. In Neue Zeitschrift für Arbeitsrecht (NZA) 1996, S. 337-346.

—: Urlaub im Vorgriff. Anmerkung zu BAG vom 17. 1. 1974 – 5 AZR 380/73. In Sammlung arbeitsrechtlicher Entscheidungen (SAE) 1975, S. 123-127.

Bode, Christoph: Gehaltsumwandlung im Tarifbereich. In Der Betrieb (DB) 1997, S. 1769-1775.

Boldt, Gerhard /
Röhsler, Waldemar: Mindesturlaubsgesetz für Arbeitnehmer. 2. Auflage, Köln / Berlin / Bonn / München 1968. Zit: Boldt / Röhsler.

Brox, Hans / Rüthers, Bernd: Arbeitsrecht. 15. Auflage, Stuttgart / Berlin / Köln 2002. Zit: Brox / Rüthers.

Buchner, Herbert: Der Umfang tariflicher Abschlußnormen, insbesondere ihre Abgrenzung zu den Normen über betriebliche Fragen. In Recht der Arbeit (RdA) 1966, S. 208-210.

—: Die Reichweite der Regelungssperre aus § 77 Abs. 3 Satz 1 BetrVG. In Der Betrieb (DB) 1997, S. 573-577.

Buchner, Herbert / Becker, Ulrich: Mutterschutzgesetz und Bundeserziehungsgeldgesetz. 6. Auflage, München 1998. Zit: Buchner / Becker.

Däubler, Wolfgang: Tarifvertragsrecht. 3. Auflage, Baden-Baden 1993. Zit: Däubler.

Däubler, Wolfgang / Hege, Hans: Koalitionsfreiheit. Baden-Baden 1976. Zit: Däubler / Hege.

Däubler, Wolfgang/ Kittner, Michael/ Klebe, Thomas: Betriebsverfassungsgesetz. 8. Auflage, Frankfurt a.M. 2002. Zit: Däubler / Kittner / Klebe – Bearbeiter.

Dersch, Hermann / Neumann, Dirk: Bundesurlaubsgesetz. 8. Auflage, München 1997. Zit: Dersch / Neumann.

Dieterich, Thomas / Hanau, Peter / Schaub, Günther: Erfurter Kommentar zum Arbeitsrecht. 3. Auflage, München 2003. Zit: ErfK – Bearbeiter.

Diller, Martin: § 7 Abs. 1b SGB IV – ein Eigentor auf dem Weg zu mehr Arbeitszeitflexibilisierung? in Betriebs-Berater (BB) 1998, S. 844-845.

—: Das neue Gesetz zur Absicherung flexibler Arbeitszeitregelungen („Flexi-Gesetz"). In Neue Zeitschrift für Arbeitsrecht (NZA) 1998, S. 792-796.

Dobberahn, Peter: Das neue Arbeitszeitgesetz in der Praxis. 2. Auflage, München 1996.

Dorndorf, Eberhard: Das Verhältnis von Tarifautonomie und individueller Freiheit als Problem dogmatischer Theorie. In Arbeitsrecht in der Bewährung, Festschrift für Otto Rudolf Kissel zum 65. Geburtstag, hrsg. von Meinhard Heinze und Alfred Söllner. München 1994, S. 139-159. Zit: Dorndorf in FS Kissel.

Ebinger, Gerhard: Neue Modelle der betrieblichen Altersversorgung. Frankfurt a. M. 2001 (zugleich Dissertation Regensburg 2001).

Ehmann, Horst / Lambrich, Thomas: Vorrang der Betriebs- vor der Tarifautonomie kraft des Subsidiaritätsprinzips? in Neue Zeitschrift für Arbeitsrecht (NZA) 1996, S. 346-356.

Ehmann, Horst / Schmidt, Thomas Benedikt: Betriebsvereinbarungen und Tarifverträge. In Neue Zeitschrift für Arbeitsrecht (NZA) 1995, S. 193-203.

von **Einem, Hans-Jörg:** Das Gesetz zur Förderung eines gleitenden Übergangs in den Ruhestand. In Betriebs-Berater (BB) 1996, S. 1883-1888.

Emmerich, Volker: BGB – Schuldrecht. Besonderer Teil. 9. Auflage, Heidelberg 1999.

Erman, Walter: Bürgerliches Gesetzbuch, Kommentar. Band 1: §§ 1-853 BGB. 10. Auflage, Köln 2000. Zit: Erman – Bearbeiter.

Etzel, Gerhard: Tarifordnung und Arbeitsvertrag. In Neue Zeitschrift für Arbeitsrecht (NZA) 1987. Beilage 1 (Veröffentlichungen der Arbeitsgemeinschaft Arbeitsrecht im DAV), S. 19-31.

Fabricius, Fritz / Kraft, Alfons / Wiese, Günther / Kreutz, Peter / Oetker, Hartmut / Raab, Thomas / Weber, Christoph: Gemeinschaftskommentar zum Betriebsverfassungsgesetz. Band II: §§ 74 - 132. 7. Auflage, Neuwied / Kriftel 2002. Zit: GK-BetrVG – Bearbeiter.

Faßhauer, Jochen: Rechtsfragen zur unbezahlten Freistellung. In Neue Zeitschrift für Arbeitsrecht (NZA) 1986, S. 453-457.

Fette, Hans Peter: Der Günstigkeitsvergleich im Arbeitsrecht. Köln 1967 (zugleich Dissertation Köln 1967).

Feudner, Bernd W.: Betriebsautonomie vs. Tarifautonomie. In Der Betrieb (DB) 1993, S. 2231-2234.

Fitting, Karl / Kaiser, Heinrich / Heither, Friedrich / Engels, Gerd / Schmidt, Ingrid: Betriebsverfassungsgesetz. 21. Auflage, München 2002. Zit: Fitting / Kaiser / Heither / Engels / Schmidt.

Flume, Werner: Allgemeiner Teil des Bürgerlichen Rechts. Zweiter Band – Das Rechtsgeschäft. 4. Auflage, Berlin u.a. 1992. Zit: Flume BGB AT II.

Franke, Karl: Bedeutung des Nachweisgesetzes für die Darlegungs- und Beweislast im arbeitsgerichtlichen Verfahren. In Der Betrieb (DB) 2000, S. 274-278.

Gagel, Alexander: Sanierungsvereinbarungen mit Zugeständnissen der Arbeitnehmer. In Betriebs-Berater (BB) 2000, S. 718-723.

Galperin, Hans / Löwisch, Manfred: Kommentar zum Betriebsverfassungsgesetz. Band II: Regelung der Mitbestimmung (§§ 74-132 BetrVG). 6. Auflage, Heidelberg 1982. Zit: Galperin / Löwisch.

Gamillscheg, Franz: Kollektives Arbeitsrecht. Band I. München 1997. Zit: Gamillscheg Koll. ArbR I.

Garbers, Günter: Rechtsfragen der gleitenden Arbeitszeit. In Der Betrieb (DB) 1972, S. 1871-1875.

Gaul, Björn: Das Gesetz zur sozialrechtlichen Absicherung flexibler Arbeitszeitregelungen. In Betriebs-Berater (BB) 1998, S. 1634-1638.

Gaul, Dieter: Besprechung der 2. Auflage des Kommentars zum Bundesurlaubsgesetz von Dersch / Neumann. In Betriebs-Berater (BB) 1963, S. 1496.

Gaumann, Ralf / Schaft, Marcus: Tarifvertragliche Öffnungsklauseln – ein sinnvolles Flexibilisierungsinstrument. In Neue Zeitschrift für Arbeitsrecht (NZA) 1998, S. 176-187.

Gérard, Willy / Göbel, Helmut: Staatliche Förderung der Altersvorsorge und Vermögensbildung. Loseblattsammlung, 86. Ergänzungslieferung. Berlin, Stand Januar 2003. Zit: Gérard / Göbel

Gernhuber, Joachim: Handbuch des Schuldrechts. Band 3 – Die Erfüllung und ihre Surrogate. 2. Auflage, Tübingen 1994. Zit: Gernhuber Band 3

—: Handbuch des Schuldrechts. Band 8 – Das Schuldverhältnis. Tübingen 1989. Zit: Gernhuber Band 8.

Glaubrecht, Helmut / Wagner, Dieter / Zander, Ernst: Arbeitszeit im Wandel. 3. Auflage, Freiburg i. Br. 1988. Zit: Glaubrecht / Wagner / Zander.

Götz, Hilmar: Grundzüge des Arbeitsrechts. Band I – Arbeitsvertragsrecht. 3. Auflage, München 1996. Zit: Götz ArbR I.

Götz, Hilmar: Grundzüge des Arbeitsrechts. Band II – Kollektives Arbeitsrecht. 2. Auflage, München 1997. Zit: Götz ArbR II.

Großmann, Ruprecht / Schimanski, Werner / Dopatka, Friedrich-Wilhelm / Spiolek, Ursula / Steinbrück, Hans-Joachim: Gemeinschaftskommentar zum Schwerbehindertengesetz. 2. Auflage, Neuwied, Kriftel 2000. Zit: GK-SchwbG – Bearbeiter.

Hagemeier, Christian / Kempen, Otto Ernst / Zachert, Ulrich / Zilius, Jan: Tarifvertragsgesetz. 3. Auflage, Köln 1997. Zit: Hagemeier / Kempen / Zachert / Zilius.

Hanau, Peter / Arteaga, Marco S.: Gehaltsumwandlung zur betrieblichen Altersversorgung. Köln 1999. Zit: Hanau / Arteaga.

Hanau, Peter / Arteaga, Marco S.: Insolvenzsicherung und Lohnbesteuerung von Arbeitszeitkonten. In Betriebs-Berater (BB) 1998, S. 2054-2056.

Hauck, Karl / Noftz, Wolfgang: Gesamtkommentar zum Sozialgesetzbuch. SGB III – Arbeitsförderung, Band 1. Loseblattsammlung, 28. Ergänzungslieferung. Berlin, Stand Dezember 2002. Zit: Hauck / Noftz – Bearbeiter.

—: Gesamtkommentar zum Sozialgesetzbuch. SGB IV – Gemeinsame Vorschriften für die Sozialversicherung. Loseblattsammlung, 36. Ergänzungslieferung. Berlin, Stand Oktober 2002. Zit: Hauck / Noftz – Bearbeiter.

—: Gesamtkommentar zum Sozialgesetzbuch. SGB VI – Gesetzliche Rentenversicherung, Band 1 und 2. Loseblattsammlung, 69. Ergänzungslieferung. Berlin, Stand Dezember 2002. Zit: Hauck / Noftz – Bearbeiter.

Heinze, Meinhard: Flexible Arbeitszeitmodelle. In Neue Zeitschrift für Arbeitsrecht (NZA) 1997, S. 681-689.

—: Der Übergang vom Erwerbsleben in den Ruhestand. In Zeitschrift für Rechtspolitik (ZRP) 1998, S. 307-310.

Hess, Harald / Schlochauer, Ursula / Glaubitz, Werner: Kommentar zum Betriebsverfassungsgesetz. 5. Auflage, Neuwied / Kriftel / Berlin 1997. Zit: Hess / Schlochauer / Glaubitz.

Hoff, Andreas: Langzeit- und Lebensarbeitszeitkonto: Grundfragen und Entwicklungstrends. In Personal, Zeitschrift für Human Resource Management 2001, S. 550-553.

Hohmeister, Frank: Nochmals: Beweislastumkehr durch das Nachweisgesetz? in Betriebs-Berater (BB) 1998, S. 587-588.

von Hoyningen-Huene, Gerrick: Betriebsverfassungsrecht. 5. Auflage, München 2002. Zit: von Hoyningen-Huene.

Hromadka, Wolfgang: Tarifdispositives Recht und Tarifautonomie – „KAPOVAZ" per Tarifvertrag? in Arbeitsrecht in der Bewährung, Festschrift für Otto Rudolf Kissel zum 65. Geburtstag, hrsg. von Meinhard Heinze und Alfred Söllner, S. 417-432. München 1994. Zit: Hromadka in FS Kissel.

Hromadka, Wolfgang / Maschmann, Frank: Arbeitsrecht. Band 1 – Individualarbeitsrecht. 2. Auflage, Berlin 2002. Zit: Hromadka / Maschmann ArbR I.

—: Arbeitsrecht. Band 2 – Kollektivarbeitsrecht und Arbeitsstreitigkeiten. 2. Auflage, Berlin 2001. Zit: Hromadka / Maschmann ArbR II.

Hueck, Alfred: Normen des Tarifvertrags über betriebliche und betriebsverfassungsrechtliche Fragen. In Betriebs-Berater (BB) 1949, S. 530-532.

Hueck, Alfred / Canaris, Claus-Wilhelm: Recht der Wertpapiere. 12. Auflage, München 1982. Zit: Hueck / Canaris.

Hueck, Alfred / Nipperdey, Hans Carl: Lehrbuch des Arbeitsrechts. Band 2 – Kollektives Arbeitsrecht. Erster Halbband (II / 1). 7. Auflage, Berlin / Frankfurt a. M. 1967. Zit: Hueck / Nipperdey Band II / 1.

Hurnik, Ivo: Vorbereitung auf den Euro. In Bundesarbeitsblatt 2/2001, S. 15-21.

Jauernig, Othmar: Bürgerliches Gesetzbuch. 10. Auflage, München 2003. Zit: Jauernig – Bearbeiter.

Joost, Detlev: Betriebliche Mitbestimmung bei der Lohngestaltung im System von Tarifautonomie und Privatautonomie. In Zeitschrift für Arbeitsrecht (ZfA) 1993, S. 257-278.

Junker, Abbo: Brennpunkte des Arbeitszeitgesetzes. In Zeitschrift für Arbeitsrecht (ZfA) 1998, S. 105-130.

—: Der Flächentarifvertrag im Spannungsverhältnis von Tarifautonomie und betrieblicher Regelung. In Zeitschrift für Arbeitsrecht (ZfA) 1996, S. 383-417.

—: Grundkurs Arbeitsrecht. 2. Auflage, München 2003.

Kirchhof, Paul: Einkommensteuergesetz – Kompaktkommentar. 2. Auflage, Heidelberg 2002. Zit: Kirchhof – Bearbeiter.

Kirchhof, Paul / Söhn, Hartmut / Mellinghoff, Rudolf: Kommentar zum Einkommensteuergesetz. Loseblattsammlung, 125. Ergänzungslieferung. Heidelberg, Stand September 2002. Zit: Kirchhof / Söhn / Mellinghoff – Bearbeiter.

Kissel, Otto Rudolf: Kollektive Arbeitsbedingungen im Spannungsfeld zwischen Tarif- und Betriebsautonomie. In Neue Zeitschrift für Arbeitsrecht (NZA) 1995, S. 1-5.

Klenner, Christina: Läßt sich mit Zeitkontenmodellen mehr Zeitsouveränität verwirklichen? in WSI-Mitteilungen 1997, S. 254-265.

Knospe, Armin / Ewert, Marion / Marx, Stefan: Die Flexibilisierung der Arbeitszeit in der Sozialversicherung. In Neue Zeitschrift für Sozialrecht (NZS) 2001, S. 459-466.

Kümpel, Siegfried: Bank- und Kapitalmarktrecht. 2. Auflage, Köln 2000.

Larenz, Karl / Canaris, Claus-Wilhelm: Lehrbuch des Schuldrechts. Band II – Besonderer Teil. Halbband 2. 13. Auflage, München 1994. Zit: Larenz / Canaris Bd. II / 2.

Larenz, Karl / Wolf, Manfred: Allgemeiner Teil des Bürgerlichen Rechts. 8. Auflage, München 1997. Zit: Larenz / Wolf.

Leinemann, Wolfgang: Kasseler Handbuch zum Arbeitsrecht. Band 1 – Arbeitsverhältnis, Inhalt des Arbeitsverhältnisses und Arbeitsverhältnisse mit erhöhtem Schutz. 2. Auflage, Neuwied, Kriftel 2000. Zit: Kasseler Handbuch – Bearbeiter.

Leinemann, Wolfgang / Linck, Rüdiger: Urlaubsrecht. 2. Auflage, München 2001. Zit: Leinemann / Linck.

Leonhard, Franz: Allgemeines Schuldrecht des BGB. Erster Band. München / Leipzig 1929.

Linnenkohl, Karl: Begriff und Bedeutung der „Arbeitszeitflexibilisierung". In Betriebs-Berater (BB) 1985, S. 1920-1924.

Linnenkohl, Karl / Rauschenberg, Hans-Jürgen / Gressierer, Christine / Schütz, Regina: Arbeitszeitflexibilisierung: Die Unternehmen und ihre Modelle. 4. Auflage, Heidelberg 2001. Zit: Linnenkohl / Rauschenberg / Gressierer / Schütz.

Löwisch, Manfred: Arbeits- und sozialrechtliche Hemmnisse einer weiteren Flexibilisierung der Arbeitszeit. In Recht der Arbeit (RdA) 1984, S. 197-214.

—: Kommentar zum Sprecherausschussgesetz. 2. Auflage, Heidelberg 1994. Zit: Löwisch SprAuG.

Löwisch, Manfred / Rieble, Volker: Tarifvertragsgesetz. München 1992. Zit: Löwisch / Rieble – Bearbeiter.

Lüke, Gerhard / Wax, Peter: Münchener Kommentar zur Zivilprozessordnung. Band 3, §§ 803 - 1066 ZPO. 2. Auflage, München 2001. Zit: MüKo – ZPO – Bearbeiter .

Mahnel, Erwin: Die Anpassung des Sozialrechts an flexible Arbeitszeitregelungen und die damit verbundenen Änderungen beim Altersteilzeitgesetz (AtG). In arbeit und beruf 1998, S. 133-134.

Marburger, Horst: Sozialrechtliche Absicherung flexibler Arbeitszeitregelungen. In Die Personalvertretung (PersV) 1999, S. 249-254.

Märkle, Claudia / Petri, Ulrich: Probleme um Arbeitszeitkonten. In Arbeit und Recht (AuR) 2000, S. 443-448.

Maunz, Theodor / Dürig, Günter: Kommentar zum Grundgesetz. Band II – Art. 12 - 20 GG. Loseblattsammlung, 41. Ergänzungslieferung. München, Stand Oktober 2002. Zit: Maunz / Dürig – Bearbeiter.

Metz, Horst / Paschek, Winfried: Sind durch Gehaltsumwandlung finanzierte Direktversicherungen auch für „Tarifangestellte" zulässig?
in Der Betrieb (DB) 1987, S. 1938-1942.

Michalski, Lutz: Das Schuldanerkenntnis in der Praxis, insbesondere als Mittel der Kreditsicherung. In Zeitschrift für Bankrecht und Bankwirtschaft (ZBB) 1995, S. 260-272.

Molitor, Erich / Volmer, Bernhard / Germelmann, Claas-Hinrich: Jugendarbeitsschutzgesetz. 3. Auflage, München 1986. Zit: Molitor / Volmer / Germelmann.

Musielak, Hans-Joachim: Kommentar zur Zivilprozessordnung. 3. Auflage, München 2002. Zit: Musielak – Bearbeiter.

Natzel, Benno: Bundesurlaubsrecht. 4. Auflage, Düsseldorf 1988.

Neumann, Dirk: Die gleitende Arbeitszeit. In Recht der Arbeit (RdA) 1971, S. 106-112.

—: 40 Jahre Rechtsprechung zum Tarifrecht. In Recht der Arbeit (RdA) 1994, S. 370-375.

Neumann, Dirk / Pahlen, Ronald / Majerski-Pahlen, Monika: Sozialgesetzbuch IX – Rehabilitation und Teilhabe behinderter Menschen. 10. Auflage, München 2003. Zit: Neumann / Pahlen / Majerski-Pahlen.

Neumann, Dirk / Biebl, Josef: Arbeitszeitgesetz. 13. Auflage, München 2001. Zit: Neumann / Biebl.

Niesel, Klaus / u. a.: Kasseler Kommentar zum Sozialversicherungsrecht, Band 1. Loseblattsammlung, 39. Ergänzungslieferung. München, Stand 1. Dezember 2002. Zit: Kasseler Kommentar – Bearbeiter.

Nikisch, Arthur: Arbeitsrecht. Band I – Allgemeine Lehren und Arbeitsvertragsrecht. 3. Auflage, Tübingen 1961. Zit: Nikisch ArbR I.

—: Arbeitsrecht. Band II – Koalitionsrecht, Arbeitskampfrecht und Tarifvertragsrecht. 2. Auflage, Tübingen 1959. Zit: Nikisch ArbR II.

Norpoth, Johannes: Sozialversicherungsrechtliche Behandlung flexibler Arbeitszeitmodelle mit größeren Freizeitintervallen. Berlin 2000 (zugleich Dissertation Münster / Westfalen).

Otto, Hansjörg: Arbeitsrecht. 3. Auflage, Berlin 2003. Zit: Otto ArbR.

Otto, Hansjörg / Schwarze, Roland: Tarifnormen über Gemeinsame Einrichtungen und deren Allgemeinverbindlicherklärung. In Zeitschrift für Arbeitsrecht (ZfA) 1995, S. 639-698.

Palandt, Otto: Bürgerliches Gesetzbuch. 62. Auflage, München 2003. Zit: Palandt – Bearbeiter.

Piëch, Ferdinand: Auto.Biographie. Hamburg 2002.

Rebmann, Kurt / Säcker, Franz Jürgen: Münchener Kommentar zum Bürgerlichen Gesetzbuch. Band 2 – Schuldrecht / Allgemeiner Teil; §§ 241 - 432 BGB. 3. Auflage, München 1994. Zit: MüKo – BGB – Bearbeiter (3. Auflage).

—: Münchener Kommentar zum Bürgerlichen Gesetzbuch. Band 2a – Schuldrecht / Allgemeiner Teil; §§ 241 - 432 BGB. 4. Auflage, München 2003. Zit: MüKo – BGB – Bearbeiter.

Reichold, Hermann: Entgeltmitbestimmung als Gleichbehandlungsproblem. In Recht der Arbeit (RdA) 1995, S. 147-158.

Richardi, Reinhard: Der Begriff des leitenden Angestellten. In Arbeit und Recht (AuR) 1991, S. 33-45.

—: Kollektivgewalt und Individualwille bei der Gestaltung des Arbeitsverhältnisses. München 1968 (zugleich Habilitation München 1967). Zit: Richardi Kollektivgewalt.

—: Betriebsverfassungsgesetz mit Wahlordnung. 8. Auflage, München 2002. Zit: Richardi.

—: Die Mitbestimmung des Betriebsrats bei der Regelung des Arbeitsentgelts. In Zeitschrift für Arbeitsrecht (ZfA) 1976, S. 1-44.

Richardi, Reinhard / Wlotzke, Otfried: Münchener Handbuch zum Arbeitsrecht. Band 1: §§ 1 - 113, Individualarbeitsrecht I. Band 2: §§ 114 - 239, Individualarbeitsrecht II. Band 3: §§ 240ff., Kollektives Arbeitsrecht. 2. Auflage, München 2000. Zit: MünchArbR – Bearbeiter.

Rittweger, Stephan: Altersteilzeit. 2. Auflage, München 2002.

Rombach, Wolfgang: Das sozialversicherungsrechtliche Flexigesetz unter Berücksichtigung seiner Anwendung im Rahmen der Altersteilzeitarbeit. In Recht der Arbeit (RdA) 1999, S. 194-200.

Rosenberg, Leo / Gaul, Hans Friedhelm / Schilken, Eberhard: Zwangsvollstreckungsrecht. 11. Auflage, München 1997. Zit: Rosenberg / Gaul / Schilken.

Rüthers, Bernd: Rechtsprobleme des Zeitlohns an taktgebundenen Produktionsanlagen. In Zeitschrift für Arbeitsrecht (ZfA) 1973, S. 399-423.

Sachs, Michael: Kommentar zum Grundgesetz. 3. Auflage, München 2003. Zit: Sachs – Bearbeiter.

Säcker, Franz Jürgen / Oetker, Hartmut: Grundlagen und Grenzen der Tarifautonomie. München 1992. Zit: Säcker / Oetker.

Schaub, Günter: Rechtliche Hindernisse der tarifvertragsfreien Gestaltung von Arbeitsbedingungen. In Zeitschrift für Tarifrecht (ZTR) 2000, S. 10-14.

—: Wege und Irrweg aus dem Flächentarifvertrag. In Neue Zeitschrift für Arbeitsrecht (NZA) 1998, S. 617-623.

—: Arbeitsrechts-Handbuch. 10. Auflage, München 2002. Zit: Schaub.

Schlachter, Monika: Auslegungsmethoden im Arbeitsrecht – Am Beispiel von § 87 Abs. 1 BetrVG. Göttingen 1987 (zugleich Dissertation Göttingen 1986).

Schlüter, Wilfried: Die Rechtsprechung des Bundesarbeitsgerichts im Jahre 1974. In Zeitschrift für Arbeitsrecht (ZfA) 1975, S. 437-502.

Schmalor, Michael: Gesetz zur sozialrechtlichen Absicherung flexibler Arbeitszeitregelungen. In Wege zur Sozialversicherung (WzS) 1998, S. 289-297.

Schmid, Hans Dieter: Verwendung von Gehaltsteilen für die betriebliche Altersversorgung. In Betriebs-Berater (BB) 1977, S. 700-704.

Schmidt, Ernst: Die gleitende Arbeitszeit und ihre rechtlichen Probleme. In Der Betrieb (DB) 1971, S. 46-49.

Schmidt-Bleibtreu, Bruno / Klein, Franz: Kommentar zum Grundgesetz. 9. Auflage, Neuwied u.a. 1999. Zit: Schmidt-Bleibtreu / Klein – Bearbeiter.

Schüren, Peter: Arbeitsflexibilisierung und Sozialversicherung. In Betriebs-Berater 1984, S. 1235-1242.

Schulz, Michael: Versicherungsrechtliche Bestimmungen bei flexiblen Arbeitszeitregelungen. In Zentralblatt für Sozialversicherung, Sozialhilfe und Versorgung (ZfS) 2000, S. 307-310.

Schuschke, Winfried / Walker, Wolf-Dietrich: Vollstreckung und Vorläufiger Rechtsschutz. Kommentar zum Achten Buch der Zivilprozessordnung. Band I – Zwangsvollstreckung §§ 704 - 915h ZPO. 3. Auflage, Köln / Berlin / Bonn / München 2002. Zit: Schuschke / Walker.

Seifert, Hartmut: Arbeitszeitkonten – Modelle für mehr Zeitsouveränität oder absatzorientiertes Zeitmanagement? in WSI-Mitteilungen 1996, S. 442-449.

Soergel, Hs. Th.: Kommentar zum Bürgerlichen Gesetzbuch. Band 2 – Allgemeiner Teil 2; §§ 104 - 240 BGB. 13. Auflage, Stuttgart / Berlin / Köln / Mainz 1999. Zit: Soergel – Bearbeiter.

—: Kommentar zum Bürgerlichen Gesetzbuch. Band 2 – Schuldrecht I; §§ 241 - 432 BGB. 12. Auflage, Stuttgart / Berlin Köln 1990. Zit: Soergel – Bearbeiter.

—: Kommentar zum Bürgerlichen Gesetzbuch. Band 4 / 1 – Schuldrecht III / 1; §§ 516 - 651 BGB. 12. Auflage, Stuttgart / Berlin / Köln 1998. Zit: Soergel – Bearbeiter.

Stahlhacke, Eugen / Bachmann, Bernward / Bleistein, Franzjosef: Gemeinschaftskommentar zum Bundesurlaubsgesetz. 4. Auflage, Neuwied / Darmstadt 1984. Zit: GK-BUrlG – Bearbeiter (4. Auflage).

Stahlhacke, Eugen / Bachmann, Bernward / Bleistein, Franzjosef / Berscheid, Ernst-Dieter: Gemeinschaftskommentar zum Bundesurlaubsgesetz. 5. Auflage, Neuwied / Berlin / Kriftel i. Ts. 1992. Zit: GK-BUrlG – Bearbeiter.

von Staudinger, Julius: Kommentar zum Bürgerlichen Gesetzbuch. Erstes Buch – Allgemeiner Teil; §§ 134 - 163 BGB. 13. Bearbeitung, Berlin 1996. Zit: Staudinger – Bearbeiter.

—: Kommentar zum Bürgerlichen Gesetzbuch. Zweites Buch – Recht der Schuldverhältnisse. Einl. zu §§ 241ff, §§ 241 - 243 BGB. 13. Bearbeitung, Berlin 1995. Zit: Staudinger – Bearbeiter.

—: Kommentar zum Bürgerlichen Gesetzbuch. Zweites Buch – Recht der Schuldverhältnisse. §§ 255 - 314 BGB. Neubearbeitung 2001, Berlin. Zit: Staudinger – Bearbeiter.

—: Kommentar zum Bürgerlichen Gesetzbuch. Zweites Buch – Recht der Schuldverhältnisse. §§ 328 - 397 BGB. 12. Auflage, Berlin 1994. Zit: Staudinger – Bearbeiter (12. Auflage).

—: Kommentar zum Bürgerlichen Gesetzbuch. Zweites Buch – Recht der Schuldverhältnisse. §§ 362 - 396 BGB. 13. Bearbeitung, Berlin 2000. Zit: Staudinger – Bearbeiter.

—: Kommentar zum Bürgerlichen Gesetzbuch. Zweites Buch – Recht der Schuldverhältnisse. §§ 611 - 615 BGB. 13. Bearbeitung, Berlin 1999. Zit: Staudinger – Bearbeiter.

—: Kommentar zum Bürgerlichen Gesetzbuch. Zweites Buch – Recht der Schuldverhältnisse. §§ 779 - 811 BGB. 13. Bearbeitung, Berlin 1997. Zit: Staudinger – Bearbeiter.

Stein, Axel: Tarifvertragsrecht. Stuttgart / Berlin / Köln 1997.

Sturn, Helmut: Urlaubsübertragung nach dem Bundesurlaubsgesetz. In Betriebs-Berater (BB) 1963, S. 478-479.

Thomas, Heinz / Putzo, Hans: Zivilprozessordnung. 24. Auflage, München 2002. Zit: Thomas / Putzo – Bearbeiter.

Thüsing, Rolf: Kommentar zum 5. Vermögensbildungsgesetz. München 1992. Zit: Thüsing – Bearbeiter.

Travlos-Tzanetatos, Dimitrios: Die Regelungsbefugnis der Betriebspartner und ihre Grenzen zum Einzelarbeitsverhältnis. Berlin 1974 (zugleich Dissertation Berlin 1973).

Voß, Dieter: Die Übertragung des Urlaubs. Köln 1966 (zugleich Dissertation Köln 1966).

Walker, Wolf-Dietrich: Möglichkeiten und Grenzen einer flexibleren Gestaltung von Arbeitsbedingungen. In Zeitschrift für Arbeitsrecht (ZfA) 1996, S. 353-381.

Waltermann, Raimund: Wie sollte der Übergang vom Erwerbsleben in den Ruhestand rechtlich gestaltet werden? in Neue Juristische Wochenschrift (NJW) 1988, S. 2488-2494

Wannagat, Georg / Eichenhofer, Eberhard: Sozialgesetzbuch. SGB IV – Gemeinsame Vorschriften für die Sozialversicherung. Loseblattsammlung, 72. Lieferung für das Gesamtwerk (zugleich 13. Lieferung SGB IV Gemeinsame Vorschriften). Köln, Stand Oktober 2001. Zit: Wannagat / Eichenhofer – Bearbeiter.

Weber, Martin: Der Optionsvertrag. In Juristische Schulung (JuS) 1990, S. 249-256.

Weiss, Manfred / Weyand, Joachim: Betriebsverfassungsgesetz. 3. Auflage, Baden-Baden 1994. Zit: Weiss / Weyand.

Widera, Bernd: Zu den Möglichkeiten und Grenzen der Urlaubsübertragung. In Der Betrieb (DB) 1988, S. 756-758.

Wiedemann, Herbert: Tarifvertragsgesetz. 6. Auflage, München 1999. Zit: Wiedemann – Bearbeiter.

Witting, Ulrich: Zum Wesen des Urlaubs und den §§ 7 Abs. 2-4 und 8 des Bundesurlaubsgesetzes. In Der Betrieb (DB) 1964, S. 806-809.

Wlotzke, Otfried: Das Günstigkeitsprinzip. Heidelberg 1957.

—: Betriebsverfassungsgesetz. 2. Auflage, München 1992.

Wonneberger, Wolfgang: Das Gesetz zur sozialrechtlichen Absicherung flexibler Arbeitszeitregelungen. In Der Betrieb (DB) 1998, S. 982-987.

Zmarzlik, Johannes: Das neue Arbeitszeitgesetz. In Der Betrieb (DB) 1994, S. 1082-1086.

Zmarzlik, Johannes / Anzinger, Rudolf: Jugendarbeitsschutzgesetz. 5. Auflage, München 1998. Zit: Zmarzlik / Anzinger – JArbSchG.

—: Kommentar zum Arbeitszeitgesetz. Heidelberg 1995. Zit: Zmarzlik / Anzinger – ArbZG.

Zöller, Richard: Zivilprozessordnung. 23. Auflage, Köln 2002. Zit: Zöller – Bearbeiter.

Zöllner, Wolfgang: Wertpapierrecht. 14. Auflage, München 1987.

Zöllner, Wolfgang / Loritz, Karl-Georg: Arbeitsrecht. 5. Auflage, München 1998. Zit: Zöllner / Loritz.

FSC
www.fsc.org
MIX
Papier | Fördert gute Waldnutzung
FSC® C083411

Kolibri 360 GmbH
Ferdinand-Jühlke-Straße 7
99095 Erfurt, Deutschland
produktsicherheit@kolibri360.de

Druck:
CPI Druckdienstleistungen GmbH
im Auftrag der
Kolibri 360 GmbH
Ferdinand-Jühlke-Str. 7
99095 Erfurt